高职体育教学与大学生体育实践能力提升研究

宋同仁 著

中国商业出版社

图书在版编目（CIP）数据

高职体育教学与大学生体育实践能力提升研究 / 宋同仁著. -- 北京 : 中国商业出版社， 2025. 4. -- ISBN 978-7-5208-3355-4

Ⅰ. G807.4

中国国家版本馆CIP数据核字第2025M5M079号

责任编辑：黄世嘉

中国商业出版社出版发行
（www.zgsycb.com　100053　北京广安门内报国寺 1 号）
总编室：010-63180647　编辑室：010-63033100
发行部：010-83120835/8286
新华书店经销
河北昌联印刷有限公司印刷
*
787 毫米 × 1092 毫米　16 开　12.5 印张　260 千字
2025 年 4 月第 1 版　2025 年 4 月第 1 次印刷
定价：68.00 元
* * * *

（如有印装质量问题可更换）

PREFACE 前言

随着社会的快速发展和产业结构的不断升级，我国对高素质职业技术人才的需求越发迫切。高职院校作为培养职业技能型人才的重要阵地，其教学目标不仅在于传授学生专业技能，还需注重学生综合素质的全面发展。在这一背景下，体育教学在高职教育体系中的地位日益凸显。体育教学不仅是学生身体素质提升的重要手段，更是培养学生团队协作能力、心理素质和实践能力的关键途径。

近年来，高职院校的体育教学改革不断深化，其内涵逐渐从传统的体能训练和体育知识传授，拓展至培养学生实践能力、职业适应能力及健康管理能力。然而，在具体实施中，体育教学仍存在课程设置不合理、教学资源不足、实践环节薄弱等问题，这些问题直接影响了体育教学效果及其对学生实践能力提升的实际作用。因此，探索高职体育教学与大学生实践能力提升的路径，具有重要的理论意义和实践价值。

高职教育的根本任务是培养符合行业需求的高素质技术技能型人才，这要求学生不仅需要掌握扎实的理论知识，还需具备强大的实践能力和职业适应能力。实践能力的培养贯穿高职院校的各类课程，而体育课程在其中具有独特优势。通过体育教学，学生可以在真实或模拟的运动环境中锻炼决策能力、应变能力和团队协作能力，这些能力对其未来职业发展具有重要意义。

体育实践能力的提升不限于体能和技能的提高，更体现在学生的心理素质、社会适应能力和职业能力的全面发展上。例如，物流专业的学生通过负重跑或搬运训练，不仅提高了体能，还掌握了职业技能；护理专业的学生通过柔韧性训练和急救操作，提升了护理工作所需的身体素质和应急能力；消防专业的学生则通过攀爬训练和障碍跑道，增强了应对极端环境的能力。

本书旨在探讨高职体育教学与大学生实践能力提升之间的关系，并提出有针对性的策略。系统分析体育课程在学生实践能力培养中的作用，总结高职体育教学的特点及其现存问题，为教学模式的优化提供参考。

在理论意义上，本书基于高职教育的特点，构建了体育教学与实践能力培养的理论框架，弥补了相关领域研究的不足。在实践意义上，本书提出了包括实践基地建设、校企合作模式、学生自我管理等在内的一系列教学优化策略，为高职院校体育教学改革提供了可行路径。

本书创新性地将高职教育的特点与体育教学的独特功能相结合，从职业需求出发，提出了体育课程与学生实践能力培养深度融合的策略。同时，通过系统梳理国内外研究现状，为高职体育教学模式的优化提供了理论支持。

高职体育教学的目标不仅是提高学生的身体素质，更是通过体育实践活动培养学生的综合实践能力和职业素质。希望本书的研究成果能够为高职院校的体育教学改革提供启示，为职业教育的发展注入新动力。未来，我们期待在高职体育教学领域能有更多研究与实践，为培养高素质的职业人才贡献更多智慧和经验。

作　者

2024 年 11 月

CONTENTS

目 录

第一章 绪 论

在全球化与科技快速发展的背景下，高等职业教育成为推动社会经济发展的重要引擎，其在培养技术技能型人才方面扮演着不可替代的角色。然而，随着产业升级与职业需求的不断变化，高职教学面临着新的挑战与机遇。一方面，传统教学模式在应对多样化、个性化的学生需求以及紧密对接行业需求方面显得力不从心；另一方面，信息技术与教学手段的融合为高职教育的改革与创新提供了广阔的空间。

第一节 研究背景和意义

一、高职体育教学的研究背景

（一）高职教育的定义与特点

高等职业教育（以下简称高职教育）是我国高等教育体系中的重要组成部分，是以培养高素质技术技能型人才为核心目标的一种教育形式。高职教育的设立旨在满足社会经济发展中对应用型、技能型人才的强烈需求，其特点主要体现在以下几个方面。

首先，高职教育具有职业导向性。课程设计紧密围绕职业岗位需求展开，教学内容注重实用性和针对性，旨在使学生在完成学业后能够快速适应工作岗位。

其次，实践性强是高职教育的显著特点。与普通高等教育偏重理论教学不同，高职教育更加注重理论与实践相结合，通过校内实验实训和校外实践基地建设，为学生提供动手操作和技能训练的机会。最后，高职教育的学生群体具有多样性的特征，其生源广泛，基础学术能力相对薄弱，但在实际动手能力和职业适应能力上表现出较大潜力。

高职教育的这些特点为高职体育教学提供了明确的方向。体育课程作为高职教育的一部分，不仅需要帮助学生提高身体素质，还需注重提升学生的实践能力、职业适应能力以及社会交往能力，形成适应职业需求的体育教学模式。

（二）体育教学在高职教育体系中的定位

体育教学在高职教育中占据重要地位，其功能不仅体现在增强学生的体质方面，还体现在学生心理素质培养、职业能力提升和综合素质拓展等方面。具体而言，高职体育教学的定位包括以下几个方面。

首先，体育教学是实现高职学生身体健康发展的重要途径。高职学生普遍面临身体素质下降的问题，通过科学的体育教学，可以改善学生的身体机能，增强其抵御疾病和适应环境的能力。

其次，体育教学对高职学生的职业能力培养具有重要支持作用。许多职业（如消防员、护理人员、机械操作员等）对从业者的体能、耐力和反应速度均有较高要求。高职体育课程通过专项训练和模拟实战活动，使学生具备应对职业场景的身体条件。此外，体育教学还能帮助学生培养心理韧性和抗压能力，这些都是现代职场不可或缺的素质。

最后，体育教学在提升高职学生的综合素质方面也发挥着重要作用。体育活动中融入了合作、竞争和挑战等元素，能够帮助学生培养团队合作精神、沟通能力和责任感，这些能力不仅有助于学生在学习中取得良好成绩，也为其未来的职业发展奠定了坚实的基础。

（三）当前高职学生体质健康现状

尽管体育教学的重要性日益受到重视，但当前高职学生的体质健康状况令人担忧。根据近几年的体质健康监测数据，高职学生的整体身体素质水平低于普通本科学生，其主要表现包括以下几点。

第一，身体机能指标下降。在耐力、力量、灵敏性和柔韧性等方面，高职学生的表现普遍偏低，尤其是在心肺功能方面存在明显的不足。长时间的静态生活方式、学习压力和缺乏运动锻炼是导致这一现象的主要原因。

第二，运动参与率低。由于高职学生的学习和生活安排较为紧张，加之部分学生对体育活动缺乏兴趣，其日常体育锻炼时间远低于推荐标准。这种情况不仅影响其身体素质，还进一步削弱了体育课程的效果。

第三，健康问题突出。近年来，高职学生中因久坐导致的体重超标、肥胖和代谢性疾病的发生率不断上升。同时，部分学生因心理压力大、运动不足，面临心理健康问题的风险增加。

（四）高职体育教学改革的政策驱动与社会需求

高职体育教学的改革既是时代发展的必然要求，也是政策驱动和社会需求共同作用的结果。近年来，我国政府高度重视高职院校学生的体质健康问题，并出台了一系列政策，推动学校体育工作的全面发展。

首先，从政策层面看，中共中央办公厅、国务院办公厅发布的《关于全面加强和改进新时代学校体育工作的意见》明确指出，学校体育工作要以增强学生体质健康水平为核心目标，全面推进教学内容和形式的改革。同时，《“健康中国2030”规划纲要》将青少年体质健康提升纳入国家战略，要求学校不断完善体育教学内容，强化体育与健康知识教育，为实现全民健康提供保障。这些政策为高职体育教学改革提供了明确方向和有力支持。

其次，从社会需求看，现代职场对技能型人才提出了更高的要求，不仅需要具备扎实的职业技能，还需具备良好的身体素质和心理素养。例如，服务业从业者需要长期站立或从事体力劳动，制造业工人需要良好的操作敏捷性和应急反应能力。这些都对高职体育教学提出了更高要求，要求其培养出既符合岗位需求又具备健康体魄的毕业生。

最后，随着全民健身理念的推广和社会对健康的关注度不断提高，体育作为一种健康促进和生活方式引导的手段，其重要性日益凸显。这种社会背景为高职体育教学的进一步发展提供了新的契机。

综上所述，高职教育的职业导向性和实践性特点为体育教学提供了独特的施展空间。

作为高职教育的重要组成部分，体育教学不仅肩负着增强学生体质健康的使命，还需助力学生职业能力和综合素质的全面提升。在当前高职学生体质健康状况不容乐观的背景下，通过政策推动和社会需求引导，高职体育教学改革迎来了新的发展机遇。未来，需要从课程设计、教学模式、评价机制等方面全面优化高职体育教学，确保其在促进学生体质健康和职业能力提升中发挥更大作用。

二、高职体育教学的研究意义

（一）理论意义

高职体育教学的研究不仅是高职教育领域的重要课题，同时是教育学理论发展中的关键议题之一。体育教学在高职教育体系中的独特定位和作用，使其在理论研究中展现出重要的学术价值和发展潜力。

1. 高职体育教学对教育学理论发展的推动作用

首先，高职体育教学研究为教育学理论的发展提供了丰富的实践基础。作为职业教育的重要组成部分，高职体育教学以实践性和职业导向性为特色，与传统普通高校的体育教学有着显著差异。研究高职体育教学能够丰富教育学领域的理论框架，为教学设计、教育目标设定和教学评估等领域提供新的理论依据。

其次，体育教学在高职教育中承载了提升学生身体素质和职业能力的双重功能，这为教育学理论中的“全人教育”理念注入了新的内涵。通过探索高职体育教学与学生全面发展之间的关联，可以深化对体育教育在学生成长过程中作用的理论认识，推动教育学从知识灌输型向素质能力提升型转变。

最后，高职体育教学在注重技能培养的同时，还涵盖心理素质提升、团队精神培养等内容。通过研究体育教学中多种能力协同发展的规律，有助于丰富教育学中关于复合型人才培养模式的理论储备。

2. 体育教育与职业教育融合发展的学术价值

高职体育教学研究还具有推进体育教育与职业教育深度融合的重要学术价值。在现代职业教育体系中，体育教学不仅是学生体能和健康素质培养的重要手段，也是职业能力培养的重要途径。研究体育教育如何与职业教育的特点相适应，可以从理论层面探索两者融合的最佳模式，为构建面向职业需求的体育教学体系提供理论依据。

此外，体育教育与职业教育的融合研究能够开辟新的学术方向，拓展教育学研究的边界。体育教育与职业教育的结合不仅在课程设置层面需要创新，还涉及教育目标的重新定义、教学模式的优化等多方面内容。这些理论创新不仅对高职教育的发展具有深远意义，而且为体育教育和职业教育理论的交叉研究提供了新的增长点。

（二）实践意义

高职体育教学研究在实践层面具有重要的现实价值，主要体现在提升高职学生的综合素质和职业适应能力、满足社会对高素质技能型人才的需求以及推动高职体育教学模式的优化等方面。

1. 提升高职学生综合素质和职业适应能力

高职学生作为未来技能型劳动者，其综合素质和职业适应能力直接影响到其就业竞争力和职业发展潜力。高职体育教学以实践为导向，通过系统的体育训练和健康教育，能够显著提升学生的体质健康水平、心理素质和职业适应能力。

在体质健康方面，科学的体育教学能够帮助学生改善身体机能，增强抵抗力和工作能力，进而为其未来职业活动奠定坚实的健康基础。在心理素质方面，体育教学通过团队合作、竞技对抗和自我挑战，能够培养学生的抗压能力、意志品质和团队精神。这些素质对现代职场中的高强度工作和复杂人际关系具有重要价值。

此外，高职体育教学还能够提升学生的职业适应能力。例如，通过结合职业特性的专项体育训练，学生可以在学习过程中积累应对职业挑战的体能储备和技能经验，从而在职业岗位中表现出更高的适应性和专业性。

2. 满足社会对高素质技能型人才的需求

随着社会经济的快速发展，行业对技能型人才的需求不断增加，不仅要求从业者具备扎实的专业技能，还需拥有良好的身体素质和心理素养。高职体育教学研究在培养学生体能与职业能力的同时，能够满足社会对复合型技能人才的需求。

一方面，现代企业越来越重视员工的健康状况和团队合作能力。高职体育教学通过体育活动和课程设计，培养学生的健康管理能力和合作精神，使其在职场中能够更好地融入团队并适应高强度的工作需求。另一方面，随着健康中国战略的实施，社会对健康服务、健身指导等领域的从业者需求逐渐增加。高职体育教学可以为这些行业输送具备专业能力和健康素养的人才，为社会健康事业发展提供助力。

3. 高职体育教学模式优化的实践价值

在实践层面，高职体育教学研究的重要意义是推动教学模式的优化。传统高职体育教学模式存在内容单一、方法陈旧、与职业需求脱节等问题。通过深入研究体育教学与职业能力的关联，可以为高职体育教学模式的创新提供有效思路。

例如，将体育教学与职业技能培养相结合，可以开发出符合职业需求的专项体育课程；通过引入情景模拟、案例教学等方法，可以使体育教学更加贴近实际工作场景，从而提升学生的参与度和学习效果。此外，基于大数据和智能化技术的教学模式优化研究，还能够为高职体育教学提供个性化、精准化的解决方案，进一步提高教学质量。

高职体育教学研究的意义涵盖理论和实践两方面。在理论层面，研究为教育学理论的发展注入了新内容，为体育教育与职业教育的融合提供了理论支撑；在实践层面，研究有助于提升学生的综合素质和职业能力，满足社会对高素质技能型人才的需求，并推动高职体育教学模式的不断优化。因此，高职体育教学研究不仅对教育理论的发展具有学术价值，也对教育实践和社会发展具有重要的现实意义。

第二节 国内外研究现状

一、国外研究现状

（一）发达国家高职体育教学的理念与模式

在发达国家，高职体育教学作为职业教育的重要组成部分，形成了鲜明的教学理念和科学化的教学模式。这些理念与模式以“全面发展”为核心，以学生的健康促进和职业需求为导向，为全球高职体育教学的研究和实践提供了宝贵的参考经验。

首先，欧美发达国家和地区在高职体育教学中普遍倡导“全人教育”理念。该理念强调学生的全面发展，认为体育不仅是促进身体健康的手段，也是培养心理韧性、团队协作能力和社会适应能力的有效途径。例如，美国的高职院校体育教学以学生兴趣和职业需求为切入点，通过灵活的课程设计和多元化的教学方法，鼓励学生参与体育活动，提高其综合素质和职业能力。在欧洲国家，如德国和瑞士，高职体育教学注重“终身体育”的理念，强调通过教学培养学生持续锻炼的习惯，以便在未来的工作和生活中保持健康。

其次，发达国家高职体育教学模式以实践性和职业导向性为突出特点。例如，澳大利亚的职业教育体系强调体育课程的职业适应性，结合行业需求开展专项体育训练，帮助学生提升岗位所需的体能和技能。这些模式的实施通常依托先进的教学设施、科学的教学方法以及严谨的质量保障体系。

最后，发达国家在高职体育教学中还注重个性化教育，通过建立灵活的课程选择机制，使学生能够根据自身兴趣、健康状况和职业规划选择适合的课程内容。例如，芬兰的职业院校推行模块化体育课程，学生可以自主选择健身、竞技运动或户外活动模块，从而实现学习目标的个性化定制。

（二）体育课程体系在职业教育中的实践与成效

发达国家的高职体育课程体系以科学性和系统性著称，其主要实践和成效体现在以下几个方面。

首先，这些国家普遍采用多层次的课程结构。在基础层面，体育课程旨在提升学生的身体素质，通过力量训练、柔韧性练习和耐力跑等项目为学生打下健康基础。在高级层面，课程聚焦于职业能力的培养，为护理、消防等专业学生设置特定的体能训练项目，以满足其职业活动中的身体需求。例如，美国的社区学院针对护理专业学生开设“职业体能训练”课程，帮助学生提高在高压环境下的应变能力和体能储备。

其次，体育课程的内容设计结合了职业教育的特点。例如，在加拿大，高职体育课程通常将技能训练与职业场景相结合，设计模拟工作场景的实践课程。通过这种方式，学生不仅能掌握基本的运动技能，还能在模拟环境中应用这些技能，从而提高职业适应能力。这种课程体系的实践表明，体育课程的职业化设计能够有效提升学生的就业竞争力。

最后，发达国家的高职体育课程体系在评估机制上也表现出显著的创新性。与传统的考试模式不同，许多国家采用过程性评估和综合评价相结合的方式。例如，英国的高职院校通过学生的体育活动参与情况、身体素质改善程度和团队协作能力表现进行综合考核，全面反映学生的学习成效。这种多维度的评价机制不仅激励了学生的学习积极性，还提高了教学质量。

（三）国外高职体育教学与职业技能培养的结合研究

在职业技能培养方面，国外高职体育教学呈现出高度融合的特征，通过体育教学与职业能力培养的深度结合，实现了学生综合能力的全面提升。

首先，国外研究普遍认为，体育教学是提升职业技能的重要手段。许多职业对体能和心理素质均有较高要求，而体育教学能够在这两方面为学生提供有效支持。例如，德国的职业学校为机械工人、建筑工人等专业学生设计了专项体能课程，通过力量训练和反应能力训练提高其工作效率和安全意识。研究发现，这类课程能够显著降低学生进入职场后因体能不足或工作疲劳引发的事故风险。

其次，体育教学与职业技能培养的结合还体现在跨学科合作中。例如，在瑞士的职业教育体系中，体育课程与健康教育、职业心理学课程相结合，通过多学科联动培养学生的全面能力。这种模式特别注重职业健康管理和心理调适能力的培养，帮助学生在高强度工作中保持身心健康。

再次，国外研究还表明，体育教学能够提升学生的软技能，如团队协作能力和领导力。在美国的社区学院，体育教学通常包含团队运动项目，通过篮球、足球等活动培养学生的沟通能力和团队意识。这种方式能够帮助学生在未来的职业场景中更好地适应团队合作，进而提升职业发展潜力。

最后，国外高职体育教学的研究还涉及技术手段的应用。例如，在日本的高职院校中，体育教学广泛应用虚拟现实（VR）技术和可穿戴设备，用于模拟职业场景和监测学生的体能状态。这些技术手段的引入，不仅提高了教学的科学性和趣味性，还增强了体育课程与职业技能培养的关联性。

发达国家的高职体育教学在理念与模式、课程体系的实践与成效、与职业技能培养的结合等方面取得了显著成果，为我国高职体育教学的发展提供了有益借鉴。欧美国家和地区在倡导全人教育理念、注重课程职业化设计以及应用先进技术手段等方面的经验表明，体育教学与职业教育的融合具有巨大的潜力。在我国高职体育教学的实践中，应充分吸收这些先进经验，进一步优化课程设计，提高学生的体质健康水平和职业适应能力，从而满足社会对高素质技能型人才的需求。

二、国内研究现状

（一）国内高职体育教学的现状与存在问题

近年来，随着高职教育的快速发展，高职体育教学作为素质教育的重要组成部分，受到教育界的广泛关注。然而，与普通本科院校相比，高职体育教学在发展过程中仍然存在诸多问题，亟待解决。

首先，高职体育教学的基础设施和资源普遍不足。一些高职院校的体育场馆和器材配置水平较低，难以满足学生多样化的体育锻炼需求。此外，部分院校的体育经费投入不足，导致教学设备老旧、场地使用率低等问题，这在一定程度上限制了体育教学质量的提高。

其次，体育课程内容设计与职业需求脱节是目前高职体育教学的一大难题。许多高职院校沿用传统高校的体育课程设置，缺乏职业教育特色，未能根据学生未来职业的实际需要设计有针对性的体育内容。例如，对于需要体能储备的特殊职业（如护理、建筑等），课程未能有效涵盖职业特定的体能训练内容。

再次，教学模式相对单一，创新性不足。许多高职体育课程仍以传统的“教练式”教学为主，学生的兴趣和个性需求未能得到充分重视，课堂参与度较低。此外，体育教学中互动性和实践性环节较少，难以有效提升学生的实践能力。

最后，学生的体育参与度和健康意识不足。一些高职学生在面对就业压力时，往往忽视体育锻炼的重要性。同时，由于学业时间安排紧凑，学生普遍缺乏运动习惯，进一步加剧了体质健康水平的下降。

（二）体育课程设置与职业教育需求的匹配性研究

近年来，研究者逐渐意识到体育课程与职业教育需求的匹配性问题，并在课程设计、教学内容和评价体系等方面展开了广泛探讨。

首先，体育课程设置需注重职业导向性。研究表明，不同职业对从业者的身体素质和技能需求存在较大差异。例如，护理专业要求学生具备耐力和体力，机械制造类专业则需要更强的灵敏性和力量。针对这些差异，部分高职院校开始探索开发有针对性的专项体育课程，如护理专业的“长时间站立与步行训练”，以及建筑类专业的“高强度负重训练”。

其次，课程内容需要注重多样性与个性化。有研究者提出，应通过模块化的课程设计满足学生的不同需求。例如，为体质较弱的学生设置健康促进类课程（如瑜伽、健身操），为职业方向明确的学生提供专项技能训练课程（如攀岩、划船等）。这种课程模式有助于提升学生的课程参与度，并在一定程度上实现体育课程与职业需求的结合。

最后，体育课程的评价体系也是研究的重点。一些学者主张引入多元化评价标准，除了传统的体能测试，还应增加实践环节的考核，如团队合作能力、应急反应能力等。这种评价方式能够更加全面地反映学生的实际能力，并为课程优化提供科学依据。

（三）高职体育教学改革的研究进展

国内学术界围绕高职体育教学改革展开了诸多研究，并在课程优化、教学方法创新以及实践能力培养等方面取得了初步成果。

在课程优化方面，许多研究者提倡将传统体育课程与职业教育需求相结合。例如，有研究提出，在护理类专业中引入“情景模拟”教学，将职业实际操作融入体育课程，通过模拟突发事件（如搬运患者、长时间站立）来锻炼学生的体能和应变能力。这种方法在提升学生职业适应力方面效果显著。

在教学方法创新方面，互动式教学和任务驱动型教学逐渐成为研究热点。一些研究者指出，高职学生的学习兴趣和主动性较低，传统教学方法难以调动其积极性。因此，应在体育课堂中引入任务导向的教学方法，如通过团队比赛、角色扮演等方式增加课堂互动性，激发学生的学习热情。

此外，研究还表明，信息技术在高职体育教学中的应用具有广阔前景。例如，借助运动传感设备实时监测学生的体能状态，利用虚拟现实技术模拟职业场景等，都能够增强教学效果。这些技术手段为体育教学提供了更多可能性。

（四）学生体质健康与体育教学关系的研究

学生体质健康问题是高职体育教学研究中的核心议题之一。近年来，随着学生健康水平持续下降，研究者针对体质健康与体育教学的关系进行了深入探讨。

首先，研究表明，科学合理的体育教学能够显著改善学生的身体机能。例如，持续性的有氧运动课程可以有效提升学生的心肺功能，力量训练课程则能改善肌肉力量和耐力。这些课程不仅提高了学生的体质健康水平，也为其未来职业活动奠定了坚实基础。

其次，心理健康研究逐渐成为体育教学研究的延伸方向。一些学者指出，高职学生普遍面临就业压力，心理健康问题较为突出。体育活动因其具有缓解压力、增强自信心的作用，成为促进心理健康的重要手段。研究表明，体育课程中融入团队合作和竞争环节能够有效提升学生的心理韧性和社会适应能力。

最后，研究还探讨了体育教学对健康行为习惯养成的影响。通过体育课程培养学生的运动习惯，能够显著降低其久坐行为，减少因缺乏运动导致的慢性疾病发生风险。这种影响不仅体现在学生在校期间，也对其毕业后的健康行为产生深远影响。

国内高职体育教学的研究现状表明，尽管在课程设置、教学方法和评价体系等方面取得了一定进展，但仍面临诸多挑战。如何实现体育课程与职业需求的深度融合，如何提升学生的课程参与度和健康意识，如何通过教学改革有效改善学生体质健康水平，仍是亟待解决的重要课题。未来研究应进一步借鉴国内外先进经验，结合我国高职教育的实际需求，推动高职体育教学向科学化、职业化、个性化方向发展，从而为社会培养更多健康、技能兼备的高素质人才。

第二章　高职体育教学的理论基础

高职体育教学作为高职教育的重要组成部分，不仅承担着提升学生身体素质的基本任务，还在培养职业能力、塑造健康生活方式以及促进学生综合素质发展方面发挥着不可替代的作用。其教学活动的有效开展，需要深厚的理论支撑和科学依据。从教育学角度来看，体育教学是实现“全面育人”目标的重要手段。建构主义学习理论强调学生在知识建构中的主体地位，这为高职体育教学提供了“以学生为中心”的理论依据。同时，行为主义理论中的强化原理则为学生体育技能的习得提供了实践指导。结合高职教育以实践能力培养为导向的特点，体育教学还必须紧密围绕职业能力发展的核心目标。

第一节　体育教育的基本理论

一、高职体育教育的内涵

从某种程度来讲，普通高等教育与高等职业教育有着本质的区别，后者更注重职业相关技能的获得。知识由两部分组成，包括程序性知识和陈述性知识。通过操作程序控制人的行为称为技能，内显的智力技能和外在的动作技能共同构成技能。体育课程的主体形态是身体活动，体育课程是动作技能发展的主要途径。高职体育的改革方向趋向于高职教育的生产劳动技能培养。

正常的工作和生活离不开良好的身体素质，高职学生在学好专业的同时必须提升职业能力，这与体育课程的首要目标是一致的。职业类院校的部分专业对学生身体素质提出了更高的要求，需要在体育课程中有针对性地训练相关技能。高职体育教育的目的是提升生产劳动中的工作能力，途径是使用体育的手段和方法，以保证人体的机能和运动能力得到完善。高职体育教育是一种专门化的教育过程，凡对职业活动有好处的运动技能都在课程中得以充实和完善。在课程中，重点发展对劳动有重要影响的身体能力，强调身体各项素质稳步发展。高职学生毕业后通常需要在较艰苦的劳动环境中工作，因此，增进未来劳动身体素质也成为高职体育教学的首要任务。

二、体育教育的功能

体育教育在高校教育体系中具有重要地位，其功能涵盖身体、心理和社会三个维度，对学生的全面发展和社会的和谐进步具有深远影响。

（一）体育教育的身体功能

高校体育教育最基本的功能是促进学生的身体健康，这不仅是体育教学的重要目标，也是学生全面发展的基础。通过科学的体育锻炼，学生可以在增强体能、改善身体机能以及预防疾病方面获得显著成效，从而为其学习、生活和未来的职业发展提供健康保障。这一功能具体体现在以下几个方面：

1. 增强体能

体育教育通过系统化、科学化的训练设计，有效提升学生的基本体能素质，使其具备应对学业压力和日常生活需求的能力。体育课程注重对力量、耐力、速度和灵敏性等基本体能的全面培养。例如，通过力量训练增强肌肉强度，通过跑步和游泳提升心肺耐力，通过篮球和羽毛球等运动提高速度和灵敏性。通过课程的长期参与，学生能够逐渐形成规律的运动习惯，为日后养成终身锻炼的健康理念奠定基础。根据学生的不同身体素质和能力水平，体育教育可以提供差异化的训练内容，如针对力量较弱的学生进行抗阻训练、针对耐力较差的学生制订有氧运动计划，从而实现个性化的体能提升。

2. 改善机能

体育活动不仅能增强学生的基本体能，还对身体各大系统的功能产生积极的促进作用。通过有氧运动如长跑、骑行和游泳，学生的心脏泵血能力和肺活量显著提升，有助于提高全身氧气和营养物质的输送效率。负重训练和跳跃运动（如篮球、排球）可以刺激骨骼生长，预防骨质疏松的发生，为学生未来的骨骼健康打下基础。抗阻力训练和核心训练不仅可以增加肌肉的力量和耐力，还能改善身体姿态，减少肌肉疲劳和慢性疼痛问题。科学的体育锻炼能够提升基础代谢率，促进血液循环和内分泌系统的健康运转，从而提升学生的整体机能状态。

3. 预防疾病

体育锻炼是高校学生预防慢性疾病的重要手段，尤其是对久坐和不良生活方式导致的健康问题具有显著的干预作用。有氧运动如跑步和游泳能够帮助学生消耗多余热量，同时调节脂肪代谢，有效预防肥胖及其相关的健康问题。通过坚持体育锻炼，可以降低高血压、糖尿病和心血管疾病等慢性病的发生风险。例如，规律的力量训练有助于控制血糖水平，而有氧运动可以降低血脂和胆固醇水平。现代大学生由于学业繁重，长时间久坐学习和使用电子设备的问题较为普遍，这容易导致腰椎间盘突出、肩颈疼痛等问题，体育课程中的动态拉伸、肩颈保健操等能够有效缓解这些不适。

高校体育教育通过增强体能、改善身体机能和预防疾病，全面促进学生的身体健康。这种身体功能的提升不仅直接影响学生的学习效率和生活质量，也为其未来的职业发展提供了重要的健康支持。通过科学的教学设计和多样化的课程内容，高校体育教育将持续在学生的全面发展中发挥不可或缺的作用。

（二）体育教育的心理功能

体育教育不仅在提升学生身体素质方面发挥重要作用，还对学生的心理发展具有积极影响。通过参与合理设计和科学实施的体育活动，学生能够有效缓解压力、增强自信心、培养意志力，进而促进心理健康和全面发展。以下从缓解压力、增强自信和培养意志力三个方面展开探讨。

1. 缓解压力

高校学生常面临学业、就业、人际关系等多方面的压力，长期的心理负担可能导致焦虑、抑郁等心理问题。体育活动作为一种自然、安全的干预手段，在缓解压力方面具有显著效果。

体育活动能够刺激内啡肽分泌，这种被称为“幸福激素”的物质可以显著改善情绪、缓解焦虑和紧张感。例如，通过跑步、游泳等有氧运动，学生的压力水平会明显降低，情绪也会更加积极。体育活动为学生提供了一个情绪释放的通道。例如，在篮球或羽毛球等对抗性运动中，学生可以通过激烈的身体活动释放负面情绪，从而恢复心理平衡。压力往往会导致睡眠问题，而体育活动通过消耗体能和调节神经系统，可以帮助学生更快入眠并提高睡眠质量，从而更好地缓解心理压力。

2. 增强自信

体育活动为学生提供了不断挑战自我和取得成就的机会，这种体验是增强自信心的重要途径。在体育课程中，学生通过完成设定的训练目标（如跑完一场 5 公里比赛或学会一个复杂的篮球技巧），可以感受到自我能力的提升，从而增强自信。例如，一个曾经对跑步感到恐惧的学生，在经过数周的系统训练后成功完成耐力跑，往往会对自己更有信心。在团队运动（如足球、排球）中，学生通过合作取得成功，并获得队友的肯定和支持，这种社交性体验也有助于提升自信。通过体育活动，学生能够发现自己的短板并努力改进。又如，一个体能较弱的学生在力量训练课程中逐渐提高了举重能力，这种自我完善的过程使其对个人潜力更加认可。

3. 培养意志力

体育训练常常伴随着体力、技术和心理的多重挑战，这种特性使其成为培养学生意志力和抗挫能力的重要方式。例如，在长跑训练中，学生需要克服身体的疲劳和心理的懈怠，坚持完成每一圈跑道，这种训练有助于培养耐力和毅力。体育活动中不可避免会遇到失败（如比赛失利、技术动作掌握不熟练等），学生通过面对失败并调整心态，可以逐步提升抗挫能力。这种心理韧性在学业和职业发展中也将发挥重要作用。例如，在力量训练中，学生不断挑战更高的负重，或者在耐力训练中延长跑步时间，这种突破极限的经历能够塑造学生面对困境时的积极态度和不屈精神。

（三）体育教育的社会功能

体育教育不仅关注个体的身体健康和心理发展，还在培养学生的社会能力与促进社会融合方面发挥着重要作用。通过参与体育活动，学生能够增强团队协作能力，培养规则意识，并实现跨文化的社会互动，为其未来的职业发展和社会适应力奠定坚实基础。

1. 团队协作能力

团队协作是现代社会和职业发展中不可或缺的核心能力，而集体体育项目则为培养这一能力提供了理想的平台。在集体体育项目如篮球、足球和排球中，每位学生都需要根据团队需求扮演不同角色。例如，篮球中的控球后卫需要组织进攻，而中锋则需要负责篮下得分和防守。这种分工协作的实践可以帮助学生理解团队合作的重要性，并提高其协调能力。体育活动强调团队目标的达成，在一场比赛中，团队的胜利比个人表现更为重要。学生通过团队活动学会为共同目标而努力，增强了集体荣誉感。团队体育项目中频繁的互动与沟通，为学生提供了锻炼人际交往能力的机会。例如，在比赛中，学生需要与队友讨论战术、分享经验，并在胜利或失败中共同反思，这一过程有助于提高学生的表达和倾听能力。

2. 规则意识

规则意识是现代社会运行的重要基础，体育活动通过强调规则的制定、遵守和执行，帮助学生理解规则的重要性，并培养守法精神。体育活动以公平竞争为核心。例如，在足球比赛中，规则的严格执行确保每位选手在同等条件下竞争。通过这种体验，学生能够深刻理解公平对结果的影响，并将这种观念内化为日常行为准则。在体育活动中，学生必须严格遵守比赛规则，如不得犯规、不拖延比赛时间等。这种规则的约束让学生意识到，遵守规则不仅是对他人的尊重，也是维护秩序的重要方式。一些学生通过担任裁判或助理教练等角色，学习规则的制定和执行过程。这种实践帮助他们理解规则背后的逻辑和意义，为未来在团队或组织中处理规则相关问题积累经验。

3. 社会融合

体育活动以其高度的开放性和包容性，成为促进社会融合的重要工具，为学生跨越文化、地域和语言的障碍提供了契机。体育活动在本质上超越了语言和文化的限制。例如，足球、篮球等全球化的运动项目在不同文化背景的学生间构建了共同语言，使他们能够通过运动彼此了解并建立友谊。体育强调“人人参与”，不论性别、年龄、文化背景或身体条件，所有人都可以在体育活动中找到自己的角色。这种开放性有助于消除偏见，增强学生对多样性的理解和尊重。在校园体育活动或赛事中，学生通过共同的体育体验，形成集体认同感和归属感。例如，一场校际比赛可以将学生、教职员工和社区成员紧密联系在一起，营造更加和谐的校园氛围。

三、体育教育的主要理论

体育教育作为高校教育的重要组成部分，其理论基础涵盖健康促进理论、全人教育理论和身心协调发展的教育理论。这些理论为高校体育教育的课程设计、教学实践和效果评估提供了坚实的理论支持和科学指导。

（一）健康促进理论

健康促进理论是现代体育教育的重要理论基础，其核心理念是通过教育干预改善个体和群体的健康状况，从而实现全面健康的目标。在高校体育教学中，健康促进理论具有基础性地位。

1. 健康促进理论的内涵

健康促进理论由世界卫生组织（WHO）在《渥太华宪章》中提出，强调健康不仅是疾病的缺失，更是身体、心理和社会适应能力的综合体现。其主要观点包括：①健康是一个动态的、可持续改善的状态，需要通过主动干预和教育引导来实现；②健康促进需要从环境、行为和政策等多层次入手，推动个体健康意识和行为的转变；③健康是个体权利，也是社会的责任。

在体育教育中，健康促进理论强调通过体育活动提高学生的体质健康水平，改善心理健康状态，培养健康生活方式，并通过教育手段降低健康风险。

2. 体育教育与健康促进理论的结合

高校体育教育与健康促进理论相结合，旨在全面提升学生的身体、心理和行为健康。具体而言，通过体育活动增强心肺功能、力量与柔韧性等身体素质，降低慢性疾病风险；通过运动缓解压力、提升自信心，改善心理状态；通过教育引导学生养成科学运动习惯，摒弃不健康的生活方式。在实践中，教学可以通过健康促进型课程（如健身操、普拉提、户外运动）满足学生的多样化需求；在理论课程中融入健康管理与营养学内容，提高学生健康素养；同时通过体能测试与健康评估，制订个性化运动计划，为学生提供更具针对性的指导。

（二）全人教育理论

在高校体育教育中，全人教育理论强调“教育以人为本”，通过体育活动实现学生在身体、心理、情感、社会等多维度的全面发展。体育教学不仅能通过系统化训练增强学生的体质和运动能力，还能借助挑战性和竞争性的活动培养学生心理韧性和情绪调节能力。同时，团队体育项目如篮球和足球促进了团队协作、沟通与领导能力的发展，激发学生的社会参与意识。更重要的是，体育活动能够激发学生的热情与创造力，帮助其体验成就感与情感满足。为了更好地实践全人教育理论，高校体育教学可以通过多样化课程设置（如瑜伽、武术、舞蹈等）满足学生个性化需求；在教学中融入价值观教育，培养学生的公平竞争意识和责任感；构建学习型社区，通过社团活动和校内外比赛增强学生的归属感和社会责任意识。这种多元化实践路径，能够充分发挥体育教育在促进学生全面发展中的核心作用。

（三）身心协调发展的教育理论

身心协调发展的教育理论强调身体健康与心理健康之间的密切联系，认为两者是相互影响的整体，应通过科学教育干预实现动态平衡与优化。这一理论为高校体育教学提供了整合性的指导方向，指出体育活动是促进身心协调发展的有效手段。在高校体育教学中，这一理论的应用主要体现在以下方面：一是通过体育活动缓解压力、减少焦虑，提升学生的情绪稳定性；二是通过科学锻炼优化身体机能，为心理健康提供物质支持；三是通过团队合作和成功体验，塑造学生坚韧、乐观、自律等积极人格特质。为更好地实现学生身心协调发展，高校体育教学可采取心理干预与运动结合的方式，在课程中融入情绪管理和压力缓解内容；设计适度挑战性的活动如攀岩和马拉松，锻炼学生的心理韧性与适应能力；根据学生的身体状况和心理特点提供个性化运动方案，以满足不同学生的需求，全面促进其身心健康的动态平衡与协调发展。

健康促进理论、全人教育理论和身心协调发展的教育理论共同构成了高校体育教学的重要理论基础。健康促进理论为体育教育的核心目标——提高学生身体素质和健康行为提供了科学指导；全人教育理论拓展了体育教育的内涵，将身体健康与心理、社会能力的全面发展相结合；身心协调发展的教育理论则强调通过体育活动实现身体与心理的动态平衡。这些理论不仅为高校体育教学实践提供了理论依据，也为构建健康校园、培养全面发展的高素质人才奠定了坚实基础。未来，高校体育教学应在这些理论的指导下，持续优化课程设计和教学方法，为学生的全面发展和社会的健康发展作出更大贡献。

四、体育教育目标

体育教育目标是高校体育教学的核心导向，其涵盖了体质健康、技能掌握以及意志品质与社会适应能力培养等多方面内容。这些目标共同构成了体育教育的全面性发展框架，为学生的身心健康、职业能力以及社会适应力提供了坚实保障。

（一）体质健康目标

体质健康是体育教育的首要目标，直接关系到学生的身体机能、健康水平以及对环境的适应能力。高校体育教育以促进体质健康为基础，旨在通过科学的体育活动提升学生的身体素质，为其学习和未来工作提供身体保障。

体质健康目标注重通过系统的体育训练和合理的运动干预改善学生的身体状态，具体包括以下三个方面。

第一，增强体能。通过体育活动提高力量、耐力、速度、柔韧性、协调性等身体素质。

第二，改善机能。促进心肺功能、代谢功能和神经系统的优化，提升身体的适应力和抗病能力。

第三，预防疾病。通过科学锻炼降低因生活方式不良或久坐导致的慢性疾病（如肥胖、高血压）的风险。

高校体育教学通过科学的实践路径积极促进学生体质健康，具体措施包括系统化课程设计、个性化健康指导和健康监测与反馈。通过开设适应不同体能水平的课程（如跑步、游泳等有氧训练和哑铃操等力量训练），学生能够有针对性地提升体能；依据体质健康测试数据，为学生制订个性化运动计划，满足其多样化需求；利用智能手环等技术动态监测运动数据，为学生提供实时反馈并优化训练方案。实现体质健康目标不仅满足了学生个体发展的需求，还具有重要的社会意义：通过增强体质促进学习效率提高、降低医疗成本，同时助力“健康中国 2030”战略的实施，全面提升国民素质，服务社会和国家发展大局。

（二）技能掌握目标

体育技能是高校体育教学的重要组成部分，其不仅能提高学生参与体育活动的兴趣，还为学生未来的健康生活提供了技术支持。技能掌握目标注重提升学生的运动能力和专项技能水平，满足其在校期间和未来生活中的多样化需求。

高校体育教育通过实践性和针对性并重的教学设计，积极促进学生运动技能的掌握。具体路径包括分层次教学，根据学生运动基础和专业需求设置不同难度的教学内容；通过任务驱动教学，如设置技能比赛或团队对抗等挑战任务，激发学生的学习兴趣和主动性；注重实际应用能力培养，通过模拟比赛环境帮助学生掌握战术配合和决策技巧。实现技能掌握目标具有多方面的意义：能显著提升学生的自信心，使其在体育活动中表现更加自如；通过技能提升丰富学生的社交和娱乐体验；同时，对健康与体育相关领域的专业学生而言，运动技能的掌握直接关系到其职业竞争力和未来发展潜力。

（三）意志品质与社会适应能力培养

高校体育教育不仅关注身体和技能层面的发展，还强调通过体育活动培养学生的意志品质和社会适应能力。这一目标在塑造学生个性、提升其社会融入度方面具有重要意义。

体育教育通过挑战性和互动性活动，为学生意志品质和社会适应能力的培养提供了理想平台。意志品质的培养体现在坚韧不拔的毅力、自我调控能力以及抗挫折能力的提升。例如，通过长跑或攀登等耐力活动，学生学会克服困难，增强心理韧性；比赛中则需要学生管理情绪，保持冷静专注，从而提升自我调控能力。同时，在体育活动中经历失败能帮助学生培养面对挫折的抗压能力。社会适应能力的培养则通过团队协作能力、规则意识和沟通领导力的提升得以实现。集体项目如篮球、排球让学生学会分工合作，增强集体意识；遵守规则和公平竞争的原则强化了学生的责任感和道德观；在团队中担任队长等角色，还能锻炼其沟通技巧和领导能力。为实现这些目标，高校体育教学应设计挑战性活动（如远足、登山）、融入团队任务（如团队比赛）并注重过程性体验，引导学生反思个人表现和团队意义。这些能力的培养不仅能提升学生的学业与职业表现，还能促进人际关系的和谐，增强其社会竞争力，为应对未来复杂多变的社会环境打下坚实基础。

高校体育教育目标包括体质健康、技能掌握以及意志品质与社会适应能力的培养，这些目标既相互联系又相辅相成。体质健康是基础，技能掌握为学生提供参与体育活动的能力，而意志品质和社会适应能力则拓展了体育教育的内涵，为学生的全面发展奠定了重要基础。未来，高校体育教学应在目标引导下进一步优化课程设计与实践模式，以满足学生个性化需求，为社会培养具有健康体魄、卓越技能和健全人格的高素质人才。

第二节　高职教育的特点及其对体育教学的影响

一、高职教育的基本特点

（一）职业导向性与适用性

高职教育作为我国高等教育体系的重要组成部分，其基本特点之一是以职业导向性和适用性为核心目标。不同于传统的普通本科教育，高职教育更加注重培养学生的实践技能和岗位适应能力。课程设计通常以实际工作需求为导向，强调学生在校期间能掌握直接应用于职场的技能。

在体育教学方面，这种职业导向性和适用性也得到了充分体现。体育课程不再单纯以竞技水平的提高为主要目标，而是更多地关注学生的健康促进、体能提升以及职业素质的增强。例如，针对即将从事建筑工程、护理、物流等体力需求较高行业的学生，体育课程会注重力量、耐力等体能素质的培养；而对于艺术设计、信息技术等工作内容偏静态的职业方向，则更强调通过体育锻炼来缓解职业压力、预防职业病。这种职业需求导向的体育教学模式，不仅能让学生更好地适应未来的工作环境，还能帮助他们树立科学健身的理念，从而更好地应对职业生涯中的健康挑战。

（二）学生群体的多样性

高职院校的学生群体多样性是其另一个显著特点。这种多样性体现在学生的年龄结构、体质水平以及职业方向等多个方面。

1. 年龄结构的多样性带来了体育教学上的差异需求

高职学生年龄跨度较大，有刚刚高中毕业的年轻群体，也有已经工作多年的“回炉”学习者。这种年龄差异在体育课程中表现为身体素质、运动兴趣和接受能力的不同。例如，年轻学生通常身体素质较好，更适合较高强度的运动，而年纪稍长的学生则可能更倾向于低冲击、放松身心的体育活动。

2. 学生的体质水平差异较大

一些学生可能在高中时期有较好的体育基础，而另一些学生则因学业压力或缺乏锻炼，身体素质较差甚至存在健康问题。体育教学需要在课程内容和强度上进行个性化调整，确保不同体质水平的学生都能受益。例如，可以在课程中引入分层教学模式，根据学生的健康状况和体能水平划分锻炼内容，以达到“因材施教”的效果。

3. 学生未来的职业方向也影响着体育课程的设计

不同职业对体能和健康素质的要求不同。例如，学习物流管理的学生需要具备较强的体力和协调能力，而学习设计专业的学生则需要通过体育锻炼缓解长时间伏案工作带来的颈肩痛等职业病隐患。根据职业方向的不同进行体育课程内容的调整，不仅能够提高学生的学习兴趣，还能增强体育教学的针对性和适用性。

（三）教学资源的有限性与开放性

高职院校在教育资源配置上，常常面临有限性与开放性并存的情况，这一特点也直接影响着体育教学。

1. 资源的有限性主要体现在场地、设备和师资力量等方面

很多高职院校由于资金投入有限，体育场馆面积不足、设施老旧，甚至部分课程无法开设。而在体育师资方面，也存在数量不足和专业化程度不够的问题，一些体育教师同时还要承担行政或其他教学任务，难以完全专注于教学质量的提高。这种资源的有限性使得高职体育教学不得不在现有条件下寻求突破，比如通过增加通用性强、成本较低的器械（如瑜伽垫、哑铃）来满足教学需求，或者将场地开放时间延长以提高使用效率。

2. 资源的开放性则是高职院校的一大特色，尤其是在社会资源利用方面

高职院校由于与行业企业联系紧密，往往能够整合校外资源进行体育教学。例如，可以与社区健身中心、地方体育场馆合作，解决场地不足的问题；邀请企业中的健康管理师或运动专家参与课程开发和教学实践，弥补师资力量的不足。这种校企合作、校地联动的模式，不仅丰富了学生的体育学习内容，也拓宽了教学资源的边界。

3. 开放性还体现在教学内容和形式的多样化

高职院校的体育课程往往强调“课堂+课外”的结合，学生既可以在学校接受常规课程训练，也可以通过参与社会化体育活动（如马拉松、公益健身活动）来增强体育锻炼意

识和社会责任感。同时，随着互联网和智能设备的普及，许多高职院校也引入了线上、线下相结合的体育教学模式。学生可以通过在线课程学习理论知识和健身技巧，在课外实践中加以应用。这种灵活开放的教学方式，有助于克服传统课堂教学的时间与空间限制，进一步提高体育教学的效率。

综上所述，高职教育的基本特点决定了体育教学必须具有高度的针对性和灵活性。职业导向性与实用性要求体育课程内容能够紧密结合学生的职业需求，帮助他们在工作中更好地运用所学技能。学生群体的多样性则要求课程设计和实施过程中注重个性化，满足不同年龄、体质和职业方向学生的需求，而教学资源的有限性与开放性则需要教师充分挖掘和利用各种资源，创新教学模式。在这些特点的共同作用下，高职体育不仅是增强学生体质的重要途径，更是为学生的职业发展和人生幸福保驾护航的关键环节。

二、高职教育对体育教学的要求

（一）针对性强的体育课程设置

高职教育的核心任务是为社会和行业培养高素质的技能型人才，因此高职体育教学在课程设置上必须具备较强的针对性。这种针对性体现在课程目标、课程内容和教学方式等多个方面。

1. 明确的课程目标

高职院校的体育课程不仅以增强学生体质为目标，还需要结合学生的专业特点和未来职业需求，培养他们的职业适应能力。例如，从事物流行业的学生需要搬运和整理货物，对力量和耐力有较高要求，体育课程可以增加力量训练和有氧耐力运动的比例。而对护理专业的学生来说，工作中可能需要长期站立或进行精准的体力操作，体育课程则需加入柔韧性和稳定性训练。此外，对于设计、编程等长时间伏案的职业，体育教学应重点关注放松肌肉、缓解疲劳和改善体态的内容。

2. 专业化的课程内容

高职体育课程的设计需围绕职业场景和岗位需求，将锻炼目标与具体的技能要求结合起来。例如，在课程中融入功能性训练、工伤预防运动或行业特定技能的体能训练模块，使学生的身体素质与岗位需求更紧密对接。同时，引入健康管理、运动康复等知识，帮助学生提高健康管理能力，为未来职业生涯奠定基础。

3. 动态调整的教学方式

高职学生群体多样化，体育课程需要因材施教。针对不同专业、身体素质和运动基础的学生，应设计分层次、多样化的课程体系。例如，可以根据学生的兴趣和需求设置不同的选修项目，如篮球、乒乓球、瑜伽、跆拳道等；或者结合校外资源开展户外拓展训练、定向越野等活动，提升课程的趣味性和参与度。

（二）职业素养与职业技能的融合

高职体育教学的重要目标之一，是将职业素养与职业技能相融合，帮助学生通过体育课程培养职业素养、增强职业技能、提升综合竞争力。

1. 培养职业素养

体育课程是培养学生团队合作精神、抗压能力和自我管理能力的重要途径。许多高职院校在体育课程中融入了职业素养训练。例如，通过团队项目如篮球、足球或拔河比赛，锻炼学生的沟通协调能力和团队协作精神；通过长跑或耐力训练，培养学生坚持不懈、克服困难的品质；通过户外拓展活动或定向越野，增强学生的应急反应能力和自我管理能力。

2. 增强职业技能

体育课程与专业技能的结合是高职教育的一大特点。例如，针对建筑专业的学生，可以开设以核心肌肉群和关节稳定性为主的课程，提高他们在高强度工作环境中的安全性和耐久性；针对餐饮专业的学生，可以开展手臂力量训练和灵敏性练习，以提高工作效率和精准度。此外，通过在课程中教授职业健康与安全知识，如职业病预防和工作姿势调整，使学生能更好地应对未来职业中的健康挑战。

3. 提升综合竞争力

职业素养和技能的融合使高职体育课程具有实用性和长期性价值。学生通过体育锻炼不仅能够适应未来工作需求，还能展现更强的综合能力，从而在就业市场中脱颖而出。例如，具有良好体能基础和团队协作能力的学生，往往能更好地胜任岗位要求，并在职场中表现出更高的稳定性和领导力。

（三）灵活性与创新性教学方法的应用

高职院校的体育教学需要充分发挥灵活性和创新性，以适应学生群体的多样化需求以及现代教育环境的变化。

1. 灵活性的体现

灵活的教学安排和课程模式能够更好地满足高职学生的实际需求。例如，为了照顾学生的时间和学习进度，体育课程可以采用模块化设计，学生可以选择适合自己时间段和兴趣的课程模块。此外，还可以根据天气、场地条件等外部因素灵活调整教学内容，将室内课程和室外课程合理搭配，确保学生始终能在最优的环境中学习。

2. 创新性的应用

随着科技的发展，许多高职院校已经将数字化技术引入体育教学中。例如，利用穿戴式设备监测学生的运动数据，帮助他们科学地规划锻炼内容；使用虚拟现实技术或增强现实（AR）技术模拟运动场景，增加课程的趣味性和沉浸感。此外，还可以借助线上平台开展混合式教学，让学生通过网络学习运动理论和技巧，然后在线下课程中进行实践操作。这种“理论+实践”的教学模式，不仅提高了课程效率，还能增强学生的学习自主性。

3. 多样化的教学内容

为了激发学生的运动兴趣，高职体育课程可以融入一些新兴运动项目，如飞盘、桨板、平衡车等。同时，还可以结合传统体育项目与文化元素，如通过太极拳、武术等项目让学生体验中华传统文化的魅力。此外，高职院校还可以与企业或社区合作，引入社会化资源，将真实工作环境中的体育需求融入课堂。例如，与健身房合作开展专项训练，或邀请职业健康专家为学生开设专题讲座。

高职教育对体育教学提出了明确而具体的要求，即以针对性强的课程设置、职业素养与职业技能的融合、灵活性与创新性教学方法为核心，实现体育教学目标的最大化。通过科学合理的课程设置和教学方式，高职体育不仅能提高学生的身体素质，还能帮助他们养成健康的生活方式，提升职业素养和综合能力，为未来的职业发展和个人幸福奠定坚实基础。

三、高职体育教育的诉求

（一）学生成长需求对高职体育教育提出了更高的要求

有目的地培养人的社会活动是教育的本质属性，“发展的终极目标和发展的第一主角都指向每个个体”，教育的含义是“有计划、有目的地培养人的社会活动”。发展的终极目标和第一主角都是人，人是教育最基本的出发点。无论何种教育类型，教学活动的中心始终是促进人的全面发展和自由发展。所以，高职体育教育的诉求是学习者自身的需要。面对激烈的社会竞争，高职学生的需求是非常复杂的。第一，这种需求不是一成不变的；第二，高职学生的需求往往呈现出个体差异性和阶段性；第三，从时间角度来看，分为现实生活和未来生活两种需要；第四，自我意识的不断完善使学习者的需要不断被完善，有时教师的引导也会起到非常重要的作用；第五，高职学生在知识不断增长的基础上，其发展态度、情感的需求也需要及时得到满足。学生的需求主要由五大部分组成：健康，健康依托于良好的生活方式，包括作息规律、饮食规律等；和谐的社会关系，包括与亲朋好友的关系和与家庭的关系；公民生活关系，包括与学校和社区的关系；与从事职业的相关性；获取知识和增强各种能力的需要、自尊的需要、归属和爱的需要、全面发展的需要、享受的需要等。根据以上目标情况，高职体育课程设置时，必须涉及学习的时间维度、内容维度、学生之间的个体差异几个要素。

（二）体育课程范式的内在要求对高职体育教育提出了更高的要求

高职体育课程的基本来源制约着体育课程本身的发展，是“原生性来源”。高职体育课程近似知识的拓展，其核心内容可以归纳为对知识的组织和选择。知识通常以知识体系的形式存在。首先，学科领域“满足个人社会需要和生活需要”的功能，属于一般功能。其次，特殊功能是学科本身的特殊功能，包括“研究领域必备的一种特性”。前者指向学科知识的运用，更多强调的是其工具价值；后者通常是指学科本身的规律，通常指向学科知识的创新。研究显示，强调学科的特殊功能是教师在制定体育课程目标中常用的方法，通常是论证本学科在学生德育、智育和美育中的优势，将课程目标定位在把每一位学生都培养成体育领域的专家，这种定位忽略了部分学生在社会生活中对学科知识本身的需要。

体育被纳入高职教育课程体系，其目的并不是培养从事体育行业的专门人才，而是以满足个人社会及生活需求为目标，所以在课程目标制定时，以体育学科的功能为依据；同时，体育学科所强调的是在户外进行运动教育，增强体能，并不断养成良好的态度与行为，避免忽视学科内在的规律。运动行为、体能的练习以及运动技能组成了体育学科的基本手段。

（三）高职教育目标的要求

与普通高等教育相比，高职教育是一种特定的教育类型，而高职体育正是在这一特定教育类型中存在的。“研究方向”或“专业”是普通高等教育的一个特点，它强调学科理论知识的完整性，对基础知识的宽度非常看重。而高等职业技术教育则不同，高职教育是以具体职业岗位为前提，以岗位所必需的理论知识来构建岗位能力，教学的深度以及课程的开发都是由岗位能力决定的，强调技术技能，对特定岗位的操作能力有要求的同时还要求具备一定的发展能力和创新能力。因此，高职教育培养的主要目标可以归纳为四个字——“学用一致”。

（四）高职体育教育是社会发展的实际需要

面对社会政治和经济的日新月异，高职学校体育的教学内容也在不断优化，社会主义接班人的培养目标是指有理想、有道德、有纪律、有文化的社会主义新人，学校教育的主要任务是将学生培养成一个能够融入特定社会的人。个人发展需要依托一定的社会发展来体现。满足学生的需要，满足社会不断发展与促进学生全面发展需要在很大程度上是一致的。首先，个人不能很好发展将阻碍社会发展；其次，社会的良性发展有利于个人的发展。所以，在社会发展过程中，个人发展是否对社会发展具有积极意义是个人发展的重要标志。另外，绝大多数个人是否能得到良好发展是社会能否得到良好发展的重要标志。人才在现代社会的标准表现为身体机能、心理素质和智慧。体育发展强调以发展个体自身身体为主要任务，在培养劳动者特别是培养符合社会需要的劳动者方面发挥着重要作用。

四、高职体育教育的价值

（一）以学校体育向社会体育的转化为立足点

高职体育课程相对于中学体育来讲属于高层次体育教学，究其原因，是由高职学生处在从学校体育教学向社会体育锻炼转变这一阶段所决定的。相对于初高中体育教学，高职体育强调向体育的文化性方向发展，强调发展学生自我锻炼的体育能力，大学阶段的体育以娱乐体育和生活体育的形式呈现，是高层次体育能力的培养。所以，高职体育课程目标是从学校体育向社会体育的转变，不能直接嫁接大学体育课程目标。

（二）以提升学生职业能力为诉求

高职教育横跨高等教育和职业教育两个范畴，具有“职业性”的特点，高级别的应用型人才是高职教育培养的目标。高职教育培养的是在技术一线运作的高级人才。专业课程在职业教育的安排中被凸显，培养合格的劳动者是职业教育的主攻方向，提升职业能力永远是职业教育的核心问题。高职体育应立足职业，为专业教育服务，在体育能力和职业能力两个方面协调发展。

由于职业技能对高职学生提出了更高的要求，因此良好的身体素质对高职学生而言更加重要，而这与高职体育的首要任务是密切相关的。想要掌握职业专业技能，必须具有某些对具体专业非常有效的身体素质。职业实用身体训练是实用体育的手段和方法。个体在劳动过程中必须掌握的运动能力一定要得以保证，以便在劳动生产中保持良好的工作能力。高职体育训练强调实用性，以使学生走上工作岗位后，能不断适应劳动环境，增进健康。

（三）以培养终身体育能力为核心

体育在高等职业教育体系中的地位具有不可替代性，这种独特性表现为：以学生身心健康为目标，以学生的身体练习为主体手段。学生未来的身体健康与学生养成终身体育能力息息相关。《关于深化教育改革全面推进素质教育的决定》要求在高校体育中面向素质教育转轨。科研数据显示，缺乏终身体育锻炼习惯的高职学生占比高达90%，这说明在体育教学中，能力教育仍受到重视。个体体育能力这一基础条件离不开终身体育行为。体育能力表现为参与各种健身手段和锻炼方法的能力，通常表现为由个体的体育智慧、体育知识、体育技术技能构成的个性身心特性的综合体。运动实践能力是驾驭体育运动的能力，也是体育能力的一种表现形式。身体运动能力、科学锻炼能力和锻炼评价能力共同构成体育综合素养。体育能力培养的过程与体育课程内化的过程是一致的，是体育知识运动技能的高级层次，也是高职体育课程的核心要素。

第三节 实践能力培养的理论框架

一、实践能力的内涵

（一）实践能力的定义

实践能力是指个体在真实情境中将理论知识转化为实际操作、解决问题以及适应环境的综合能力。这种能力既是一种学以致用的体现，也是个人应对复杂现实的关键素养，广泛应用于职业、社会和个人生活等各个方面。

在高职教育背景下，实践能力主要包括以下几个方面。

1. 理论知识的运用能力

实践能力的基础是扎实的理论知识，但它更强调将知识应用于具体场景的能力。例如，高职学生需要将课堂上学到的专业技能转化为实际工作中的操作能力，这种运用能力是高职教育培养的核心目标之一。

2. 解决问题能力

实践能力的核心特征是解决问题的能力。在动态变化的情境中，个体能够识别问题、分析原因并采取合理的措施解决问题。例如，物流专业的学生在货物搬运过程中需要根据现场情况制定最优方案，这种决策能力是实践能力的重要组成部分。

3. 创新与适应能力

实践能力不仅要求在既定条件下执行任务，还需要在面对新问题或变化时，能够灵活调整策略并创造性地解决问题。高职学生通过创新思维和灵活应变，适应快速变化的职业需求。

4. 团队合作与沟通能力

实践能力往往以团队协作为核心，尤其在跨部门、多学科协作环境中尤为重要。在团队任务中，学生需明确自身角色，承担相应责任。例如，在市场营销课程的团队竞赛中，学生需要协调制定宣传策略。团队合作难免出现意见分歧，学生需通过良好的沟通技巧解决冲突。例如，在体育比赛中，队员需要就战术问题进行充分讨论并迅速达成一致。面对复杂任务时，学生需要与不同领域的同伴合作。又如，在智能设备研发项目中，设计人员、编程人员和工程人员需要紧密合作完成任务。

5. 持续改进与反思能力

实践能力不仅是一种单次行为，更是一种动态优化的过程，需要学生不断反思和改进。首先，学生通过复盘成功案例，找到高效实践的核心要素。例如，在护理专业中，学生可以总结最佳的患者沟通技巧，提高服务质量。其次，反思失败经历是提高实践能力的重要途径。例如，机械加工学生在制作过程中出现零件误差后，通过分析问题来源改进操作技巧。最后，持续改进能力的本质在于对学习和实践的循环。例如，学生在职后通过参与职业技能培训，不断提升自身实践能力。

综上所述，实践能力不仅是理论知识向实际操作的转化，更是解决问题、创新适应、团队合作和自我提升的综合表现。对于高职教育而言，实践能力的培养是其教育目标的核心内容，也是学生未来在社会中立足并发展的重要保证。

（二）实践能力在职业教育中的特殊意义

实践能力在职业教育中具有特殊而重要的意义。职业教育的核心目标是培养适应生产、建设、服务和管理一线需要的高素质技术技能人才。这种培养目标决定了实践能力的培养是职业教育的关键环节。

1. 适应岗位需求

职业教育强调与生产劳动和社会实践相结合，培养德、智、体、美等全面发展的社会主义事业建设者和接班人。这表明我们党的教育方针对生产劳动和社会实践高度重视，把实践摆在了整个教育工作中一个非常重要的地位。通过实践能力的培养，学生能够更好地适应未来的工作岗位，缩短从学校到职场的过渡时间，提高就业竞争力。

2. 提高职业素养

实践能力的培养不仅是技术技能的提升，更是职业素养的全面提高。在实践过程中，学生需要与他人合作，解决实际问题，面对挑战和压力。这些经历有助于培养学生的团队合作精神、沟通能力、问题解决能力和抗压能力，这都是职业素养的重要组成部分。

3. 促进终身学习

实践能力的培养强调学习与实践的结合，鼓励学生在实践中学习，在学习中实践。这种学习模式有助于培养学生的自主学习能力和创新能力，激发他们的学习兴趣和动力，促进终身学习理念的形成。

4. 满足社会需求

随着社会经济的发展，企业对高素质技术技能人才的需求不断增加。实践能力强的毕业生更能满足企业的需求，为社会经济发展作出贡献。因此，职业教育中实践能力的培养具有重要的社会意义。

总之，实践能力的培养是职业教育的核心内容，对于提高学生的职业素养、适应岗位需求、促进终身学习和满足社会需求具有重要意义。在高职体育教学中，注重实践能力的培养，有助于学生全面发展，为未来的职业生涯奠定坚实基础。

二、实践能力培养的理论依据

（一）建构主义学习理论

建构主义学习理论认为，知识不是被动接受的，而是学习者在与环境交互作用中主动建构的过程。学习者通过自身的经验、背景和已有知识，对外部信息进行选择、加工和处理，从而生成个人的理解和意义。

在高职体育教学中，建构主义强调学生的主体地位，鼓励学生通过实际参与和体验来建构对体育技能和知识的理解。教师应创造真实的情境，引导学生在实践中发现问题、解决问题，从而实现知识的内化和技能的掌握。例如，在教授篮球技术时，教师可以组织实际比赛，让学生在真实的对抗中体验和理解战术的运用，而不是仅仅通过讲解和示范。

此外，建构主义强调社会互动的重要性，认为学习是一个文化参与的过程。在体育教学中，团队合作、交流和反馈都是促进学习的重要因素。通过小组活动、团队比赛等形式，学生可以在互动中分享经验，互相学习，共同进步。

（二）动态能力理论

动态能力理论最初应用于企业管理领域，强调组织在快速变化的环境中，通过整合、构建和重构内部和外部资源，持续更新其能力，以保持竞争优势。这一理论同样适用于教育领域，特别是在培养学生适应未来职业变化的能力方面。

在高职体育教学中，动态能力理论强调培养学生的适应性和创新能力。体育教师应关注学生在不同情境下的表现，鼓励他们在变化的环境中灵活运用所学技能。例如，在不同的运动项目中，学生需要根据具体情况调整策略和技术，这种能力的培养有助于他们在未来职业中应对各种挑战。

此外，动态能力理论强调持续学习和能力更新的重要性。体育教学应鼓励学生不断反思和改进自己的技能，培养终身学习的意识。通过引入新兴的体育项目和训练方法，教师可以激发学生的学习兴趣，促进他们不断提升自己的能力。

（三）实践导向型教育理念

实践导向型教育理念强调教育应以实践为基础，注重培养学生的实际操作能力和解决问题的能力。这一理念与高职教育的目标高度契合，强调通过实践教学，使学生掌握职业所需的技能和知识。

在高职体育教学中，实践导向型教育理念要求教师设计以实践为核心的教学活动。例如，组织学生参与实际的体育赛事、社区体育活动或企业的体育项目，使他们在真实的环境中应用所学知识，积累实践经验。

此外，实践导向型教育强调与行业和社区的合作。通过与体育组织、健身中心、社区体育机构等合作，学校可以为学生提供更多的实践机会，帮助他们了解行业动态，提升职业素养。

总之，建构主义学习理论、动态能力理论和实践导向型教育理念为高职体育教学提供了坚实的理论基础。通过将这些理论应用于教学实践，教师可以更有效地培养学生的实践能力，提升他们的职业素养，为未来的职业发展奠定坚实的基础。

三、实践能力培养的特征

（一）实践能力是个体在实践过程中形成和发展起来的

实践能力的形成是一个涉及生理成熟、获得经验等多种因素的复杂过程。美国心理学家斯腾伯格提出，缄默知识（Tacit knowledge，又译为未明言知识、静默的知识等）与实践能力有很大的相关。他认为，“具有学业智力的人通常容易获得和运用‘正式的学业知识’，这些知识可以从智力测验及类似测验中找到许多。而具有实践性智力的个体，其标志是易获得并运用‘未明言知识’”“所谓未明言知识指的是以行动为导向的知识，它的获得一般不需要他人的帮助，它能使个体达到个人追求的目标。”“未明言知识具有三种特性：第一，它是关于如何去行动的知识，从本质上说，它是程序性的。第二，它与人们所推崇的目标实现有关。第三，这类知识的获得一般很少需要别人的帮助。”未明言知识不是与生俱来的，它必须从经验中获得，而且具有可迁移性。对此，斯腾伯格曾经做过一系列实验加以证明。这样，斯腾伯格以缄默知识为切入点，证明了实践能力必须从个体实践过程中形成和发展。

（二）实践能力可以在人的一生中保持持续的发展态势

为了研究实践能力的发展趋势，科学家们曾做了大量实验研究。在一项研究中，他们让 84 名年龄介于 20~79 岁的被试解决两种不同类型的推理问题。一类是传统的认知测量，另一类是对于现实情境中的问题解决。结果发现，这两类问题解答的表现随年龄变化的曲线是不同的。在实际问题解决任务中的表现，40~50 岁年龄组达到高峰。之后才有所下降。另一项研究则测量了 126 名 20~78 岁的成人流体智力（理解抽象和新颖概念的能力）、晶体智力（来源于知识的积累，通过词汇和一般知识测验来测量）和日常生活问题解决能力。在流体智力测验中，20~30 岁阶段表现为增长趋势，从 30~40 岁为保持稳定阶段，之后有所下降。而日常生活问题和晶体智力测验中，被试的表现直到 70 岁都是上升的趋势。基于此，斯腾伯格得出的结论是：“随年龄的增长智力确实增长了，但仅是实践性智力的增长，而不是学业上的分析性智力的增长，后者反而是下降了。”尽管解决严格意义的学业问题的能力从较早开始一直到成年后期都表现为下降趋势，但个体解决实际问题的能力却可以保持，甚至到老年还在增强。

（三）实践能力虽然与认识能力有一定的关系，但智商高并不意味着个体实践能力强

“智商是就个体学业智力或学业能力倾向而言的。”实践能力则是就个体解决实际问题的素质和潜能而言。个体在学业方面表现出较高的水平，却不一定能顺利解决实际生活中

的问题，反之亦然。研究指出，“IQ 与学业成绩的相关系数是 0.4~0.7，而与日常生活能力及工作表现的相关系数也只有 0.2 而已”。美国学者在系列研究中发现，他们始终无法去证实智力测验和日常生活的解决问题能力有显著的相关①。他们提出，智力测验是一种拙劣的智力指标，这些测验与我们是否能在错综复杂的环境中有聪明的表现无关。虽有人主张 IQ 测验和特殊的心智能力相关，然而这些特殊的心智能力却不是在实际生活中成功的要素之一。美国心理学家塞缪尔·萨拉森（Seymour Sarason）曾在一所智障学校进行智力测验。刚一开始，一些实践能力较强的学生为了避开智力测验，采取各种巧妙的方式聪明地躲过了学校严加防范的安全措施，逃跑了。经过一番努力，把所有学生召集起来后，萨拉森对他们进行了“鲍特斯迷宫测验”（一种书面智力测验，要求被试寻找迷宫的出口）。测验的结果是，刚刚骗过老师，从教室逃跑的学生，却不能在测验中找到最简单的迷宫的第一个出口。

上述研究成果给了我们两点启示：第一，智商仅仅是学习潜力的一种测验指标，它与人的认识能力有一定的关联，但并不能作为解决问题能力的唯一判断指标。人的实践能力是由一系列复杂的心理和生理因素共同构成的。认识问题的能力仅仅是构成解决问题能力一种必要的前提（况且智商仅构成认识问题能力的一部分）。第二，将认识能力与实践能力分开来研究，有利于我们全面、深入地讨论真正意义上人的解决问题能力的内涵和发展过程。这也为我们解决当代我国学生实践能力差的问题提供了一种可能是正确的研究方向。

① 魏美惠．智力新探［M］．中国台湾：心理出版社，中华民国八十五年版．

第三章 高职体育教学的现状与问题分析

高职体育教学作为高职院校教育体系的重要组成部分，承载着提升学生体质健康、培养职业素养以及塑造全面发展的任务。然而，在当前教育改革的背景下，高职体育教学面临着诸多挑战。从教学内容到方法，从资源配置到学生需求，高职体育教学的现状折射出一定的问题和不足。

第一节 高职院校体育课程设置现状

一、高校体育课程的结构

高校体育课程的结构是学校体育教学的重要组成部分，它直接影响学生的学习效果和对体育的兴趣培养。合理的课程结构不仅能够满足学生的体能训练需求，还能帮助学生掌握运动知识和技能，培养健康的生活方式。在当前高校教育体系中，体育课程结构一般包括必修课和选修课的分布、理论课程与实践课程的比例以及体育课程体系的整体设计与安排。这些因素在不同高校中可能有所差异，但总体上都反映了高校体育教学在适应学生个性化需求和全面素质教育方面的努力。

（一）必修课与选修课的分布

1. 必修课的设置与特点

必修课是高校体育课程的重要组成部分，旨在确保所有学生都能参与一定程度的体育活动中，从而提升体质、增强健康意识。必修课通常在大一、大二期间进行，主要以基础体能训练、运动技能的学习和基本健康知识的讲授为主。这些课程多以强制性、系统性为特点，以保障所有学生在入学初期就能接受全面的体育教育，达到增强体质和培养健康生活习惯的目的。

必修课的设置反映了高校对于体育教育的重视。通过为学生安排固定的课程内容，必修课帮助学生建立基础的体育技能和运动意识，确保即使那些对体育不感兴趣或运动能力较弱的学生也能得到一定程度的身体锻炼。此外，必修课还注重培养学生的合作精神和竞争意识，许多课程通过团体项目或小组活动的方式，让学生在体育中感受团队合作的重要性，同时体验竞技和拼搏精神。

然而，必修课由于内容相对固定，可能在一定程度上无法满足学生的个性化需求。一些学生可能对必修课项目缺乏兴趣，导致课程参与度和积极性受到影响。因此，高校在设计必修课时，需要平衡学生需求和课程目标，既要保证体育教育的基础性，又要避免课程内容过于单一。

2. 选修课的灵活性与多样性

选修课在高校体育课程中扮演着重要的角色，其主要目的是为学生提供更加灵活、个性化的课程选择，帮助学生找到适合自己的运动项目，激发其对体育活动的兴趣。选修课的设置通常覆盖大三、大四阶段，学生可以根据个人兴趣、体能水平和健康状况自主选择适合的课程。这种灵活的选课制度不仅有助于提高学生的学习积极性，还为培养学生的终身体育意识提供了良好的基础。

选修课的内容非常丰富，涵盖了跑步、篮球、足球、游泳、羽毛球、网球、瑜伽、健美操等多种运动项目，甚至包括一些新兴的健身方式如普拉提、力量训练、攀岩等。这种多样化的课程设计使学生能够在其中找到适合自己的运动方式，体验体育活动带来的乐趣和成就感。此外，选修课还为学生提供了深度学习的机会，如学生可以在课程中学习到该运动项目的规则、技巧甚至战术，帮助其更好地掌握一项运动技能。

通过必修课和选修课的合理分布，高校体育课程体系实现了基础性与灵活性的结合。必修课为所有学生提供了系统的体育基础教育，而选修课为学生提供了多元化的选择，满足其个性化需求。两者相辅相成，共同提升学生的身体素质和体育素养。

（二）理论课程与实践课程的比例

1. 实践课程的重要性

实践课程是高校体育教学的核心部分，注重学生在实际运动中的体验和技能掌握。体育作为一门应用性较强的课程，通过实践课程可以直接提升学生的运动技能、体能和身体协调性。实践课程通常安排在体育场馆或户外，教师通过示范、指导和互动教学，帮助学生在实际运动中学习各种运动项目的基本动作、技巧和规则。这类课程涵盖田径、球类、健身、武术等项目，以满足学生多样化的运动需求。

实践课程的设计遵循循序渐进、因材施教的原则，以便让每个学生都能够根据自己的体能水平和运动兴趣得到锻炼。通过实践课程，学生不仅能够增强体能，还可以在运动中学习团队合作和竞技精神。特别是在一些团队项目如篮球、足球中，学生通过合作和竞争，能够体验到集体的力量和自我突破的成就感。此外，实践课程还为学生提供了锻炼意志品质的机会，通过耐力训练、体能测试等环节，学生能够在不断的挑战中增强自信心和抗压能力。

2. 理论课程的引入与必要性

尽管体育教学以实践为主，理论课程同样不可或缺。理论课程主要涉及运动健康知识、运动科学基础、营养与饮食、心理调节、运动损伤预防等内容，旨在帮助学生全面理解体育活动的意义和原理。通过理论课程，学生不仅能够学习到如何科学锻炼，还能了解如何预防运动损伤、保持健康饮食和管理压力，从而更全面地提升健康素养。

高校体育教学中的理论课程比例通常较低，一般在10%~20%，实践教学仍然占据主导地位。然而，理论课程的存在为学生提供了科学指导，使其在实践中能够进行更为有效、安全的锻炼。尤其是在一些特殊运动项目中，如力量训练、马拉松等，正确的运动理论知识对于增强运动效果和预防损伤具有重要意义。此外，理论课程还可以让学生认识到运动的心理调节作用，帮助其更好地利用体育活动缓解压力、改善情绪，形成健康的心理习惯。

实践课程和理论课程的比例分配体现了高校体育课程的双重目标：一方面通过实际运动增强学生体质、提高运动技能；另一方面通过理论知识增强学生的健康意识和自我管理能力。两者结合，使学生在体育学习中能够掌握更全面的知识和技能，为其终身体育意识的养成奠定了良好基础。

（三）体育课程体系的整体设计与安排

1. 课程体系的科学设计

高校体育课程体系的设计是为了实现体育教育的整体目标，即提升学生体质、促进心理健康、培养运动习惯。课程体系的设计需根据不同阶段的教育需求，将必修课、选修课、实践课程和理论课程科学安排，使之相互补充，共同服务于学生的全面发展。课程体系的设计一般分为基础教育阶段和深化学习阶段，以便让学生逐步掌握体育知识和技能。

在基础教育阶段（如大一、大二），课程内容以必修课为主，设置一些基础性的体能训练和运动技能教学，帮助学生建立健康的生活习惯和体育兴趣。在这一阶段，课程安排较为密集，通过高频率的体能锻炼，使学生的体质得到快速提升。此外，基础教育阶段还会穿插一些基础的运动理论知识，帮助学生认识到科学锻炼和健康管理的重要性。

在深化学习阶段（如大三、大四），课程体系则以选修课为主，让学生根据兴趣和体质选择更具挑战性和专业性的课程。在这一阶段，课程内容更加灵活，学生可以专注于特定的运动项目，进行深入学习和提高。例如，一些选修课程提供高级技巧的训练，或以特定运动项目的理论知识为主，如篮球战术分析、羽毛球步法技巧等。这种课程安排为学生提供了个性化发展空间，使其在深层次的体育学习中找到运动的乐趣，从而更容易形成终身体育的意识。

2. 课程安排的合理性和持续性

高校体育课程的安排应注重合理性和持续性，即课程设置要能够帮助学生在不同的学习阶段持续、有效地进行体育锻炼。为了实现这一目标，高校体育课程通常采取分散课程形式，而非集中式教学。通过每周一次至两次的课程安排，学生能够在学期内持续保持运动量，实现身体素质的逐步提升。

持续性的课程安排还体现在课程内容的渐进性上。高校体育课程的设置一般从简单到复杂、从基础到专业逐步递进。例如，在大一期间，学生可能主要进行基本体能训练和一些简单的运动技能学习，而到大二、大三时，课程内容逐渐加入更具难度和专业性的运动项目，帮助学生不断挑战自我、提升技能。这种分阶段的教学安排使学生在整个大学期间都能体验到体育学习的乐趣和成就感。

高校体育课程的结构设计在提升学生身体素质、培养终身体育意识方面具有重要作用。通过必修课和选修课的合理分布、理论课程和实践课程的科学结合，以及系统的课程体系设计与安排，高校体育教学能够满足学生多样化的需求和个性化的发展要求。高校体育课程的结构不仅注重学生身体素质的提升，还关注其心理健康、运动技能的掌握和健康意识的培养。在未来的课程设计中，随着社会对学生综合素质要求的提升，高校体育课程将进一步完善和优化，为学生的全面健康发展提供更为优质的教育资源和支持。

二、高校体育课程内容的构成

高校体育课程的内容构成是决定体育教学效果的关键因素，科学、合理的课程设置能够有效提升学生的身体素质和运动技能，帮助他们建立健康的生活方式。随着素质教育和终身体育理念的不断推广，高校体育教学逐渐从单一的体能训练转向关注学生的全面发展，课程内容也在不断丰富和创新。当前，高校体育课程内容主要包括基础体能训练与专项技能训练、传统体育项目与新兴体育项目的设置、体育教学内容的多样化与创新等几方面，这些内容构成了高校体育教学的核心。

（一）基础体能训练与专项技能训练的内容

1. 基础体能训练的内容与目标

基础体能训练是高校体育课程的重要组成部分，其主要目的是提升学生的身体素质，包括耐力、力量、柔韧性、协调性和爆发力等方面。基础体能训练不仅是为体育课程打下坚实的体能基础，也是学生在日常生活中保持健康体魄的重要保障。通过系统的体能训练，学生能够更好地适应不同运动项目的需求，同时提升自我体能管理和健康意识。

基础体能训练内容一般包括跑步、跳跃、支撑、平衡、举重等基本的身体练习项目。以跑步训练为例，它是提升心肺功能和耐力的重要手段，许多高校体育课程会在学期初进行跑步测试，了解学生的体能状况，并通过跑步训练帮助学生逐渐提升耐力。力量训练则常包括引体向上、俯卧撑、仰卧起坐等项目，通过这些练习来提高学生的核心力量和上肢力量。此外，柔韧性训练如拉伸、瑜伽等，有助于增强学生的灵活性和协调性，减少运动损伤的发生。

基础体能训练不仅是为了提高体能指标，还能够帮助学生养成良好的运动习惯。通过日常的体能训练，学生在提升身体素质的同时也体验到了运动带来的乐趣和成就感，这有助于激发学生的长期运动兴趣，为终身体育打下良好基础。

2. 专项技能训练的内容与目标

专项技能训练是高校体育课程的重要组成部分，旨在帮助学生掌握特定运动项目的技巧和规则。与基础体能训练相比，专项技能训练具有更强的针对性和技术性，它包括篮球、足球、羽毛球、游泳、乒乓球、田径等运动项目。高校体育课程一般会在学生进入高年级后开设专项课程，让学生根据个人兴趣和身体状况选择适合自己的项目进行深入学习。

专项技能训练的内容因项目而异，但总体上包括基本动作、技巧练习、战术应用和比赛规则。例如，在篮球专项训练中，学生需要学习运球、传球、投篮、防守等基本技巧，同时还需掌握团队配合和比赛战术。游泳课程中，学生则需掌握蛙泳、自由泳、仰泳等游泳技巧以及水中呼吸的基本方法。这些技能的掌握不仅能够提高学生的专项运动能力，而且能增强学生的自信心和团队合作精神。

专项技能训练注重个性化发展，使学生能够在特定的运动项目上得到深度学习。通过专项训练，学生不仅可以掌握技术，更能够体验运动项目的挑战和乐趣，培养团队协作意识和竞争意识。这种项目选择的自由度和技术的提升空间极大地满足了学生的个性化需求，帮助他们在大学阶段找到适合自己并可能延续终身的运动方式。

（二）传统体育项目与新兴体育项目的设置

1. 传统体育项目的核心地位

传统体育项目在高校体育教学中占据重要地位，这些项目经过多年发展和实践，被广泛认为是提升身体素质和运动技能的有效途径。传统项目一般包括田径、篮球、足球、排球、乒乓球、羽毛球、体操等，具有规则明确、技术成熟、易于普及的特点。这些项目的训练方式和效果已得到科学验证，具有良好的教育效果，适合大多数学生进行练习和掌握。

传统体育项目不仅帮助学生掌握运动技能，还具有培养团队意识和竞争精神的作用。例如，篮球和足球课程可以通过团体协作和比赛的形式，增强学生的集体意识和合作精神，使其在竞争中体验拼搏和胜利的成就感。此外，传统项目的规则和标准较为明确，便于进行成绩评估，学生的进步和努力也能够在体能测试和技能测试中得到体现，这对激发学生的成就感和学习动力有着积极作用。

2. 新兴体育项目的引入与创新

随着社会的发展和健康理念的普及，越来越多的新兴体育项目被引入高校体育课程中，这些项目涵盖了瑜伽、普拉提、攀岩、马拉松、户外拓展、健身、舞蹈等多样化内容。新兴项目的引入使高校体育教学内容更加丰富，为学生提供了更多个性化的选择，满足了不同兴趣和需求的学生群体。

瑜伽和普拉提等新兴项目在高校体育课程中受到越来越多学生的喜爱，尤其受到女生的青睐。这类项目不仅能够提升身体的柔韧性和协调性，还对心理健康有积极影响，有助于学生减轻学习压力、改善情绪。此外，户外拓展、攀岩等项目则具有挑战性，帮助学生在户外运动中提升自我突破的意识和团队合作能力。

新兴体育项目的引入不仅丰富了高校体育教学的内容，也促进了体育教育理念的创新。这些项目突破了传统体育的限制，强调运动的多元性和趣味性，增强了学生的参与感和体验感。新兴项目的灵活性和个性化特点，使学生能够根据个人兴趣选择适合的项目，让体育课程更贴近学生的需求，从而提高体育课程的吸引力和教学效率。

（三）体育教学内容的多样化与创新

1. 多样化的课程设计满足学生的个性化需求

多样化的课程设计是高校体育教学内容的重要特点，它不仅提升了学生的兴趣，还使教学内容更具包容性和多样性。高校体育课程逐渐从单一的技能传授扩展为涵盖体能、技能、健康知识等多维度的内容，满足学生不同阶段、不同个体的需求。例如，课程内容从田径、球类等传统项目延展到舞蹈、户外拓展等新兴项目，提升了课程内容的多样化。

多样化课程设计的一大优点在于学生可以选择符合自身兴趣和身体条件的项目，进而提升课堂参与度。高校体育课程通过定期的问卷调查和选修制课程，让学生根据兴趣自由选择课程内容。这种个性化、多样化的设计不仅能够激发学生的锻炼动力，也使其在学习过程中更加专注，培养了对体育活动的长期兴趣。

2. 创新的教学内容与模式增强体育教学效果

在多样化教学内容的基础上，高校体育教学不断创新教学模式和内容，使体育课程更加贴近学生的需求。例如，结合信息技术，高校逐渐引入线上课程、智能设备等新技术，学生可以通过视频资源、健身 App 等在课外进行自主学习和锻炼。尤其是在疫情期间，线上体育课程成为高校体育教学的创新形式，使学生能够在家中继续进行体育活动。

此外，一些高校还开始采用项目制、任务制等创新教学模式，为学生设置具体的运动目标和任务，使其在完成任务的过程中掌握技能。例如，教师可以在户外课程中设定登山任务，让学生在攀登的过程中完成体能训练和心理挑战，体验自我突破的乐趣。通过这些创新的教学内容和模式，学生能够更深刻地体验体育活动的意义，并在参与中收获成就感和自信心。

3. 健康知识和素养教育的融入

高校体育课程不再局限于体能和技能的传授，而是逐步融入了健康知识和素养教育的内容，帮助学生在学习运动技能的同时提升健康素养。例如，健康饮食、科学锻炼方法、运动损伤预防和恢复、心理调节等知识逐渐成为课程的一部分，使学生能够在运动中更科学地保护自己。

高校体育课程中逐步增加了健康讲座、知识普及等内容。例如，课程中会讲解科学的健身方法、合理的饮食搭配、运动后的恢复方法等，通过这种知识的普及，学生能够在未来生活中更好地管理健康，形成良好的生活习惯。这种健康知识的融入不仅有助于提升学生的自我管理能力，也为他们的终身健康打下了坚实的基础。

高校体育课程内容的构成是提升学生身体素质和综合素养的重要基础，合理的课程设置能够有效满足学生的多样化需求。通过基础体能训练与专项技能训练的合理安排、传统体育项目与新兴体育项目的有机结合，以及体育教学内容的多样化与创新，高校体育课程不仅关注学生的身体健康，还注重培养学生的心理素质和社会适应能力。

三、课程目标与评价方式

在高校体育教学中，课程目标的设定与评价方式是影响教学效果的关键因素。合理的教学目标不仅为教学提供方向和依据，也能激励学生在学习过程中积极参与。而科学、公平的评价方式则能够真实反映学生的学习成果和进步，为学生的全面发展提供支持。

（一）体育教学目标的设定与达成度

1. 体育教学目标的多维性

体育教学目标的设定应遵循多维性原则，不仅要关注学生的身体素质提升，还要注重心理素质、社会适应能力及终身体育意识的培养。具体来说，体育教学目标可以分为以下几个层面：

（1）身体素质目标。提升学生的心肺耐力、力量、柔韧性和协调性等基本身体素质，提高学生的身体健康水平。

（2）运动技能目标。帮助学生掌握特定运动项目的基本技能，培养其参与各类体育活动的能力。例如，在球类、田径等项目中，学生应能掌握基本动作和技巧，并在实际运动中有效应用。

（3）心理素质目标。通过体育活动，增强学生的意志力、自信心和团队合作精神，培养良好的心理素质和应对压力的能力。

（4）健康意识目标。提高学生的健康素养，使其在日常生活中自觉参与体育锻炼，形成良好的生活习惯。

明确多维性的教学目标不仅能够帮助教师更好地设计课程内容，也能让学生清晰认识到自己的学习方向与目标，从而提高参与的积极性和主动性。

2. 达成度的评估与反馈

达成度的评估是检验教学目标实现程度的重要手段。教师在课程实施过程中应不断进行过程性评价，通过观察学生在课堂上的表现、参与度和技能掌握情况等，及时给予反馈和指导。具体的达成度评估方式包括：

（1）自我评估。鼓励学生对自己的学习过程和结果进行反思，了解自身的优缺点，进而制订改进计划。

（2）同伴互评。通过小组活动，让学生互相评价，提高学生的观察能力和反馈能力，增强学生之间的交流与合作。

（3）教师评价。教师在教学中应关注学生的个体差异，采用灵活多样的评价方式，如日常表现记录、阶段性测评等，全面了解学生的学习进展。

（二）现行的体育成绩评定方式

1. 传统的体育成绩评定方式

目前，在大多数高校中，体育成绩的评定主要依赖期末的体能测试和技能考试。这种方式往往侧重于学生在测试中的具体表现，如 100 米跑、长跑、投掷等项目的成绩，以及球类、游泳等专项技能的掌握情况。传统评定方式的优点在于相对简单明了，能够在短时间内获取学生的体能指标。

然而，传统的评定方式也存在一些不足。例如，成绩的评定往往依赖单一的体能测试，未能全面反映学生在整个学习过程中的参与度和进步情况。同时，由于不同学生的身体素质和基础差异，简单的成绩评定可能导致一些学生在评价中处于不利地位，进而影响其学习积极性。

2. 新兴的综合评定方式

为了弥补传统评定方式的不足，许多高校开始探索更加科学和综合的体育成绩评定方式。新兴的评定方式强调过程性评价与结果性评价相结合，具体包括：

（1）过程性评价。在日常教学中，教师通过观察和记录学生的参与情况、学习态度、技能掌握程度等进行综合评定。这种评价方式能够全面反映学生的学习状态，鼓励学生在过程中积极参与。

（2）多元化评价指标。引入多元化的评价指标，如课堂表现、技能水平、团队合作能力、健康意识等，从多个维度对学生进行评定，确保评价的全面性和客观性。

（3）学生自评与互评。鼓励学生在学习过程中进行自我评价与同伴互评，使其在评价中反思自身学习情况，增强学习的主动性和自觉性。

（三）学生成绩考核的公平性与科学性

1. 公平性问题的探讨

在高校体育教学中，成绩考核的公平性是一个重要的问题。由于学生的身体素质、运动基础和学习能力存在差异，如何在评价中体现公平性，成为教学改革的一个重要挑战。为了解决这一问题，高校应当采取以下措施：

（1）设置合理的评价标准。根据不同年级、不同基础的学生制定相应的评价标准，确保每位学生在公平的基础上进行评价。例如，可以根据学生的基础水平，将不同项目划分为不同的难度等级，给予适合的评价标准。

（2）关注过程性表现。在评定中更加强调学生的过程性表现，如参与度、学习态度等，减少对单一考试成绩的依赖，确保每位学生在课程中的努力都能得到认可。

2. 科学性的问题探讨

成绩考核的科学性是确保评定结果公正合理的重要基础。科学的评价体系应当具备系统性和客观性，以确保评定结果的可靠性。其具体措施包括：

（1）使用标准化工具。在评定过程中采用标准化的评价工具和方法，如制定明确的评分标准、评分表等，确保教师在评定过程中依据统一标准进行评价，减少主观性。

（2）数据分析与反馈。通过收集和分析学生的成绩数据，识别出教学中的问题和不足，为后续的教学改进提供依据。此外，教师应定期将评价结果反馈给学生，帮助他们了解自己的优劣势，从而进行有针对性的改进。

在高校体育教学中，课程目标的设定与评价方式是增强教学效果的关键。通过明确的教学目标设定与科学的达成度评估，教师能够更有效地指导学生的学习。同时，探索新兴的综合评定方式，不仅提高了成绩评定的公平性与科学性，还能全面反映学生的学习成果。

四、高校体育课程内容的适应性与更新

高校体育课程内容的适应性与更新是提高教育质量、满足学生多样化需求的重要因素。在现代教育环境中，学生的需求、兴趣和能力各不相同，体育课程必须能够灵活应对这些变化，提供多元化的学习体验。下面将围绕如何适应学生多样化需求以及课程内容的更新与调整策略进行深入探讨。

（一）适应学生多样化需求

1. 了解学生的兴趣与需求

学生的兴趣与需求直接影响其参与体育活动的积极性。因此，高校在设计体育课程时，首先需要对学生的兴趣进行充分调查。这可以通过问卷调查、座谈会或小组讨论的方

式进行，了解学生对不同体育项目的偏好、他们的身体素质、运动基础以及希望通过体育课程达到的目标。例如，一些学生可能更倾向于传统的球类运动，而另一些学生则可能对新兴的健身项目或户外运动感兴趣。通过这种了解，教师能够更好地调整课程设置，以适应不同学生的需求，激发他们的学习兴趣。

2. 提供多样化的课程选择

针对学生的多样化需求，高校体育课程应当提供丰富的课程选择。传统的课程设置往往以必修课为主，限制了学生的自主选择。而引入选修课和模块化课程设计，可以让学生根据自己的兴趣选择适合自己的体育项目。例如，设立不同层次的课程，让基础较弱的学生能够选择简单的课程，而基础较强的学生则可以挑战更高水平的项目。除常规的体育项目外，高校还可以引入一些新兴的运动项目，如瑜伽、舞蹈、攀岩、搏击等，给学生提供更多的选择。这种多样化的课程设置不仅能够满足学生的个性化需求，还能够提高学生参与体育活动的积极性和主动性。

3. 重视个体差异与支持

学生在身体素质、运动能力、学习习惯等方面存在显著差异，因此，课程内容的适应性必须考虑这些个体差异。在教学过程中，教师应根据学生的不同能力进行分组，采取不同的教学方法和策略。例如，在进行球类教学时，可以将学生分为不同的小组，根据他们的技能水平设置不同的训练目标。

此外，教师在课程实施过程中应积极提供支持，帮助学生克服学习中的困难。这可以通过一对一指导、课后辅导、提供学习资源等方式来实现，确保每位学生都能在自己的基础上有所提高。

4. 引导学生自主学习

鼓励学生参与课程内容的设计与调整，让他们主动表达自己的想法和建议。这种方式不仅能够提高学生的参与感，也能帮助教师更准确地把握学生的需求。例如，教师可以定期组织学生座谈会，了解他们对课程内容的反馈，及时调整教学计划和内容。

此外，教师还可以引导学生进行自主学习，培养他们的自我管理能力。通过制订个人锻炼计划、学习目标等，学生在教师的指导下，能够主动探索适合自己的学习路径，提高学习效率。

（二）课程内容的更新与调整策略

1. 定期评估与反馈机制

在课程内容的更新与调整中，建立定期评估与反馈机制至关重要。高校应当定期对体育课程进行评估，评估内容包括课程设置、教学效果、学生反馈等。这种评估可以通过问卷调查、访谈等方式进行，确保收集到全面的信息。

根据评估结果，教师应及时调整课程内容，以满足学生的需求。例如，如果评估显示某一课程的参与度较低，教师可以分析原因，考虑是否需要更换项目、调整教学方式或增加课程趣味性，以提高学生的参与积极性。

2. 关注社会发展与趋势

随着社会的发展，新的体育项目和健康理念不断涌现，高校体育课程也应及时跟进。

教师需要关注最新的体育教育研究、国家体育政策和社会健康趋势，将这些新知识融入课程内容中。例如，近年来随着健康意识的提升，越来越多的学生开始关注身心健康和心理素质的培养，因此，课程中可以增加心理健康教育的内容。

3. 整合跨学科资源

在课程内容的更新中，可以考虑跨学科整合，丰富体育课程的内容和形式。例如，可以将心理学、营养学与体育教学相结合，为学生提供更全面的健康教育。通过邀请心理学专家举办讲座、安排营养咨询等活动，帮助学生在身体锻炼的同时，提升心理素质和营养意识。这种跨学科的整合，不仅能够丰富体育课程的内容，还能够增强课程的实用性和趣味性，提高学生的参与热情。

4. 结合科技手段进行更新

随着科技的发展，信息技术在体育教学中的应用越来越广泛。高校体育课程可以通过现代科技手段进行内容的更新与调整。例如，引入在线学习平台、智能健身设备、虚拟现实等新技术，丰富体育教学的形式，增强教学效果。又如，利用在线平台进行教学资源的分享与互动，学生可以在课外自主学习；通过智能健身设备进行体能监测与反馈，帮助学生更科学地制订锻炼计划。这些科技手段不仅能够增强学生的学习体验，还能够提高教学的效率。

高校体育课程内容的适应性与更新是提高教育质量、满足学生多样化需求的重要保障。在适应学生多样化需求方面，高校应关注学生的兴趣、提供多样化的课程选择、重视个体差异和支持学生自主学习。而在课程内容的更新与调整策略上，则需建立定期评估与反馈机制、关注社会发展与趋势、整合跨学科资源以及结合科技手段进行创新。

第二节　教学资源与师资状况

一、体育教师的专业能力现状

在高校体育教学中，教师的专业能力对学生的体育参与度和教学效果起着至关重要的作用。教师不仅要具备扎实的专业知识，还需具备出色的教学设计与执行能力以及在课程中灵活运用创新教学法的能力。

（一）教师专业知识掌握情况

1. 专业知识的基础性与全面性

体育教师首先需要具备扎实的专业知识，包括运动生理学、运动心理学、运动训练学等基本理论。这些知识不仅为体育教学提供了科学依据，也是教师进行课程设计和实施的基础。其次还需掌握与体育相关的法律法规、教育政策等内容，以便在教学中合理应用。

当前，大部分体育教师具备一定的专业背景和知识水平，但在专业知识的深度和广度上仍存在差距。一些教师对新兴运动项目和现代体育理论了解不够，导致在教学过程中无法有效整合新知识与传统知识，从而影响教学效果。

2. 知识更新与专业发展

随着体育科学的发展，新的运动理念、技术和训练方法层出不穷。高校体育教师应保持学习的热情，定期参加专业培训和学术交流，以更新自身的专业知识。然而实际情况是，由于教学压力大、时间有限，许多体育教师未能及时跟进最新的研究成果和教学理念，导致其知识储备相对滞后。

此外，体育教师在职后往往缺乏系统的专业发展支持，缺少有针对性的培训项目，导致其专业能力难以提升。高校应建立完善的教师培训机制，鼓励教师参与继续教育和职业发展，以提高其专业水平和教学能力。

（二）教师的教学设计与执行能力

1. 教学设计的科学性与合理性

教学设计是教师实施有效教学的关键环节。优秀的教学设计应根据学生的年龄特点、身体素质和兴趣爱好，制定适合的教学目标和内容。体育教师在教学设计中，需注重科学性和合理性，确保教学内容符合学生的发展需求。然而，调查显示，部分体育教师在教学设计中存在随意性，未能充分考虑学生的个体差异和课程的适应性。这样的教学设计不仅无法激发学生的参与热情，还可能导致学生因课程难度不适或兴趣不足而选择放弃体育活动。

2. 教学执行的规范性与灵活性

教学执行是教师将设计转化为实践的过程，涉及课堂管理、教学组织、学生评估等多个方面。优秀的教师能够在执行过程中灵活应对突发情况，及时调整教学策略，以满足学生的需求。然而，部分教师在执行教学时缺乏规范性，无法有效控制课堂秩序，导致教学效果不理想。此外，由于教学内容单一，缺乏趣味性，学生的参与度较低。教师需要在执行过程中不断调整教学方法和策略，增强课堂的互动性和趣味性。

3. 评价与反馈机制的建设

教师在教学执行过程中，应建立有效的评价与反馈机制。通过对学生的学习表现进行观察与评估，教师可以及时了解学生的掌握情况和需求，调整教学策略。然而，目前部分教师在这一方面的关注度不足，缺少系统的评估手段，导致无法全面了解学生的学习状况。高校应鼓励体育教师在教学中运用多种评价方式，如形成性评价、同行评价等，以促进学生的积极参与和自主学习。

（三）教师在课程中运用创新教学法的情况

1. 创新教学法的必要性

随着教育理念的不断发展，传统的教学方法已难以满足现代学生的需求。创新教学法不仅能提高学生的学习兴趣，还能激发其参与积极性。例如，项目式学习、探究式学习、翻转课堂等新型教学模式，能够更好地适应学生的个体差异和多样化需求。目前，部分体育教师已开始尝试运用创新教学法，但整体应用程度仍较低。教师在实际教学中，往往依赖传统的讲授式教学，未能充分发挥创新方法的优势。

2. 教师对创新教学法的掌握情况

教师在课程中使用创新教学法的能力直接影响教学效果。然而，许多体育教师对新型教学方法的理解和应用能力不足。一方面，部分教师缺乏必要的培训和指导，无法有效掌握创新教学法的理念和技巧；另一方面，教师对新教学法的应用缺乏信心，担心影响课堂管理和教学秩序。因此，高校应通过培训、研讨和示范等方式，帮助教师提高对创新教学法的理解与应用能力，使其能够在实际教学中灵活运用。

3. 创新教学法在课程中的实践与反思

在实际教学中，教师应注重对创新教学法的实践与反思。在课程实施后，教师应及时对教学效果进行评估，分析创新方法在教学中的优势和不足，总结经验教训，逐步完善教学设计。

通过反思与调整，教师能够不断提升自身的教学能力，优化课程内容，提高学生的参与度和学习效率。同时，高校应营造良好的教学研究氛围，鼓励教师之间的交流与合作，推动教学方法的创新与实践。

高校体育教师的专业能力是影响体育教学质量的重要因素。通过对教师专业知识掌握情况、教学设计与执行能力以及创新教学法使用情况的分析，我们发现教师在专业能力上存在一定的不足。为提升体育教师的专业能力，高校应加强教师培训和职业发展支持，推动知识更新与实践创新。同时，鼓励教师在教学中灵活运用多样化的教学方法，提高教学设计的科学性与合理性。通过这些努力，提高高校体育教学的整体水平，增强学生的体育参与度和素质发展。

二、体育教师的教学态度与责任心

在高校体育教学中，教师的教学态度与责任心对学生的参与度和学习效果具有深远影响。教师的态度不仅反映了其对教育事业的热爱与投入，还直接影响学生的学习动机和对体育的态度。

（一）教师对体育教学的态度分析

1. 积极态度的重要性

体育教师的态度直接影响课堂氛围和学生的学习体验。积极的教学态度能够激发学生的兴趣，促进他们主动参与体育活动。研究表明，教师对体育的热爱和对教学的积极投入，会使学生感受到教师的激情和热情，从而提高他们的参与度和学习成效。反之，消极的教学态度可能导致课堂氛围冷淡，学生对课程的兴趣下降，进而影响他们的学习效果。因此，教师应保持积极的教学态度，通过展示热情与关心，激励学生积极参与体育活动。

2. 态度的形成因素

体育教师的教学态度受多种因素的影响，包括个人经历、教育背景、职业认同等。一些教师可能因自身的运动经历而对体育教学抱有积极态度，而另一些教师可能因缺乏相关经历或对体育课程的理解不足，导致其教学态度不够积极。此外，学校的文化氛围和领导支持也会影响教师的态度。如果学校鼓励创新和参与，教师则更可能积极投入。因此，教育部门和高校应重视教师的职业发展和心理健康，提供必要的支持和培训，以促进教师形成积极的教学态度。

3. 教学态度的自我反思与调整

体育教师应定期进行自我反思，评估自己的教学态度是否影响了课堂的教学效果。通过反思，教师可以识别自身态度中的潜在问题，及时进行调整。例如，教师可以参与同行评议，听取他人的反馈，从而提升自身的教学信念与态度。此外，教师还可以通过不断学习新知识和教学方法，增强自身的专业素养，提升对体育教学的信心和热情。

（二）教师对学生体质健康的关注程度

1. 教师健康意识的体现

体育教师对学生体质健康的关注程度直接关系到学生的身体素质和健康水平。高水平的教师通常会将学生的健康视为重要的教学目标之一，积极倡导健康的生活方式，开展相关教育活动。这样的教师往往会在教学中融入健康知识，如营养饮食、心理健康等，帮助学生全面提高健康素养。反之，缺乏对健康关注的教师可能会忽视学生的身体状况和需求，导致学生的体质健康问题得不到有效解决。因此，教师应加强对学生健康的关注，形成健康教育与体育教学的良性互动。

2. 关注学生体质健康的实践活动

体育教师在日常教学中，应通过多种形式关注学生的体质健康。例如，定期组织体质健康测试，并根据测试结果调整教学内容，满足学生的健康需求。此外，教师可以引导学生参加课外体育活动，鼓励他们在校园内外积极锻炼，从而提高体质健康水平。在课堂上，教师还应注重观察学生的运动表现和身体状况，及时给予反馈和指导，帮助他们纠正不良运动习惯，确保安全与有效地锻炼。

3. 教师与学生沟通的作用

体育教师在关注学生体质健康时，应重视与学生的沟通。通过了解学生的锻炼意愿、运动习惯及身体状况，教师能够为学生提供更为个性化的指导。建立良好的师生沟通机制，可以帮助教师更好地了解学生的需求，同时使学生感受到教师对他们健康的重视与关心。这种良好的沟通能够增强学生的信任感，提高他们参与体育活动的积极性，同时有助于教师在教学中调整策略，更好地满足学生的健康需求。

（三）教师责任心与教学效果的关系

1. 责任心对教学质量的影响

教师的责任心是影响教学效果的重要因素。具备高度责任感的教师会认真备课、精心设计教学活动，关注学生的学习情况和情感需求，努力提高课堂质量。这样的教师通常会投入更多的时间和精力，帮助学生克服困难，提高学习成效。教师责任心强的班级，学生的学习成绩和体育参与度普遍较高。因此，高校应重视教师的责任心培养，鼓励教师对学生的成长负责。

2. 责任心与教师职业认同的关系

教师的责任心与其职业认同密切相关。对有强烈职业认同感的教师而言，他们更愿意投入教学中，对学生的成长和发展充满责任感。这种责任感不仅体现在日常教学中，也体现在对学生未来发展的关注上。教师的职业认同感往往受学校文化、管理体制和职业发展支持的影响。高校应为教师提供职业发展的机会与平台，帮助他们增强对教育事业的认同感，进而提升其责任心。

3. 责任心促进良好师生关系的建立

教师的责任心还体现在对学生情感和心理需求的关注上。当教师展现出对学生的关心与责任时，学生更容易建立信任关系，增强与教师的互动。这种良好的师生关系能够有效促进学生的学习参与感，使他们在体育活动中更有动力。教师可以通过积极的反馈、适时的鼓励和情感支持来增强与学生的关系，使学生在体育学习中感受到温暖与支持，从而提升参与度与学习成效。

体育教师的教学态度与责任心对学生的参与度和学习效果具有重要影响。积极的教学态度能够激发学生的兴趣，促进他们主动参与体育活动。对学生体质健康的重视程度则直接关系学生的身体素质与健康水平，而教师的责任心不仅影响教学质量，还会促进良好师生关系的建立。

三、体育教师的继续教育与职业发展

在高职体育教学中，教师的专业能力直接影响着教学质量和学生的参与体验。随着教育理念的不断更新和社会对体育教育的重视，体育教师的继续教育与职业发展显得尤为重要。

（一）教师专业发展的培训需求

1. 时代变化带来的挑战

随着社会的发展和科技的进步，教育领域特别是体育教育也面临着新的挑战。新的教学理念、教育政策和课程标准不断涌现，教师需要不断更新知识与技能，以适应这些变化。这就要求体育教师在专业知识、教学方法和评估技术等方面进行持续的学习与培训，在体育科学、运动生理、心理学和新兴体育项目等领域的专业知识需要及时更新。同时，随着信息技术的普及，教师还需掌握如何利用现代教育技术进行有效的教学。这些变化使体育教师对专业发展的培训需求愈加迫切。

2. 个性化与多样化的培训需求

不同教师在专业能力和教学风格上存在差异，因此，他们的培训需求也各不相同。一些教师可能希望提高自己的运动技能与教学技巧，而另一些教师则可能更关注课堂管理、学生心理健康等方面。因此，高校和培训机构应根据教师的个性化需求，提供多样化的培训项目。例如，可以设立专项培训课程，涵盖运动项目的教学、创新教学法的应用、心理健康教育等，以满足不同教师的专业发展需求。

3. 培训需求的评估与反馈

了解教师的培训需求是制定有效继续教育方案的基础。高校应定期开展教师培训需求调查，收集教师对继续教育的意见与建议。通过分析反馈信息，高校可以更好地了解教师的需求，并据此优化培训内容与形式。

同时，培训后的效果评估也至关重要。通过对教师培训效果的评估，可以了解培训的实际成效，并不断调整和改进培训方案，以提升教师的专业素养。

（二）继续教育的内容与参与率

1. 继续教育的主要内容

体育教师的继续教育内容应涵盖多个方面，包括专业知识的更新，也包括教学技能的提升。主要内容包括：

（1）专业知识培训。如运动生理学、运动心理学、健康教育等领域的新进展，帮助教师掌握最新的理论和实践知识。

（2）教学法与课程设计。如探究式学习、项目式学习等现代教学方法的培训，提高教师的教学设计与实施能力。

（3）信息技术应用。教授教师如何使用现代信息技术工具进行教学，如在线教学平台、教育软件等，提高教学的灵活性和效率。

（4）学生心理健康教育。帮助教师了解学生心理发展规律，掌握心理辅导的基本技能，以更好地支持学生的全面发展。

2. 参与率的现状分析

尽管继续教育对教师的职业发展至关重要，但实际参与率往往不尽如人意。一方面，部分教师由于工作繁忙、时间有限，难以参加培训；另一方面，缺乏对继续教育重要性的认识也是一大原因。一些教师可能认为继续教育只是额外负担，而未能充分认识到其对自身专业发展的重要性。

3. 提高参与率的策略

为提升教师参与继续教育的积极性，高校可以采取以下策略：

（1）灵活的培训时间安排。根据教师的工作安排，提供多种时间选择，甚至可考虑线上培训，方便教师参与。

（2）激励机制。通过绩效考核、奖励制度等方式，激励教师积极参与继续教育。可以设立专门的奖励基金，支持教师参与各类培训。

（3）建设良好的培训环境。提供舒适的培训场所和必要的学习资源，营造浓厚的学习氛围，吸引教师参与。

（三）教师职业发展的机会与瓶颈

1. 职业发展的机会

随着社会对体育教育的重视，体育教师的职业发展机会日益增加。教师可以通过参与继续教育、科研项目、职业资格认证等方式，提升自身的职业素养与能力。此外，许多高校和教育机构也在不断拓宽体育教育的领域，增加了教师的职业发展空间。

（1）职业晋升机会。优秀的体育教师在教学、科研和服务方面的突出表现，可以为其职业晋升创造条件。许多高校也开始重视教师的综合素质评价，为教师提供多样化的职业发展路径。

（2）参与研究项目的机会。教师可以参与体育科研项目、地方社区体育活动等，提高其专业能力和社会影响力。这不仅有助于教师的职业发展，也能丰富其教学内容，提升教学质量。

2. 职业发展的瓶颈

尽管机会众多，但体育教师在职业发展中仍面临一定的瓶颈。首先，部分高校在职称评定、晋升机制上对体育教师的关注不足，导致其职业发展受限。体育教师的科研和社会服务成果往往不如其他学科的教师受重视，限制了其职业发展的空间。

其次，缺乏系统的职业发展规划也是一个问题。许多体育教师在职业生涯中没有明确的发展目标和方向，导致职业发展过程中出现迷惘和困惑。这种情况在一定程度上影响了体育教师的工作积极性与教学效果。

3. 突破瓶颈的建议

为了帮助体育教师更好地实现职业发展，高校可以采取以下措施：

（1）完善职称评定制度。高校应制定明确的职称评定标准，将体育教师的教学与科研成果纳入评定体系，激励其积极参与科研和社会服务。

（2）制订职业发展规划。高校应为教师提供职业发展咨询服务，帮助其制订个人职业发展规划，明确发展目标和路径。例如，可以通过导师制度或职业发展指导课程，为教师提供必要的支持和引导。

（3）鼓励跨学科合作与交流。通过组织跨学科的教学研讨会、研究项目等活动，鼓励体育教师与其他学科教师合作交流，拓宽视野，丰富教学内容。

体育教师的继续教育与职业发展在高校体育教学中扮演着重要角色。教师的专业发展培训需求、继续教育的内容与参与率，以及职业发展的机会与瓶颈，都是影响教师职业生涯的重要因素。

高校应重视体育教师的继续教育与职业发展，提供必要的支持与培训，以帮助体育教师不断提升专业能力，适应新的教育需求。通过完善培训体系、提高参与率、打破职业发展瓶颈，能够为体育教师创造更好的职业发展环境，从而提高体育教学的整体质量和学生的参与体验。只有在良好的教育环境中，体育教师才能更好地发挥作用，培养出健康、积极向上的学生。

第三节 存在的问题及原因分析

一、高职体育教学存在的问题

高职院校的体育教学在学生身体素质提升、职业能力培养和综合素质塑造中扮演着重要角色。然而，现阶段高职体育教学仍存在许多亟待解决的问题。这些问题既涉及课程设置和教学方法，也与教学资源、学生层面及评价机制有关，制约了高职体育教学的质量和效果。

（一）课程设置问题

1. 体育课程内容单一，缺乏多样性和针对性

许多高职院校的体育课程内容过于单一，仍以传统的田径、篮球、足球等项目为主，缺乏多样化和创新性。例如，针对职业需求较大的健身训练、职业病预防运动等课程很少被纳入教学体系。这种单一的课程设置无法充分满足不同专业学生的需求，也难以激发学生的兴趣和参与热情。

2. 体育课程总课时不足，影响学生运动技能的培养

大部分高职院校的体育课程课时偏少，一般每周只有 1~2 节课，且仅覆盖 1~2 学年。这种有限的课时安排，使学生无法系统掌握体育技能，更无法通过长期锻炼获得显著的身体素质提升。

3. 职业需求与课程内容匹配度低

体育课程未能与职业需求紧密结合，学生在学习过程中缺乏实践性和针对性。例如，从事物流、建筑等职业的学生需要专项体能训练，而从事设计或 IT 行业的学生则需要学习放松性和预防职业病的运动。然而，这些职业相关的体育内容很少在课程中体现。

（二）教学方法问题

1. 教学方法传统化，缺乏创新性

许多高职院校的体育教学仍采用以教师讲解为主的传统授课方式，课堂缺乏互动性和趣味性。学生被动接受指令，缺少自主探索和创新的空间。传统化的教学模式难以适应现代高职体育教学的发展需求，也无法激发学生的运动兴趣。

2. 忽视学生兴趣与个性化需求，学生参与度低

高职学生兴趣多样，但现有的教学方法未能充分关注学生的个性化需求。例如，一些学生更倾向于新兴运动项目（如飞盘、徒步），但课程中难以接触到这些内容，导致他们对体育课缺乏热情。

3. 实践教学环节薄弱，缺乏动手能力的培养

体育教学中实践环节的设计往往不足，学生缺乏亲身参与和动手操作的机会。例如，课程中对技术动作的讲解较多，而对实战演练和策略运用的指导较少。这种薄弱的实践环节无法帮助学生在实际情境中巩固和提升所学技能。

（三）教学资源问题

1. 场地设施不足，难以满足多样化教学需求

许多高职院校的体育场地面积有限，不能同时容纳多个班级的教学活动。此外，场地类型单一，缺少适合专项训练或新兴运动的设施。例如，缺乏专业的健身房、攀岩墙或瑜伽教室等多功能场地。

2. 体育教学器材陈旧或数量不足

教学器材的数量和质量直接影响教学效果。一些高职院校的体育器材老旧或严重不

足，难以满足学生的使用需求。例如，篮球、羽毛球拍等器材不能做到一人一用，影响学生的学习体验和技能练习效果。

3. 专业体育师资数量和质量不匹配

体育师资力量薄弱是许多高职院校面临的普遍问题。一些院校的体育教师数量不足，师生比例过高；另一些院校的教师专业化程度有限，难以提供有针对性的教学。例如，一些教师对职业健康类体育训练不够熟悉，无法设计与学生职业发展相关的课程。

（四）学生层面的问题

1. 学生体育锻炼意识薄弱，参与积极性不高

高职院校学生的体育锻炼意识普遍较弱，许多人将体育课视为“休闲课”或“次要课”，缺乏对锻炼的重视。此外，学生的参与积极性低，体育课堂上常见到拖延、偷懒或应付的现象。

2. 学生身体素质差异大，教学效果参差不齐

高职院校的学生群体复杂，年龄跨度大，身体素质参差不齐。一些学生具有良好的运动基础，而另一些学生可能因为缺乏锻炼身体素质较差。这种差异使统一教学难以满足所有学生的需求，导致教学效果不理想。

3. 就业压力下对体育课程重视度不够

就业压力导致部分学生过于关注专业技能学习，忽视了体育课程的重要性。他们认为体育课与未来的职业发展关系不大，从而对体育课投入的时间和精力不足，进一步影响了教学效果。

（五）评价机制问题

1. 单一化的体育成绩评定标准

目前，大多数高职院校仍采用传统的体育成绩评定方式，以体能测试和技术动作考核为主，忽视了对学生综合能力的评价。例如，学生的参与度、进步幅度和实践能力等指标很少纳入评价体系。

2. 过程性评价不足，偏重结果考核

体育教学中的评价体系更多关注学生在特定时段的表现，而对其学习过程中的努力和参与缺乏记录。例如，一个身体素质较差但努力锻炼的学生，可能因最终测试成绩不佳而被低估。这种评价方式不利于激励学生积极参与体育锻炼。

3. 学生体育能力与职业素养未能有效结合

现有的评价机制未能将学生的体育能力与职业素养紧密联系起来。例如，学生的健康管理意识、团队合作能力等对职业发展的重要指标，在体育评价中很少体现，无法充分反映高职体育教学的价值。

高职体育教学当前面临的主要问题集中在课程设置、教学方法、教学资源、学生层面和评价机制五个方面。这些问题相互交织，制约了体育教学的质量和效果。在未来的教学改革中，必须针对这些问题制定具体的解决措施，包括优化课程内容、创新教学方法、增

加资源投入、关注学生需求以及完善评价机制。只有这样，高职体育教学才能更好地服务于学生的全面发展和职业需求。

二、存在问题的原因分析

高职体育教学中存在的问题并非孤立现象，而是多方面因素共同作用的结果。分析这些问题的根源，有助于制定针有对性的改进措施，从而提高体育教学的质量与效率。

（一）政策与管理层面

1. 高职体育教学在教育体系中的地位被弱化

尽管教育部多次强调体育的重要性，但在高职教育体系中，体育教学往往被视为“辅助性”课程，其地位远不及专业技能课程。学校在制订教学计划时，体育课的安排经常被压缩，甚至为其他课程“让路”，导致体育教学在整体教育体系中被边缘化。

2. 体育课程相关政策落实不到位

国家政策明确要求高职院校开齐、开足体育课程，但在实际执行过程中，部分院校未能严格落实。例如，体育课程的实际课时低于政策规定，课程内容与学生需求脱节。此外，缺乏对体育教学的专项检查和督导，使政策难以转化为有效的实践。

3. 院校对体育教学的投入力度不足

许多高职院校的体育设施和师资力量不足，反映出学校对体育教学投入的重视程度不够。在财政预算分配中，体育教学经常处于次要地位，导致设备陈旧、课程创新难以推进。

（二）教学设计层面

1. 教师对职业教育特色与体育教学结合的理解不足

职业教育强调实践性和职业能力的培养，而体育教学也应体现这一特点。然而，部分体育教师对职业教育的特色缺乏深入理解，未能将体育课程与学生未来职业需求紧密结合。例如，针对物流、护理等专业的学生，体育课程中很少涉及力量训练、职业健康教育等专项内容。

2. 缺乏以学生需求为导向的课程设计理念

目前的体育课程设计更多以教师的传统经验为导向，而对学生的兴趣和需求关注不足。例如，一些学生对新兴运动项目（如飞盘、瑜伽）感兴趣，但课程内容依旧停留在传统项目上，未能激发学生的参与热情。

3. 教学模式创新能力不足，难以激发学生兴趣

许多高职院校的体育教学仍以传统授课方式为主，缺乏灵活性和互动性。教师更多关注的是技术动作的示范和讲解，忽视了学生在体育活动中的主动性和创造性。这样的教学模式不仅单调乏味，还容易导致学生失去参与的积极性。

（三）资源分配层面

1. 财政预算更多倾向于专业课程，体育经费紧缺

高职教育以职业技能培养为核心，大部分学校在财政预算上更倾向于专业课程和实训设备，而体育教学经费常常被忽视。这直接影响了体育场馆的建设和器材的更新，限制了课程内容的丰富性和实践性。

2. 校园体育场地规划不科学，利用率低

部分高职院校在体育场地规划上缺乏科学性。例如，场地功能单一，无法同时满足多个班级或多样化课程的需求；体育设施布局不合理，学生使用不便。此外，场地开放时间有限，学生课外锻炼的机会受到限制。

3. 缺乏与外部资源（如企业、社区体育场馆）的合作

高职院校的体育资源可以通过校企合作和社区联动得到有效补充，但目前大多数学校与外部资源的合作较少，未能充分利用社会体育场馆和专业机构的优势。例如，许多社区体育中心的设备和场地闲置，而高职院校的学生却因校内资源不足难以开展实践活动。

（四）学生自身层面

1. 高职学生群体运动基础普遍较弱

由于高职学生的学习背景多样，其运动基础较普通高校学生弱。一些学生在中学阶段因缺乏体育锻炼而身体素质较差，进入高职后难以快速适应体育课程的强度和要求。

2. 学生心理和身体健康问题影响体育参与

高职学生普遍面临较大的学习压力和就业压力，心理健康问题较为突出。同时，由于久坐、缺乏锻炼等原因，不少学生身体素质较差。这些问题导致他们对体育课程的参与积极性降低，甚至产生抵触情绪。

3. 就业导向压力让学生忽视体育锻炼的重要性

在就业压力的驱动下，许多高职学生更加关注专业技能的学习，而忽视了体育锻炼的重要性。一些学生认为体育课与职业发展无直接关联，从而对其投入的时间和精力不足，影响了课程效果。

（五）社会与文化层面

1. 社会对高职体育教学的重要性认知不足

社会对高职院校的关注更多集中在技能培养上，而对学生的身体素质和综合素质关注较少。这种认知偏差使高职体育教学的重要性被低估，间接影响了学校和学生对体育的重视程度。

2. 体育教学的“娱乐化”或“边缘化”趋势

在一些高职院校，体育课程被简单视为学生娱乐放松的手段，缺乏系统性和职业导向性。这种“娱乐化”或“边缘化”趋势导致体育课程在教学中的功能被弱化，无法充分发挥其促进学生全面发展的作用。

3. 家庭、社区对学生体育锻炼的支持力度不足

家庭和社区对学生体育锻炼的支持对其体育参与有着重要影响。然而，一些家长认为体育锻炼是“浪费时间”，忽视了其对学生身心健康的价值。此外，社区中缺乏适合学生的公共体育设施，也限制了学生的锻炼机会。

高职体育教学中存在问题的原因是多方面的，包括政策落实不到位、教学设计缺乏针对性、资源分配不均、学生自身参与动力不足以及社会与文化层面认知偏差等。这些因素相互作用，共同制约了体育教学的质量与成效。要解决这些问题，需要从政策支持、资源优化、教学改革以及学生和社会意识的提升等多维度入手，全面改善高职体育教学现状，为学生的身心健康和职业发展提供更坚实的保障。

第四章　高职体育实践能力的独特性及重要性

高职体育教学以职业需求为导向，其实践能力的培养具有鲜明的独特性和不可替代的重要性。作为一种面向实际工作场景的能力，高职体育实践能力不仅包括体能和技能的掌握，还强调团队协作、决策能力以及职业适应性的发展。这种能力既是高职教育“学以致用”理念的核心体现，也是学生未来职业竞争力的重要保障。

第一节　高职体育实践能力的特殊性

一、体育实践能力的内涵

（一）体育实践能力的基本概念

体育实践能力是指个体在实际体育活动中，基于已有的体育知识、技能和经验，进行有效运动和健康行为的综合能力。这种能力不仅涵盖动作技术的掌握与运用，还涉及对规则的理解、团队协作、临场应变能力以及健康管理的综合素养。体育实践能力作为体育教育的重要目标，强调理论与实践的结合，旨在提升个体的运动表现、健康水平和社会适应能力。

具体而言，体育实践能力由以下几个方面构成：

1. 基本技能

基本技能是体育实践能力的核心组成部分，是指个体熟练掌握并灵活运用各种运动基础动作和技术的能力。动作技术如跑步、投掷、踢球等常见运动动作的精准性和流畅性。例如，学生在篮球课程中学会正确的运球和投篮动作，为后续的战术应用打下基础。同时，在不同场景下，个体能够根据需要灵活调整动作，如在羽毛球比赛中，根据对手的回球选择不同的击球方式。

2. 战术意识

战术意识是指在复杂的运动情境中，个体能够快速判断、制定策略并有效执行的能力，是高阶体育实践能力的重要体现。个体需要根据运动场上的瞬时变化（如对手的动作、场地情况）迅速作出判断。例如，在足球比赛中，学生需要根据对方的防守位置调整传球或射门策略。战术意识不仅是对情境的观察，还包括制定合理策略并迅速付诸实践。又如，团队篮球中，通过挡拆战术创造得分机会。运动过程中局势往往瞬息万变，个体需具备灵活调整策略的能力，以应对不断变化的环境。

3. 身体适应性

身体适应性是体育实践能力的基础，是指个体在不同运动环境中保持较高运动表现的能力。这种能力直接影响运动效果和持久性。身体素质的全面发展包括力量、耐力、速度、灵敏性和柔韧性等基本身体素质的提升。例如，学生通过长跑训练提高心肺耐力，通过力量训练增强肌肉强度。个体能够根据不同的运动环境（如室内外场地、天气变化等）调整运动方式并保持表现。又如，在湿滑的足球场地上调整跑步步伐以避免受伤。通过身体适应性的训练，个体能够在高强度运动中合理分配体力，避免过早疲劳，提高运动效率。

4. 健康管理能力

健康管理能力是体育实践能力的重要延伸，体现了个体在科学运动和健康生活方式养成中的能力。首先，个体能够根据自身身体条件选择适合的运动项目，并制订合理的训练计划。例如，学生通过了解自身的心率水平，设计合适的有氧运动计划。其次，掌握运动损伤的基本知识和处理方法。例如，在篮球训练中了解如何预防脚踝扭伤以及应急处理方法。最后，通过体育实践，将健康理念融入日常生活。例如，学生在课余时间坚持健身活动并形成规律的作息习惯。

5. 体育实践能力的意义

体育实践能力是体育教育的重要目标，其核心在于通过实际活动提高个体的运动表现和健康水平，使其能够积极参与体育活动，并将健康理念贯穿日常生活。这种能力的培养不仅关乎学生的体能和技能发展，还能够提升其心理素质和社会适应能力。通过培养体育实践能力，学生能够在身体、心理和社会适应能力上实现全面发展，同时掌握科学的运动方法和健康管理知识，帮助学生养成终身参与体育活动的习惯。体育活动中的团队协作、规则遵守和情境应变能力，能够提高学生在工作和社会生活中的适应性。

综上所述，体育实践能力是个体综合素质的重要体现，其培养要求体育教育从基本技能、战术意识、身体适应性和健康管理能力等多个方面入手，为学生的全面发展和终身健康奠定坚实基础。

（二）体育实践能力与运动技能、健康素养的关系

体育实践能力与运动技能和健康素养密切相关，三者共同构成了体育教育的核心内容。

1. 与运动技能的关系

运动技能是体育实践能力的基础。通过对动作技能的掌握，个体能够在实践中展现运动能力。例如，在篮球教学中，学生需要掌握运球、投篮等技能，这些技术动作是实践能力得以实现的前提。

然而，体育实践能力并不局限于技术动作的完成，而是强调技能在真实情境中的灵活运用。例如，在比赛中，学生需要根据对手的表现调整战术，这种能力远远超越了单一技术的应用。因此，体育实践能力是运动技能的延伸和升华，体现了技能在实际中的综合运用。

2. 与健康素养的关系

健康素养是体育实践能力的延展。体育实践不仅能提高个体身体素质，还能增强个体的健康意识和管理能力。健康素养包括理解健康知识、形成健康行为、应对健康风险等内容，而这些能力都需要通过体育实践来培养和强化。例如，通过耐力训练，学生不仅提升了体能，还学会了科学的训练方法和运动后的恢复技巧。这种融合健康素养的体育实践能力，使学生能够在日常生活中主动维护健康。

3. 三者的协同作用

运动技能是实践能力的基础，健康素养是实践能力的导向，两者共同推动体育实践能力的发展。在高职体育教学中，注重这三者的协同培养，可以实现学生身体素质、技能表现和健康意识的全面提升。

（三）高职教育体系下体育实践能力的独特内涵

在高职教育体系中，体育实践能力具有特殊的内涵和目标，与普通高校体育教育相比更加注重职业需求和实际应用。

1. 职业导向性

高职教育以职业能力培养为核心，因此体育实践能力必须服务于学生的职业需求。例如，物流管理专业的学生需要通过力量训练和耐力锻炼提升体能，以应对高强度的工作环境；而护理专业的学生则需要通过柔韧性训练和抗压能力培养，满足长时间站立和复杂工作情境的要求。这种职业导向性决定了高职体育实践能力不仅注重身体素质和运动技能，还强调健康管理和岗位适应能力的提升。学生需要通过体育实践，掌握科学锻炼方法，并将其应用于职业场景中，从而增强职业适应性。

2. 实践性和应用性

高职体育实践能力强调“学以致用”。相比理论知识，实践能力更关注技能的实际操作和效果。例如，在学习急救技能时，学生不仅需要掌握心肺复苏的理论，还需要通过实践操作熟练掌握动作要领。这种实践性和应用性也体现在健康管理能力的培养中。例如，学生需要通过体能测试了解自己的健康状况，并根据测试结果制订个性化的训练计划。这种基于实践的能力培养，使学生即使离开校园后也能够持续维护自身健康。

3. 团队协作与社会适应

高职教育重视学生的团队合作能力，而体育实践活动是培养这一能力的重要途径。在团队运动项目（如足球、篮球）中，学生需要与队友配合完成比赛目标，这不仅提升了团队协作能力，也培养了他们在复杂情境下的应变能力。此外，体育实践能力还需要适应社会需求。例如，通过社区健身项目或志愿活动，学生可以将所学技能应用于社会服务，增强自身的社会适应能力和责任感。

体育实践能力是高职体育教学的重要目标，其内涵包括运动技能、健康素养和职业适应能力的综合培养。体育实践能力不仅提高学生的身体素质和技术水平，还通过与健康素养和职业需求的结合，增强学生的实践性和应用性。在高职教育体系下，体育实践能力具有独特的职业导向性、实践性和社会适应性。通过培养学生的体育实践能力，高职院校可以帮助学生在未来的职业生涯中保持健康的身体和良好的职业适应性，为学生全面发展奠定坚实基础。

二、体育实践能力的构成

高职体育教学的核心目标是培养学生的体育实践能力，为其职业发展和个人健康提供支撑。体育实践能力是一个综合性概念，包含多方面的素质与技能。在高职教育中，体育实践能力的构成包括基础运动技能、实践应用能力、心理与社会能力以及创新与适应能力，这些要素相互交织，共同构成学生体育能力的全面体系。

（一）基础运动技能

基础运动技能是体育实践能力的重要组成部分，是学生参与体育活动、提升身体素质和掌握技术技能的基础条件。高职体育教学应通过系统化的训练项目提升学生的身体素质和技术技能，为其未来职业和生活提供强有力的支持。

身体素质是体育能力的生理基础，包括力量、速度、耐力、灵敏性和柔韧性等核心要素。高职体育教学以多样化训练项目为手段，全面提升学生的身体能力，如力量训练、速度与耐力训练、灵敏性训练。

技术技能包括基本运动技术（如跑、跳、投掷）和专项运动技能（如篮球、羽毛球的技术）。高职体育教学需在基本运动技术的标准性教学基础上，通过实践活动培养学生对技术的应用能力。例如，在篮球教学中，学生不仅需要掌握基本的运球和投篮技术，还需通过比赛锻炼实战能力和战术意识，从而将技术与实际运动情境相结合，提升综合运动能力。

通过对身体素质和技术技能的双重培养，高职体育教学为学生的身体发展和运动能力提升奠定了坚实基础，帮助其在职业和生活中保持良好的体能和运动表现。

（二）实践应用能力

实践应用能力是将体育知识和技能应用于日常生活和职业场景的能力。高职体育教学应突出这一能力，帮助学生将运动融入生活和工作中。

1. 日常生活中的运动技能运用

体育教学的一个重要目标是帮助学生将运动技能融入日常生活，形成健康的生活方式。高职学生通过体育课程，应学会在日常生活中应用以下技能：学习徒手健身、跑步技巧或简单的力量训练，为课余时间或工作后的自主锻炼奠定基础；掌握肩颈保健操、腰背舒展运动等功能性技能，以预防伏案学习或工作的职业病问题；培养制订和执行个人运动计划的能力，确保长期保持良好的身体状态和健康水平。这种技能的掌握不仅提高了学生的生活质量，也为其未来职业健康提供了保障。

2. 职业场景中的体育素质需求

高职教育以职业能力培养为核心，因此体育课程应紧密结合学生未来的职业需求，提供有针对性的锻炼与指导。例如，通过团队运动（如足球、排球）培养学生的协作精神和团队意识，为职场中的团队合作奠定基础；通过体育活动帮助学生缓解压力、调节情绪，提升其在高强度工作环境中的心理调节能力。此外，根据不同职业的体能需求，体育教学可以设计专项内容。例如，针对建筑、物流等体力消耗较大的职业，开展耐力和力量训练；而对于设计、IT 等久坐行业的学生，则注重改善体态和预防职业病的功能性运动。这种与职业需求相结合的体育课程，不仅提升了学生的综合素质，也为其未来职业发展提供了重要支持。

（三）心理与社会能力

体育不仅是一种身体活动，也是一种心理调节与社会化的手段。在高职教育中，体育课程应注重培养学生的心理与社会能力。

1. 自我调节能力与心理韧性

体育课程通过运动的心理调节功能，帮助学生提升自我调节能力和心理韧性。例如，高强度运动如长跑或对抗性比赛，能够锻炼学生在压力环境中的抗压能力，使其学会调整心态并坚持完成目标；而挑战性任务如爬山或团队拓展活动，则能够培养学生面对困难时的耐心和韧性。这种能力的锻炼不仅有助于学生在学习和生活中保持心理平衡，还为其未来应对复杂职场环境奠定了坚实的心理基础。

2. 社会交往能力与团队协作能力

体育活动为学生提供了丰富的社交机会。通过团队运动，学生可以提高沟通能力、协调能力和解决问题的能力。例如，在团队球类项目中，学生需要与队友分工合作，共同完成比赛目标；或者，通过轮流担任队长或组长，学生可以学会组织和领导团队，提高组织管理能力。

（四）创新与适应能力

现代社会对个人能力的要求越来越高，体育实践能力不仅限于当前技能的掌握，还需要具备创新与适应能力，以应对不断变化的环境和需求。

1. 根据环境需求调整运动计划的能力

在不同场景和条件下，学生应具备灵活调整运动计划的能力。例如，在资源有限的环境中，学生可以选择徒手锻炼或使用简单器材完成训练。在工作繁忙的情况下，学生可以设计高效的运动方式（如间歇性训练）来维持身体健康。这种适应能力可以通过体育课程中的模拟训练情境培养，如让学生在有限条件下完成一次健身计划制订任务。

2. 学习和掌握新运动技能的能力

学生未来的生活和职业中可能需要掌握新的运动技能，如新兴运动项目（如飞盘、滑板）。高职体育课程应通过创新性教学模式，帮助学生形成自学能力。例如，开设多样化的选修课程，激发学生对新运动技能的兴趣。教授学习新技能的基本方法，包括如何观察示范、分解动作和持续练习。这种创新与适应能力的培养，不仅能让学生灵活应对不同的体育需求，也能增强其在未来职业发展中的学习能力和适应能力。

高职体育实践能力由基础运动技能、实践应用能力、心理与社会能力以及创新与适应能力四个维度构成。这些要素相辅相成，既关注学生的身体素质与技术能力，又涵盖了心理调节、社会交往以及创新发展的需求。在高职教育体系中，体育实践能力的培养应紧密结合学生的职业需求和生活场景，通过系统化的课程设计和科学的教学方式，帮助学生全面提升综合能力，为未来的职业发展和健康生活奠定坚实基础。

第二节　体育实践能力在个人成长中的作用

一、对身体健康的促进作用

高职体育在学生全面发展中具有不可替代的作用，尤其在身体健康方面发挥着显著的促进作用。通过科学的课程设计和多样化的运动方式，高职体育能够有效增强学生体质、提高健康水平、预防慢性疾病，同时改善心理健康状态。以下将从增强体质与提高健康水平、预防慢性疾病与促进心理健康两个方面，探讨高职体育对身体健康的作用。

（一）体能素质的提升

高职学生普遍面临体质弱化的问题，这与学业压力、缺乏运动习惯以及不良生活方式密切相关。高职体育课程通过系统的体能训练和科学的运动指导，能够有效提升学生的体能素质，帮助他们在学习和生活中保持充沛的精力。具体体现在以下几个方面。

1. 力量增强

通过力量训练（如俯卧撑、深蹲、抗阻训练等），提高肌肉力量，增强肌肉群的功能性，帮助学生应对日常生活和未来职业中的体力需求。

2. 耐力提升

耐力运动（如长跑、有氧操、游泳）增强心肺功能，促进血液循环，提升学生的身体耐受能力。

3. 柔韧性改善

通过瑜伽、拉伸等运动，提升关节的灵活性和肌肉的柔韧性，有助于预防运动损伤和职业病。

4. 灵敏度与协调性发展

通过篮球、羽毛球、乒乓球等项目，提升学生的身体反应速度和协调能力，增强其适应复杂运动环境的能力。

（二）健康水平的综合提高

体育运动对学生整体健康水平的提高体现在多个层面。首先是新陈代谢的加速。运动促进新陈代谢，帮助学生提高代谢效率，保持健康的体重和体型。其次是免疫力的增强。通过规律运动，提高免疫细胞的活性，增强学生抵抗感冒等常见疾病的能力。最后是睡眠质量的提高。适度运动有助于缓解学习和生活压力，提高学生的睡眠质量，帮助他们以更好的状态投入学业和职业准备中。

二、预防慢性疾病与改善心理健康

（一）慢性疾病的预防

在现代社会中，慢性疾病的发病率日益上升，许多高职学生由于久坐、不良饮食习惯等原因，面临罹患慢性疾病的风险。高职体育通过科学的运动干预，帮助学生远离一些常见健康问题。体育运动通过增加热量消耗、调整脂肪分布，帮助学生预防肥胖。同时，运动改善胰岛素敏感性，降低患代谢综合征的风险。耐力训练（如长跑、快走）有助于降低血压、改善血脂水平，降低心血管疾病的风险。许多高职学生未来可能从事伏案工作，易患颈椎病、腰椎病等职业病，体育课程中加入有针对性的锻炼（如核心肌群训练、颈椎操、拉伸运动）可以有效预防这些问题。

（二）心理健康的改善

除了身体健康，高职体育对心理健康也具有显著的促进作用。现代高职学生面临学业、就业等多重压力，心理健康问题不容忽视。体育运动通过促进内啡肽的分泌，帮助学生缓解焦虑、抑郁等情绪问题。例如，户外跑步、团队运动等项目能够让学生在身体活动中释放压力，提升幸福感。体育活动中，学生需要面对挑战和竞争，这种过程锻炼了他们的抗压能力和心理韧性。通过参与篮球、足球等团队运动，学生可以学会在失败中调整心态，在压力下保持冷静和专注。体育课程中，学生通过克服困难、实现运动目标，能够增强自信心，这种自信心在职业发展中同样具有重要作用。体育活动提供了丰富的社交机会，通过团队合作、比赛等形式，学生能够结交朋友、改善人际关系，从而缓解孤独感，提升心理幸福感。

高职体育通过科学的运动指导和多样化的课程内容，在增强学生体质、提高健康水平、预防慢性疾病以及改善心理健康方面发挥了重要作用。高职体育不仅帮助学生保持良好的身体状态，还通过运动培养他们的心理韧性和社会交往能力，为未来的职业发展和个人幸福奠定了坚实基础。因此，学校和教育部门应进一步加强对高职体育的重视，不断优化课程设置，确保体育教学能够持续发挥健康促进作用。

三、对心理发展的积极影响

高职体育不仅是增强学生体质的重要途径，也在心理发展中发挥了关键作用。通过科学的体育课程和多样化的运动形式，学生能够有效缓解压力、增强自信心和责任感，并逐步培养积极向上的生活态度。

（一）体育运动对抗压力的效果

高职学生面临学业、就业以及生活等多方面的压力，而体育运动在压力管理中具有显著的效果。通过参与体育活动，学生可以在身体活动中释放压力，调整心理状态，提升对压力的应对能力。

1. 减少焦虑与抑郁

运动能够促进身体内分泌系统的调节，尤其是内啡肽的释放，这种“快乐激素”能够显著缓解焦虑和抑郁情绪。例如，有氧运动（如慢跑、跳绳）被证明可以降低学生的心理压力，让他们感受到运动带来的身心放松。此外，运动还能够提高大脑中血清素的水平，从而提升心理幸福感。

2. 提供压力释放渠道

体育运动为学生提供了一个健康的压力释放途径。相较于沉迷网络或消极行为，运动能够以积极的方式帮助学生表达情绪。例如，团队类运动（如篮球、足球）通过竞技和对抗让学生释放积累的压力，而单人运动（如游泳、瑜伽）则通过自我调节让学生缓解紧张情绪。

3. 增强抗压能力

体育活动中的高强度任务（如长跑、体能训练）和对抗性活动（如球类比赛）能够锻炼学生在压力环境下的耐受能力。学生通过克服运动中的挑战，学会控制情绪、分配精力，这种能力在面对学业或职业压力时同样具有重要价值。例如，攀岩活动要求学生在身体高度紧张的情况下集中注意力完成动作，这种经历能够提高学生在压力下的执行力和决断力。

（二）增强自信心与责任感

体育运动是塑造学生积极自我认知的重要手段，能够通过技能的掌握、目标的实现以及团队中的角色认知，提升自信心和增强责任感。

1. 提高成就感，增强自信

在体育课程中，学生通过逐步掌握新的技能、完成特定的运动目标，能够体验到成就感。例如，一个从未参加过长跑的学生，通过坚持训练逐步完成 5 公里跑，能够感受到个人能力的提升。这种自我突破的经历能够增强学生对自己的认可，从而提升自信心。此外，比赛中的胜利或个人表现的进步同样能够激发自信。例如，在篮球比赛中成功完成一次关键投篮，或在团队协作中发挥重要作用，都能让学生感受到自己的价值。

2. 培养责任意识

体育活动中的团队合作和角色分配能够显著增强学生的责任感。在团队运动中，每个成员都需要为团队的目标贡献力量。例如，足球比赛中每个位置的球员都需要履行自己的职责，而失误可能影响整个团队的成绩。这种体验能够让学生认识到自己的行为对集体的影响，从而培养责任意识。

3. 促进自我认知与成长

体育活动还能够帮助学生发现自己的优势与不足，促进自我认知。例如，在体育训练中，一些学生可能发现自己在耐力或灵敏性上具有优势，而另一些学生可能意识到需要在力量或团队协作方面进行改进。这种自我反思的过程，有助于学生在运动和生活中不断进步。

（三）培养积极向上的生活态度

1. 激发积极心理能量

运动是一种能够让人感到积极和振奋的活动。高职学生通过参与体育锻炼，能够在运动中找到兴趣和乐趣。例如，一场轻松的羽毛球比赛或一次欢快的骑行活动，能够让学生暂时忘记学习和生活中的烦恼，专注于当下的快乐体验。这种积极心理能量会逐渐积累，帮助学生形成乐观的生活态度。

2. 培养坚持不懈的品格

在体育运动中，坚持性训练能够培养学生面对困难时的毅力和恒心。例如，耐力跑或体能训练需要学生在身体疲惫的状态下继续坚持，这种经历能够让他们认识到坚持的重要性，并将这种品格运用到学业和职业中。学生通过长期参与运动，不仅能够感受到身体上的改善，还会逐渐将运动中坚持不懈的精神转化为生活中的行动力。

3. 塑造健康的生活方式

体育课程中传递的健康理念和运动习惯，能够帮助学生在生活中建立积极的生活方式。例如，规律的体育活动可以让学生养成早睡早起的习惯，避免长时间的网络游戏或熬夜。同时，运动还能够引导学生关注饮食和休息的平衡，形成健康的生活态度。

4. 提高社交互动与归属感

团队运动和集体活动能够让学生感受到归属感和社会支持。例如，通过参加篮球队或跑步俱乐部，学生能够在集体中找到自己的位置，并在团队的支持下获得心理满足感。这种归属感能够让学生以更积极的心态面对生活中的挑战。

高职体育对学生心理发展的积极影响体现在多个方面。通过缓解压力、增强自信心和责任感以及培养积极向上的生活态度，体育活动为学生的心理健康和全面发展提供了重要支持。高职院校应进一步优化体育课程内容和形式，让学生在参与体育的过程中收获更强的抗压能力、更高的自我认知水平以及更加乐观的人生态度，从而为其未来的职业发展和生活幸福奠定坚实基础。

四、对综合素质的提升

高职体育不仅在身体和心理层面促进学生全面发展，更在提升学生综合素质方面发挥着重要作用。通过科学的课程设计和实践活动，体育教学能够显著增强学生的学习能力、团队意识与组织能力以及解决问题和决策能力。这些综合素质的培养为学生的职业发展和社会适应能力奠定了坚实基础。

（一）体育实践能力与学习能力的关系

体育实践能力与学习能力密切相关，通过体育教学，学生能够在运动中掌握学习方法，促进认知能力和实践能力的协同发展。

1. 强化实践与理论结合的学习方式

体育教学是理论与实践结合的最佳体现。在高职体育课程中，学生需要理解运动原理、技术动作和规则，同时通过实际训练巩固理论知识。例如，学习篮球投篮技巧时，学生需要理解抛物线的理论知识，并通过反复练习找到最佳的投篮角度。这种理论与实践相结合的学习方式能够提高学生的逻辑思维能力和动手实践能力。

2. 提升自我学习能力

在体育课程中，学生需要经常自我反思和调整，以不断优化自己的运动表现。例如，在跑步训练中，学生可能通过观察和数据分析（如速度、耐力表现）找出自己的不足，并制订改进计划。这种自我反思和优化的过程能够培养学生的自主学习能力，使其在职业发展中具备持续进步的潜力。

3. 培养专注力和毅力

体育活动需要高度的专注力和持续努力。通过在运动中保持专注并克服挑战，学生能够逐步形成较强的学习毅力。这种品质在学术学习和未来职业发展中同样至关重要。

（二）增强团队意识与组织能力

1. 团队合作精神的培养

在团队类体育项目（如足球、篮球、排球）中，学生需要与队友紧密合作，共同完成比赛目标。例如，在足球比赛中，传球的精准性和时机需要队员之间的默契配合。这种团队合作的体验能够让学生学会如何与他人沟通、分享信息和协调资源，从而增强团队意识。

2. 培养责任感与集体荣誉感

在团队运动中，每个成员的表现直接影响团队的整体成绩。例如，一个篮球队员的防守失误可能导致整支队伍失分。通过这种责任机制，学生能够认识到个人行为对集体的影响，从而增强责任感和集体荣誉感。

3. 提升组织和管理能力

体育活动中的组织角色（如队长、教练助手）为学生提供了实践管理和领导的机会。例如，担任篮球队队长的学生需要负责制定比赛战术、分配任务，并鼓励队员士气。这种实践能够锻炼学生的组织能力和领导能力，为其未来的职业发展提供重要经验。

（三）培养解决问题和决策能力

体育活动的不可预测性为学生提供了丰富的解决问题和决策的情境。通过在运动中的实践，学生能够提高应变能力与临场决策和分析问题与多任务处理的能力。

1. 应变能力与临场决策

体育比赛中常常需要应对突发情况。例如，在足球比赛中，队员需要根据对手的阵型和动作快速调整自己的战术。这种即时的分析和决策能力能够帮助学生在复杂的环境中迅速作出反应，在未来的职业中也能表现出较强的灵活性和适应能力。

2. 分析问题的能力

体育活动要求学生在实践中分析问题。例如，在长跑训练中，学生需要通过分析自己的配速、体能状态和赛道条件，找到最佳的比赛策略。这种分析问题的能力能够迁移到职业环境中，帮助学生在复杂工作中理性处理问题。

3. 培养多任务处理能力

在对抗性体育项目中，学生需要同时关注多个目标，如防守、进攻和团队配合。这种多任务处理能力能够提高学生的全局意识和协调能力，有助于他们在工作中同时管理多个任务或项目。

高职体育对学生综合素质的提升具有深远意义。通过加强体育实践能力与学习能力的结合，学生能够在运动中培养学习方法和专注力；通过团队合作和组织活动，学生能够增强团队意识和管理能力；通过运动中的挑战和问题解决，学生能够提升决策和适应能力。这些综合素质不仅有助于学生的职业发展，还能帮助他们更好地应对社会生活中的各种挑战。高职院校应充分发挥体育教学的功能，通过创新课程设计和多样化实践活动，为学生的全面发展提供更大的支持和保障。

五、对职业发展的支持

高职体育作为职业教育的重要组成部分，不仅在提升学生身体素质、心理健康和综合素质方面具有重要作用，而且直接支持学生的职业发展。体育教学通过培养学生实践能力、增强职业适应力和竞争力以及强化职业健康管理意识，为学生未来的职业生涯提供全方位支持。

（一）体育实践能力在职业技能中的延展

体育实践能力是一种综合性的技能，它不仅与传统的运动技能相关，还能够延展到职业技能的培养中。

1. 提升职业必需的体能素质

许多职业对体能有明确要求。例如，物流行业需要较强的耐力和力量以应对长时间的体力劳动，护理行业则需要灵活性和稳定性以完成护理操作。高职体育通过力量训练、柔韧性练习和心肺功能训练等课程，帮助学生满足这些职业需求。物流专业的学生可以通过力量训练提高搬运货物的能力，而建筑专业的学生则可以通过核心肌群训练增强身体的稳定性和耐力。

2. 加强职业相关的运动技能

一些职业对运动技能有着特定需求。例如，酒店和旅游行业从业者需要优雅的体态和灵活的肢体动作，信息技术行业从业者则需要通过运动改善因久坐引发的健康问题。高职体育可以通过专项技能训练（如形体课程、健康操）帮助学生掌握这些职业相关技能。

3. 培养职业素养和团队合作能力

体育实践中培养的团队合作精神和抗压能力能够直接转化为职业素养。例如，通过团队运动项目（如篮球、足球），学生能够学习如何与他人沟通、协调和共同完成任务，这在实际工作中非常重要。

（二）促进职业适应力和竞争力

体育活动通过提升学生的心理素质和社会能力，增强了其在复杂职业环境中的适应力和竞争力。职业环境中的高压和快速变化要求从业者具备良好的心理韧性和适应能力。高职体育通过对抗性运动和耐力训练，帮助学生在高压环境中学会调节情绪、稳定心态，并通过运动培养耐挫力。参加越野赛或长跑比赛的学生，需要在疲劳和压力下完成目标任务，这种能力可以直接迁移到职业场景中，如在紧张的项目中保持冷静和专注。

职业竞争需要从业者具备较强的竞争意识和团队领导能力。体育活动中的竞争性项目能够激发学生的竞争欲望，同时通过角色轮换（如队长角色），学生可以锻炼领导力和组织能力。学生在一场篮球比赛中担任队长，需要组织战术、分配任务并鼓舞士气，这种经历可以帮助他们在职场中更好地胜任领导岗位。

许多职业需要从业者具备软技能，如沟通能力、团队协作能力和问题解决能力。体育实践通过团队合作、赛后总结和问题解决等环节，能使学生具备更强的职业软技能。

（三）强化职业健康管理意识

职业健康管理是现代职业发展中的重要环节，高职体育通过健康教育和实践活动强化了学生的健康管理意识。许多职业会因工作方式导致职业病（如久坐引发的颈椎病、腰椎病）。高职体育通过有针对性的训练（如颈椎保健操、腰背肌强化训练）和健康知识普及，帮助学生在进入职场前掌握职业病预防技能。例如，信息技术专业的学生通过高职体育课程学习肩颈放松运动，能够在未来工作中减轻长期伏案带来的健康风险。

高职体育不仅教会学生如何锻炼，还强调健康管理的重要性。例如，课程中讲授心率监测、运动计划制订和营养搭配的知识，帮助学生在未来生活和工作中保持健康状态。酒店管理专业的学生通过体态训练和体能规划，能够在未来职业生涯中表现出更优雅和健康的形象。

体育教学通过实践和教育相结合，使学生认识到健康对职业发展的重要性，从而主动追求健康的生活方式。例如，学生在学习过程中了解运动对提高睡眠质量、减轻工作压力的作用，逐渐形成自觉锻炼的习惯。

总之，高职体育对学生职业发展的支持体现在多个层面。通过培养体育实践能力，高职体育为学生提供了职业所需的体能和技能支持；通过提升心理素质和团队能力，高职体育增强了学生的职业适应力和竞争力；通过健康教育和专项训练，高职体育强化了学生的职业健康管理意识。高职院校应结合学生的职业需求，进一步优化体育课程设计，推动体育教学与职业发展目标的深度融合，为学生的职业成功和健康生活提供坚实保障。

第三节　体育实践能力提升对社会的影响

一、构建健康社会

高职体育作为职业教育的重要组成部分，不仅促进了学生的个体健康，也在构建健康社会的过程中发挥了独特作用。全民健身与社会健康紧密相连，而体育实践能力的培养更是助力推动“健康中国”战略的重要力量。从全民健身的社会价值到体育实践能力的具体作用，下面逐步分析高职体育如何为构建健康社会贡献力量。

（一）全民健身与社会健康的关联

全民健身是国家实现社会健康的重要战略举措，其核心目标是通过推动全体社会成员的体育参与，提高整体健康水平。高职体育作为高等教育体系中的重要部分，对全民健身具有引领和推广作用。

1. 全民健身与社会健康的互动关系

全民健身不仅是提升个人身体素质的活动，还与社会整体健康息息相关。通过体育运动，社会成员的身体素质、精神状态和生活质量得以改善，从而减少医疗支出，增强社会的生产力和幸福感。高职体育通过培养学生的运动习惯和健康意识，将全民健身理念传递给下一代社会成员，促使更多人参与体育锻炼，形成健康的生活方式。

2. 高职体育的全民健身示范作用

高职院校的体育教育对全民健身具有重要的示范意义。通过体育课程，学生能够掌握科学的运动方法，养成终身运动习惯，并将这种健康理念传播到家庭、社区和职场中。高职学生通过体育活动培养的健康习惯，还能够影响其家人和朋友。例如，学生学习的颈椎保健操或体能训练技巧，可以帮助其家庭成员预防职业病。高职院校可以通过开放体育设施、组织社区体育活动等方式，带动周边居民参与全民健身。例如，通过举办社区篮球赛、健身讲座等活动，提高社区成员的运动参与度。

（二）体育实践能力在推动“健康中国”战略中的作用

“健康中国”战略的核心目标是提高全民健康水平，而体育实践能力的培养是实现这一目标的重要路径。高职体育通过强化学生的体育实践能力，不仅为个人健康奠定基础，更为健康社会的构建注入活力。

1. 提高个体健康管理能力

高职体育教学注重培养学生的健康管理能力，使其能够通过科学锻炼和健康生活方式维护自身健康。这种健康管理能力对“健康中国”战略的实施具有重要意义。高职体育通过教授科学的运动知识，如有氧训练、力量训练和运动康复技巧，帮助学生掌握自我健康管理方法。这种以预防为主的健康理念能够有效减少疾病负担，促进社会整体健康水平的提高。体育实践能力的培养使学生养成终身参与体育活动的习惯，从而在职业生涯和生活中持续享受健康带来的收益。例如，学生通过高职体育课程掌握跑步和瑜伽的技巧，可以在职场中通过运动缓解压力，长期保持良好的健康状态。

2. 构建职业健康与社会责任意识

高职学生作为未来的劳动者，其职业健康意识和社会责任感直接影响社会的健康发展，体育实践能力在这一过程中发挥了重要作用。高职体育课程通过功能性训练（如抗阻力训练、柔韧性练习）和健康教育，帮助学生了解职业病的成因和预防方法。例如，物流专业的学生通过力量训练增强核心肌群，从而在未来工作中降低腰椎损伤的风险。高职体育强调团队合作和社会互动，通过组织集体活动（如公益性跑步活动、社区健身指导），培养学生的社会责任感，让他们在参与社会建设中关注健康问题并贡献力量。

3. 提高健康传播力与健康产业影响力

高职体育培养的学生能够成为健康理念的传播者和健康产业的实践者，为“健康中国”战略提供支持。学生通过体育实践和健康教育积累的知识和技能，能够在家庭、社区和职场中传播健康理念。例如，一名学过健康体能课程的学生可以在职场中引导同事参与健身活动，改善工作氛围。高职学生通过体育课程掌握的技能可以应用于健康产业，如成为健身教练、运动康复师或体育活动组织者，为健康产业注入专业人才。

高职体育在构建健康社会中发挥了重要作用。从推动全民健身到落实“健康中国”战略，高职体育通过培养学生的体育实践能力和健康管理意识，为社会健康提供了有力支持。通过系统的体育教育，高职院校能够帮助学生掌握科学的运动方法、形成健康的生活方式，并将健康理念传播到家庭、社区和职场中。未来，高职体育应进一步优化课程内容、拓展社会实践，充分发挥其在构建健康社会中的独特优势，为“健康中国”战略的实现贡献更多力量。

二、促进社会和谐

高职体育不仅是一门学科，其在社会文化和社会发展中的作用也不容忽视。通过培养学生的体育实践能力，促进文化认同与社会融合，以及增强公民的社会责任感与集体归属感，高职体育在构建社会和谐方面发挥了重要作用。

（一）体育实践能力对文化认同与社会融合的促进

体育是一种具有全球性影响的文化现象，在推动文化认同和社会融合方面具有独特优势。高职体育通过实际活动和课程设计，培养学生的体育实践能力，成为促进文化认同和社会融合的重要途径。

1. 体育活动的文化传播与认同

体育是一种普遍的文化语言，能够跨越民族、地域和语言的界限，促进不同文化之间的交流与认同。高职体育通过引入传统体育项目和国际体育活动，帮助学生认识并尊重多元文化，培养全球化视野。在高职体育课程中融入武术、太极等中国传统体育项目，不仅能增强学生对中华传统文化的认同感，还能通过实际练习加深其对文化内涵的理解。例如，学生在学习太极拳的过程中，不仅提升了身体素质，还能感受到太极拳所传递的“中正平和”理念。体育活动同时具有包容性，通过国际化项目（如足球、篮球等），学生能够在运动中感受不同文化的特点，理解并尊重文化多样性。例如，学校组织与留学生的篮球友谊赛，能够促进不同文化背景学生之间的交流。

2. 体育实践对社会融合的推动

体育活动能够促进社会各阶层、群体之间的互动与融合。高职体育通过校内外实践活动，为学生提供与社会互动的机会，推动不同群体之间的理解与融合。高职学生群体构成多样化，体育活动能够打破年龄、专业、性别等界限，为学生提供平等交流的平台。例如，组织跨专业的团体运动比赛，增强学生之间的了解与合作。高职院校通过与社区、企业联合举办体育活动，可以促进学生与社会的联结。例如，学生参与社区健身指导或志愿者服务，不仅增强了与社区居民的互动，也帮助他们在社会中找到自己的角色。

3. 体育作为社会公平的载体

体育倡导公平竞争理念，为每个人提供平等参与的机会。在高职体育中，学生通过参与体育活动，学习公平竞争的价值观。这种理念有助于促进社会公平和公正，减少社会矛盾。例如，体育课程中注重比赛规则的严格执行，使学生感受到规则和秩序在社会中的重要性。

（二）增强公民的社会责任感与集体归属感

体育活动以团队合作和集体精神为基础，为培养学生的社会责任感、增强集体归属感和培养集体活动中的公民意识提供了理想的平台。高职体育通过培养学生的社会责任意识和归属感，为社会和谐注入积极力量。

1. 体育活动与社会责任感的培养

体育活动能够帮助学生认识到个体与集体、社会之间的关联性，培养其社会责任意识。高职院校通过组织学生参与体育赛事的志愿服务，帮助学生体会为他人服务的意义。例如，在校际田径运动会中，学生担任志愿者，负责赛事组织、秩序维护等工作。这种经历让学生认识到自己的行动对集体的影响，培养了社会责任感。许多体育活动可以结合环保主题，如组织“低碳骑行”“清理公园跑步”活动，教育学生关注环境保护。这不仅提升了学生的环保意识，也增强了其对社会发展的责任感。

2. 团队合作增强集体归属感

团队运动项目以协作和共同目标为基础，通过团队合作增强学生的集体意识和归属感。在团体体育项目中，如篮球、排球等，学生需要为团队的胜利共同努力。在这一过程中，他们通过分工、合作完成比赛目标，从而感受到集体的力量和个人在团队中的价值。体育活动为学生提供了一个积极的社交环境，通过比赛、训练中的互动，学生之间能够建立深厚的友谊，增强对集体的归属感。例如，一场激烈的篮球赛后，学生之间的团队关系更加紧密，这种归属感会迁移到他们的学习和生活中。

3. 集体活动中的公民意识

体育活动中的规则意识和团队精神有助于培养学生的公民意识。学生在体育活动中学习如何尊重规则、尊重对手、处理冲突，这些品质在社会生活中同样重要。例如，在一场足球比赛中，学生需要学会控制情绪，接受裁判的判罚，这种经历能够转化为日后社会生活中对规则和权威的尊重。

高职体育在促进社会和谐方面具有重要作用。通过体育实践能力的培养，学生能够加深对文化的认同，促进社会融合；通过团队活动和志愿服务，增强学生社会责任感和集体归属感。高职院校应进一步拓宽体育课程内容和实践范围，将体育作为促进社会和谐的重要手段，引导学生在运动中理解社会规则、参与社会建设，为构建更加和谐美好的社会贡献力量。

三、提升社会竞争力

高职体育不仅旨在提升学生的个人体质和职业能力，还在更广泛的层面上为社会竞争力的增强提供了重要支撑。通过匹配体质与劳动力市场需求，以及利用高职毕业生的体育实践能力助力社会经济发展，高职体育在提升社会整体竞争力方面发挥了关键作用。

（一）体质与劳动力市场需求的匹配

劳动力市场对从业者的体质要求日益突出，特别是在现代经济发展对高强度体力劳动、健康管理能力的需求日益增长的背景下，高职体育通过全面提升学生体质，使其能够更好地适应劳动力市场的多样化需求。

1. 满足高强度职业的体能要求

一些行业（如物流、建筑、护理）对从业者的体能要求较高，体力不足会直接影响工作效率和安全性。高职体育通过系统的体能训练项目，帮助学生增强力量、耐力和灵敏性，使其能够胜任这些职业的要求。例如，通过抗阻训练和耐力训练，提高学生的搬运能力和长时间体力工作的耐受能力，或者通过核心肌群训练和柔韧性练习，增强学生在复杂作业环境中的稳定性和灵活性。

2. 提升职业健康管理能力

现代工作环境对职业健康的关注不断增加，高职体育教学通过健康教育和运动实践，来提高学生对职业病的预防和自我管理能力。例如，通过体育课程中的肩颈放松操、腰椎保健运动，学生可以有效预防因久坐引发的健康问题。体育课程中设置的形体训练项目有助于酒店、旅游等服务行业的从业者保持良好的仪态，从而提升职业形象和客户满意度。

（二）高职毕业生体育实践能力对社会经济发展的助力

高职毕业生在体育实践能力的培养过程中，不仅提升了自身的就业竞争力，还通过技能与健康理念的传播对社会经济发展产生了深远影响。

1. 提高劳动力质量

高职体育帮助学生在体质、技能和健康管理方面达到更高的标准，这直接提高了劳动力的整体质量，为社会经济的可持续发展提供了人力保障。例如，可以提高劳动生产率。具备良好体质和健康管理能力的劳动者能够以更高的效率完成任务，减少因健康问题导致的工作损失。

2. 增强健康产业的发展活力

随着“健康中国”战略的推进，健康产业成为国民经济的重要组成部分。高职体育通过培养健康产业相关技能，为该领域提供专业人才。例如，通过体育课程中对运动解剖学、健康管理等知识的教学，高职体育为健身教练、健康咨询师等职业输送了大量专业人才。通过参与校内外体育活动的组织与管理，高职学生能够掌握赛事策划和执行能力，为体育经济的繁荣提供支持。

3. 推动体育产业链的延伸

高职体育不仅为体育行业提供了专业人才，还通过运动产品设计、赛事服务等多元化领域促进体育产业链的延伸。例如，某高职院校设计专业学生在体育课程中结合智能穿戴设备的研究，设计了一款便携式健康监测手环，这不仅提高了个人健康管理的效率，也拓宽了体育产业的市场空间。

高职体育在提升社会竞争力中具有重要意义。从体质与劳动力市场需求的匹配，到高职毕业生体育实践能力对社会经济发展的助力，高职体育通过培养高素质健康劳动者，为社会提供了更强的生产力和更低的健康成本。同时，高职体育对健康产业和体育经济的发展起到了推动作用，通过体育实践能力的培养，高职教育在促进个人职业发展与社会整体竞争力提升方面实现了有机结合。未来，高职体育应进一步拓展与社会经济需求的结合点，为“健康中国”战略的推进和经济可持续发展贡献更多力量。

第五章　高职体育教学与实践能力提升的关系

第一节　高职体育课程对实践能力的影响

一、课程目标与实践能力的衔接

高职体育作为职业教育的重要组成部分，其课程目标不仅聚焦于增强学生的身体素质，更旨在通过体育活动培养学生的实践能力，促进职业发展和社会适应力。高职体育课程设置的核心目标与实践能力的培养密不可分，两者相辅相成，共同推动学生综合素质的提升。

（一）高职体育课程设置的核心目标

高职体育课程的核心目标是实现学生身心的全面发展，并为其未来的职业生涯和社会生活提供健康保障。课程目标不仅关注传统的体质增强，还注重与职业能力和社会需求的结合。

1. 实现体育运动的知识目标

体育课程的一个重要目标是帮助学生掌握科学锻炼身体的基本原理和方法。这不仅包括学习合理有效的健身方法，还涵盖运动损伤的预防与处理、锻炼效果的自我评估等内容。通过教学，学生能够了解如何选择适合自己的运动项目和锻炼方式，从而在实际中做到有的放矢。此外，学习相关的理论知识还能增强学生的科学素养，使他们在日常生活中能够用科学的视角审视自己的运动习惯，从而提高锻炼效率、降低受伤风险，将理论与实践紧密结合，真正实现以知识指导实践的目标。

2. 体育运动技能目标

通过体育课程的学习，学生将掌握两项自己较为喜欢的运动项目，并熟悉相关的锻炼方法。这种教学方式旨在培养学生在运动方面的基本技能，使其不仅能够完成某些运动技术动作，还能逐步提高技能水平，从而体验运动带来的成就感和乐趣。同时，学生在学习过程中可能会在某一运动项目上形成较为稳定的兴趣和爱好，这为他们的“终身体育”打下了良好的基础。这种技能的习得不仅对当前的体育学习有帮助，更能够延续到未来的工作和生活中，成为一种持续的健康生活方式。

3. 身心健康目标

体育课程还肩负着促进学生身心健康的重任，这一目标可以细化为身体健康目标、心理健康目标和社会适应性目标。

（1）身体健康目标。通过课程学习和体育锻炼，学生在耐力、力量、柔韧性及协调性等身体素质方面能够得到显著提高。这些基本素质的增强不仅能提升学生的运动表现，还对提高免疫力、预防疾病以及增强体质具有直接作用，为学生保持健康的体魄奠定基础。

（2）心理健康目标。体育活动能够有效缓解压力、改善情绪，帮助学生调控自己的情绪状态。此外，通过运动中的挑战和成就感，学生可以逐步建立健康向上的自信心，形成良好的心理素质。这种自信心的树立不仅对体育活动有帮助，还能够迁移到学习和生活的其他领域。

（3）社会适应性目标。体育活动往往需要团队合作，通过这样的课程学习，学生能够培养合作能力、交往能力以及适应不同环境的能力。与此同时，在与他人共同完成运动目标的过程中，学生能够逐步形成良好的人际关系，增强团队协作意识，并体验到团结协作的重要性。这种能力的培养不仅有助于学生的学习生活，更为他们未来适应社会奠定了基础。

综上可知，通过系统的体育课程设计和实践，学生不仅可以提升运动技能，还能够在知识、身心健康及社会能力等多方面得到全面发展，真正实现“健康第一、终身体育”的目标。

（二）高职体育课程目标中实践能力的体现

高职体育课程目标的实现依赖学生实践能力的培养。实践能力是指学生在体育活动中将所学知识和技能应用于实际情境的能力，这种能力是高职体育教学的重要导向，也是课程目标的核心体现。

1. 运动技能与实践操作能力的培养

体育实践能力的核心是运动技能的掌握和实践操作能力的提升。高职体育课程通过理论与实践相结合的教学方式，帮助学生将运动技能内化为实践能力。

（1）基础技能的实践。通过跑、跳、投等基本技能的训练，学生能够掌握运动的基本原理和动作要领，并在不同场景中熟练运用。

（2）专项技能的实践。高职体育课程设置专项技能训练，如羽毛球、篮球等项目，学生在掌握技巧的同时，还通过对抗训练学会战术运用和临场应变。

2. 健康生活方式的实践操作能力

健康生活方式的实践操作能力是学生在体育课程中获得的关键素质之一，旨在帮助学生将健康理论转化为日常生活中的实际行动，从而全面提高生活质量。这一能力的培养不仅关乎身体健康，还涉及心理素质、社会适应等多个方面，具体可以从以下几个方面展开：

（1）科学锻炼的实践能力。学生通过体育课程学习，能够掌握科学的锻炼方法，并在实践中加以运用。这包括合理规划锻炼时间、选择适合自身的运动项目、制订切实可行的锻炼计划等。例如，学生可以通过学习了解有氧运动和力量训练的基本原则，在实际锻炼中做到强度适中、循序渐进，从而达到增强体质、预防疾病的效果。

（2）健康饮食习惯的养成。健康生活方式不仅体现在运动中，还包括日常饮食的合理安排。体育课程可以引导学生学习营养学的基础知识，包括如何搭配膳食、选择健康食品、避免过度饮食或不健康饮食习惯等。通过实践，学生能够逐步建立起科学的饮食结构，从而为身体健康提供良好的支持。

（3）自我管理与健康监测。学生在学习过程中学会通过科学方法对自己的健康状况进行监测和管理。例如，通过了解心率、血压、体脂率等基本指标，学生能够定期评估自己的身体状态，并根据需要调整锻炼计划。此外，体育课程还鼓励学生学习使用现代化健康监测工具，如智能手环、健康 App 等，从而更直观地掌握自己的健康数据，增强健康管理的意识和能力。

（4）心理健康的调适与维护。在健康生活方式中，心理健康是不可忽视的重要部分。通过体育课程和实践操作，学生能够学会调节自己的情绪状态，缓解生活中的压力。例如，通过跑步、瑜伽、冥想等活动，学生可以释放情绪、提高专注力，逐步形成积极乐观的生活态度。这种心理调适能力有助于学生在学习和生活中保持良好的精神状态。

（5）时间管理与健康生活的平衡。健康生活方式的实践还要求学生具备良好的时间管理能力，能够在繁忙的学业和生活中合理安排锻炼、休息和其他活动。体育课程可以帮助学生培养规律的作息习惯，如早睡早起、保证充足的睡眠时间以及在日常生活中留出时间进行必要的身体锻炼，做到工作与健康的有效平衡。

（6）社会适应能力的提升。健康生活方式的实践还包括培养良好的人际交往能力，通过体育活动加强与他人的互动。例如，通过参加团队运动，学生可以增强合作意识，体验团结协作的乐趣。在与他人交流和互动的过程中，学生能够形成良好的人际关系，进一步提高社会适应能力。

综上可知，健康生活方式的实践操作能力并不仅是一项技能的学习，而且是涵盖身体、心理及社会适应的全面发展。通过将所学的健康理论转化为实践行动，学生能够逐步形成科学、健康的生活习惯，为未来的学习、工作和生活打下坚实的基础。

3. 实践中的团队协作与领导能力

团队协作与领导能力是现代社会中不可或缺的素养，也是体育课程教学的重要目标之一。在体育实践中，通过多样化的团队活动和任务，学生能够在真实情境中感受到团队协作的意义，锻炼沟通与协调能力，同时在特定情况下扮演领导者的角色，提高自身的组织与管理水平。以下是体育课程在培养学生团队协作与领导能力等方面的具体体现：

（1）团队协作能力的培养。体育课程中的团队项目（如篮球、足球、排球等）为学生提供了直接参与协作的机会。在这些活动中，学生需要明确自己的角色，服从团队分工，与队友密切配合，共同完成比赛目标。这种过程有助于学生理解协作的重要性，学会包容和尊重他人的意见，培养主动沟通和解决问题的能力。同时，通过团队协作，学生能够体会到团队成功的成就感，增强团队归属感和凝聚力。

（2）领导能力的锻炼。体育活动往往需要组织和管理，这为学生提供了扮演领导角色的机会。例如，在团队比赛中，队长需要统筹全局，制定战术，调动队员的积极性，并在关键时刻果断决策。通过这些实践，学生能够逐步掌握组织计划、协调资源、激励队员的技巧，锻炼领导能力。此外，作为领导者，他们还需要承担责任，学会在失败或挫折中总结经验，从而增强心理承受能力和决策能力。

（3）沟通与人际关系能力的提升。团队协作和领导能力的培养离不开有效的沟通。在体育实践中，学生需要通过语言或非语言的方式与队友交流，例如，分享比赛策略、协调战术执行，甚至在紧张情境中传递关键信息。通过反复的合作与互动，学生的表达能力和倾听能力会逐步提高，也会更加理解如何在多样化的团队中建立和谐的人际关系。

（4）冲突解决能力的培养。团队活动中不可避免地会出现意见分歧或矛盾，这为学生提供了学习解决冲突的机会。在体育课程中，学生能够通过实践学会如何冷静应对问题，寻找妥协方案，并最终达成团队共识。这样的经历不仅提升了学生的协作能力，也为他们未来在复杂社会环境中的团队合作提供了宝贵经验。

（5）责任感与集体荣誉感的增强。通过团队合作，学生逐渐认识到个人与集体之间的关系，学会为团队承担责任。在比赛中，每个人的表现都直接影响到团队的结果，这种责任感能够激发学生更加努力地完成自己的任务。同时，体育活动还能培养学生对集体荣誉的追求意识，促使他们在团队中发挥最大价值。

（6）应对多样化团队的适应能力。高职体育课程中的团队协作往往涉及不同背景、性格和能力的学生，学生需要学会如何与不同的人相处，适应多样化的团队环境。这种能力在未来的工作和生活中同样重要，能够帮助他们快速融入各种复杂的社会环境。

（7）领导与协作的平衡能力。在体育实践中，学生既有机会领导团队，也需要在他人领导下完成任务。这种角色的转化让他们深刻体会到协作与领导的相互依存关系。在实践中，学生学会了如何尊重他人领导，同时能够在需要时主动承担责任，从而在协作与领导之间找到平衡。

综上可知，实践中的团队协作与领导能力的培养，不仅使学生在体育活动中表现更为出色，也为他们今后在学习、工作及社会生活中应对各种团队挑战提供了重要保障。通过体育课程，学生能够将团队协作与领导能力内化为自身素养，成为具备团队精神和领导力的全面发展人才。

高职体育课程目标的实现与实践能力的培养密切相关。通过系统的课程设计，体育教学不仅提升了学生的身体素质和运动技能，还通过职业需求导向的训练强化了学生的实践能力。未来，高职体育应继续优化课程内容，注重理论与实践的结合，确保学生在体育学习中能够获得全面的发展，同时为其职业生涯和社会适应提供强有力的支持。

二、课程内容对实践能力的影响

高职体育课程的内容设计直接关系到学生实践能力的培养。通过基础课程、专业导向型课程以及综合实践课程的设置，学生在体育课堂中不仅能够提升身体素质，还能培养职业适应能力、团队协作能力和创新能力。

（一）体育课程内容设置的原则

虽然全国高职体育课程内容不尽相同，不同学校根据自身特色设置有不同类型的课程内容，但是总体上都符合教育部颁发的《全国普通高等学校体育课程教学指导纲要》规定。因此我国高职体育课程内容的特点有以下方面：

1. 健身性与文化性相结合

体育课程的内容设计应以“健康第一”为指导思想，将健身功能作为课程的基本出发点。课程内容应注重通过科学的体育活动改善学生的身体素质，增强体能，预防和减少健康问题。此外，体育课程还应融入丰富的体育文化内容，让学生在学习运动技能的同时了解体育精神、运动规则和文化内涵，帮助学生培养正确的体育价值观念和文化素养，实现身体健康与文化传承的双重目标。

2. 选择性与实效性相结合

为了更好地满足不同学生的兴趣爱好和身体条件，体育课程内容应具有多样性和选择性。例如，可以提供多种运动项目，如球类、田径、武术、健身操等，让学生根据自身兴趣和实际需求自由选择。同时，课程内容的设计应紧密结合学生的实际特点以及所在学校的地域、气候和场地设施条件，以保证课程实施的可行性和实效性。此外，课程内容应注意与中学体育内容的衔接，使学生能够在熟悉的基础上进一步深化和拓展体育学习。

3. 科学性与可接受性相结合

体育课程内容的制定应充分体现学科发展的新进展和新成果，同时遵循大学生的身心发展规律和兴趣需求。例如，引入现代健身理论、新型运动形式（如普拉提、HIIT 等），让学生接触多样化的锻炼方式，提高课程的吸引力和实际效率。体育课程在注重科学性的同时，还应以人为本，关注课程内容的可接受性，让学生不仅能够掌握课堂上的运动技能，还能够在课外继续自主学习与锻炼，逐步养成良好的运动习惯。

4. 民族性与世界性相结合

体育课程应注重弘扬中华民族传统体育文化，如武术、太极拳、民族舞蹈等，帮助学生了解和传承我国的优秀体育文化。同时，课程内容还应吸收和借鉴世界优秀体育文化，拓宽学生的国际视野。例如，加入现代国际流行的运动项目（如瑜伽、攀岩等），让学生感受到多元化体育文化的魅力。在课程内容上体现时代性、民族性和国际化，使体育课程成为促进文化交流和融合的重要桥梁。

5. 体现《国家学生体质健康标准（2014 年修订）》的要求

体育课程内容应充分反映和贯彻教育部、国家体育总局制定的《国家学生体质健康标准（2014 年修订）》的要求。课程内容的设计要以提高学生的体质健康水平为目标，通过科学的体能测试、合理的锻炼计划和多样化的课程安排，全面提高学生的耐力、力量、柔韧性、速度和协调性等基本身体素质，同时帮助学生养成定期体质监测和自我管理的习惯。

综上可知，体育课程的内容设计需要在健身性与文化性、选择性与实效性、科学性与可接受性、民族性与世界性之间寻求平衡，充分体现《国家学生体质健康标准（2014 年修订）》的特点和要求。在注重课程科学性和实践价值的同时，也要服务于学生个性发展和社会需求，使其成为学生实现“终身体育”和全面发展的重要基础。

（二）体育课程内容设置与学生实践能力培养

体育课程的内容设置直接关系学生实践能力的培养。科学合理的课程内容不仅能够帮助学生掌握运动技能、提高身体素质，还能有效促进其综合能力的发展，包括团队协作、领导能力、自主学习能力等。下面将从多个角度探讨体育课程内容设置如何助力学生实践能力的全面提升。

1. 课程内容多样性与学生兴趣培养

体育课程内容的多样性是学生实践能力培养的前提。通过设置丰富多彩的运动项目，如球类运动、田径、体操、武术、游泳等，为学生提供了广泛的选择空间。学生可以根据自己的兴趣爱好选择适合的项目，从中发现自身优势并激发参与热情。兴趣的提升直接增强了学生在实践中的积极性和主动性，有助于他们在运动中充分发挥潜能，并逐步提高实践能力。

2. 实效性课程设计与实践能力提升

体育课程应注重内容的实效性，通过科学设计实现学生能力的有效提升。例如，体能训练模块可以帮助学生增强耐力、力量、柔韧性等基本素质；技能训练模块可以让学生掌握具体运动项目的技术动作。此外，课程内容的设计还应紧密结合《国家学生体质健康标准（2014 年修订）》的要求，通过理论与实践相结合的方式，提高学生的身体素质和健康水平。这种实效性课程设计能够帮助学生将所学技能转化为实际运动能力，提升其在真实情境中的表现力。

3. 体育文化融入与综合实践能力培养

将体育文化融入课程内容能够有效促进学生的综合实践能力的培养。例如，通过学习武术、太极拳等传统体育项目，学生不仅可以提升身体协调性，还能够领会其中蕴含的文化精神和价值观。同时，这种文化性体育内容有助于培养学生的文化认同感和自信心，增强他们在团队活动中的合作意识和责任感。此外，结合世界体育文化的内容设置，如瑜伽、健身操、攀岩等，能够拓宽学生的国际视野，培养其适应多元文化的能力。

4. 自主学习与实践能力的结合

科学性和可接受性的课程内容能够引导学生自主学习，培养其实践能力。例如，课程中引入现代化的健身方法，如 HIIT、高强度有氧运动等，学生可以根据自身需求在课外独立完成锻炼计划。通过课程内容的指导，学生学会使用健康监测工具（如智能手环或健康 App），能够自主制定和调整锻炼目标。这种自主学习的能力将实践融入日常生活，使学生不仅在课堂上受益，还能在课外实践中持续提升。

5. 团队项目与协作能力培养

在课程内容设置中，团队运动项目（如篮球、足球、排球等）是培养学生实践能力的重要环节。通过参与团队运动，学生能够学习角色分工、战术配合等基本技能，提升与他人合作完成目标的能力。同时，团队活动中的领导与协作训练能够增强学生的沟通能力、组织能力以及解决问题的能力，从而全面提升其实践能力。

6. 课程内容与社会适应能力的衔接

体育课程的内容应主动适应社会发展需求，在设计中体现时代性和实用性。例如，引入户外运动（如徒步、定向越野等）和新兴运动项目（如飞盘、皮划艇等），可以帮助学生更好地适应社会中的运动环境。这些内容不仅能增强学生的实践能力，还能培养其在不同情境下的适应能力和创新思维，使其在未来社会生活中更具竞争力。

7. 结合学生特点实现因材施教

高职体育课程应根据学生的身体素质、兴趣爱好以及所在学校的地域气候条件进行合理设计。例如，在南方地区可以增加游泳课程，在北方地区注重滑雪或滑冰项目，充分利用当地资源满足学生的实际需求。因材施教的课程设置能够确保学生在适合的环境中获得最佳的实践体验，从而提高其实践能力。

综上可知，体育课程内容的科学设置是培养学生实践能力的关键。在“健康第一”的指导思想下，通过注重多样性、实效性、文化性和可接受性的原则，课程内容能够全面提升学生的运动技能、身体素质和综合能力。无论是团队协作、自主学习，还是社会适应能力的培养，体育课程都为学生的全面发展和“终身体育”理念的实现奠定了坚实基础。

高职体育课程内容对学生实践能力的培养起到了重要作用。基础课程通过提升学生的身体素质和基本运动技能，为其日常生活和职业发展奠定了良好的基础；专业导向型课程通过结合职业需求的训练，帮助学生提升岗位适应能力和职业健康管理意识；综合实践课程通过团队运动和情景模拟，锻炼了学生的协作能力和创新思维。未来，高职体育应继续优化课程内容，确保学生在体育学习中获得全方位的实践能力，为其职业发展和社会适应提供有力支持。

三、课程教学模式对实践能力的影响

高职体育教学模式直接关系到学生实践能力的培养与发展。科学合理的教学模式能够帮助学生将理论知识与实际操作相结合，提升团队协作能力，并通过任务驱动的方式强化技能的应用与创新能力。以下将从理论教学与实践教学的结合、小组协作教学模式对实践能力的锻炼、任务驱动型体育教学模式对技能应用能力的强化三方面展开论述。

（一）理论教学与实践教学的结合

理论与实践的结合是高职体育教学的核心原则之一。通过理论指导实践，高职体育不仅让学生掌握运动的科学基础，还能够帮助其更高效地参与体育活动，提升实践能力。

1. 理论教学奠定科学基础

理论教学是高职体育课程的重要组成部分，为学生的体育实践提供了科学的知识支撑。例如，通过学习运动生理学，学生能够了解身体在运动中的能量代谢和心肺功能运作，从而科学规划运动强度与时间，避免受伤；通过掌握运动解剖学和技术动作分析，学生可以深入理解体育动作的科学原理，并优化自身的技术表现，在实践中取得更好的效果。

2. 实践教学巩固理论知识

实践教学是理论教学的重要延续，通过实际操作帮助学生将理论转化为具体技能。例如，在动作练习中，教师先进行理论讲解，然后引导学生分解动作并反复练习，如投篮的起跳或投掷的发力过程，以加深对动作要领的理解。此外，在团队运动课程中，教师结合战术理论，通过模拟比赛场景，让学生在实践中验证战术的实用性和有效性，从而实现理论与实践的有机结合。

（二）小组协作教学模式对实践能力的锻炼

小组协作教学模式是一种强调学生之间互动与合作的教学方法。通过团队合作的训练，学生能够提升沟通与领导能力、团队意识和解决问题的能力。

1. 小组协作的团队合作训练

小组协作教学通过任务分工与合作，有效培养学生的团队合作能力。例如，在篮球、足球等团队运动项目中，学生通过小组分队比赛，需制定战术、协同防守与进攻，以实现比赛目标。此外，小组成员往往被分配不同角色，如队长、裁判或战术制定者，这种明确的角色分配不仅增强了学生的责任意识，还提升了他们的组织与协调能力。

2. 小组协作提升沟通与领导能力

小组协作教学模式为学生提供了频繁的交流与互动机会，通过共同完成任务，学生在沟通和领导方面的能力得到全面锻炼。

在制定团队战术时，学生需要进行深入的讨论与反馈。在这一过程中，每位成员都要表达自己的想法，并倾听他人的意见，共同分析问题、提出解决方案。这种多轮次的沟通有助于学生学会如何清晰表达观点、妥善处理分歧，并在尊重他人意见的基础上达成一致。这种能力不仅在体育课程中至关重要，也为他们在未来团队合作中奠定了坚实的基础。此外，通过设置轮流担任组长的方式，学生在实践中体验团队管理的责任。组长需协调组员的任务分配、调动团队积极性，并在关键时刻作出决策。这种体验让学生感受到领导的挑战与责任，逐步培养组织协调能力、资源分配能力以及在压力下果断决策的能力。同时，组长角色的轮换也让每位学生有机会在不同情境中学习和锻炼，进一步增强他们的领导力。

通过小组协作教学，学生不仅掌握了团队内有效沟通的方法，还在角色轮换中积累了实际的领导经验，为今后更大范围内的团队管理与协作提供了宝贵的能力支持。

（三）任务驱动型体育教学模式对技能应用能力的强化

任务驱动型体育教学模式是一种以学生完成具体任务为导向的教学方法，注重学生在实践中探索和解决问题的能力。通过明确任务目标，学生能够主动思考和实践，将理论知识与实际技能紧密结合。

1. 任务驱动型的实践能力培养

任务驱动型体育教学模式以“做中学”为核心，通过设计具体任务，引导学生在实践中提高解决问题的能力和实际操作水平。这种教学方法注重学生的主动参与和实践探索，使他们能够在完成任务的过程中锻炼多方面能力。例如，在运动计划制订任务中，教师会根据学生的个体差异，指导他们分析自身的体能状况，并制订一周的运动计划。学生不仅要根据理论知识合理安排运动种类、强度和时间，还要在实际执行中验证计划的合理性。这一过程帮助学生培养计划能力、执行能力以及评估调整的能力，真正实现从理论到实践的转化。在情境任务挑战中，任务设计更加贴近实际。例如，在攀岩课程中，教师设置难度不一的攀岩线路，并要求学生根据线路特点进行分析，制定具体的攀爬策略。这不仅锻炼了学生的观察能力和分析能力，还培养了他们在压力情境下的决策能力和行动能力。完成任务的过程激发了学生的挑战精神，同时让他们通过实践体验到任务驱动式学习的乐趣与价值。此外，任务驱动型的体育教学模式还能强化团队合作与创新能力。例如，某些复杂任务需要小组共同完成，学生在分工协作中学会沟通协调，同时在解决实际问题时需要发挥创造力。

通过任务驱动型教学，学生不仅能掌握专业技能，还能在计划、分析、执行和评估的过程中提升综合实践能力。这种模式将学习融入实际操作，使学生在亲身体验中获得成长，为未来的学习和生活打下坚实基础。

2. 任务驱动的创新能力提升

任务驱动型体育教学模式通过引导学生在实践中探索新方法和创造性解决问题，显著提升了学生的创新能力。这种教学模式不仅注重实践，更强调在任务中激发学生的想象力与创造力，培养其综合创新思维。例如，在足球课程中，教师设计了战术创新任务，要求学生为球队设计出独特的战术策略并进行模拟演练。学生需要结合比赛规则、对手特点及团队优势，分析现有战术的不足，并尝试提出新的解决方案。这一过程不仅深化了学生对战术的理解，还鼓励他们打破思维定式，在创意与实践之间找到平衡点，从而提升创新能力。又如，在器材改进任务中，学生被要求针对常用运动器材进行优化设计，如改进羽毛球拍握把的舒适性或增强护膝的保护效果。学生需要综合运用材料学、人体工学等知识，进行多角度分析，并在实践中测试自己的设计方案。这种任务不仅让学生接触到实际问题，还培养了他们发现问题、分析问题和解决问题的能力，同时增强了对科技创新的兴趣。此外，任务驱动型教学模式还鼓励学生在团队中进行合作创新。学生在共同完成复杂任务时，学会集思广益，将个人创意融入团队方案中，从而进一步提升群体创新能力。这种模式为学生在今后的学习与工作中面对多样化挑战奠定了基础。

通过任务驱动的方式，学生不仅在实践中掌握了创新技能，还培养了面向问题、积极探索的创新意识和解决复杂问题的能力，为应对未来的多变环境提供了核心竞争力。

高职体育课程教学模式对学生实践能力的培养具有深远影响。通过理论教学与实践教学的结合，学生能够将运动知识内化为实际操作技能；小组协作教学模式强化了团队合作与沟通能力；任务驱动型体育教学模式则进一步提高了学生的创新能力和技能应用水平。未来，高职院校应探索多元化教学模式，将理论、实践、小组协作和任务驱动相结合，全面提升学生的实践能力和职业适应力，为其未来发展提供坚实保障。

四、课程评价体系对实践能力的激励

高职体育课程的评价体系不仅是衡量教学效果的工具，也是激发学生实践能力的重要手段。通过科学合理的课程评价体系设计，尤其是注重过程性评价和实践能力与职业需求挂钩的多元评价标准，高职体育能够有效激励学生在体育学习中主动参与实践、优化技能，并提升职业适应能力。

（一）评价体系的重要性

1. 明确学习目标

通过评价体系，学生可以清晰了解体育课程的学习目标和能力要求。例如，课程评价标准可以明确指出在运动技能、体能发展、团队协作和创新能力等方面的具体目标。这种明确性使学生能够有针对性地规划学习过程，清楚地知道自己需要在哪些方面努力，从而更加高效地提升自己的实践能力。

2. 激励学生成长

评价体系通过多样化的评价方式，如技能测试、实操任务评估和团队表现记录等，可有效激发学生的学习动力。公平、透明的评价结果为学生提供正向激励，使他们在不断进步中增强自信心。此外，分阶段的评价设计可以促使学生在每个学习环节保持积极性，逐步提升运动技能和综合实践能力。

3. 提供反馈与改进的依据

评价体系的另一重要作用是为学生提供实践表现的反馈。通过科学的评价方法，学生可以了解自身的优势与不足。例如，在技能测试中，学生能够通过评分结果发现技术动作的薄弱环节；在团队活动评价中，学生可以从反馈中了解到自己在协作和沟通方面的表现。基于这些反馈，学生能够有针对性地调整和改进，为下一阶段的学习和实践作好准备。

综上可知，评价体系在高职体育课程中起到了指引方向、激励成长和反馈改进的重要作用。它不仅帮助学生明确目标、提升能力，还为教师优化课程设计提供了参考依据，为实现高职体育课程的全面教学目标奠定了基础。

（二）多元化评价方式的作用

在高职体育课程中，单一的评价方式难以全面反映学生的学习效果和实践能力。因此，多元化的评价方式成为课程评价体系的重要组成部分。通过过程性评价、终结性评价和综合性评价的有机结合，不仅能够全面衡量学生的发展，还能在实践中发挥激励和指导作用。

1. 过程性评价：关注学生的学习过程与态度

过程性评价注重学生在课程中的参与度和实践过程。这种评价方式通过记录学生的训练态度、任务完成情况以及团队协作表现，全面反映其在课程中的积极性和投入程度。例如，在小组协作任务中，教师可观察学生的沟通、配合和责任感，评估其团队协作能力。过程性评价还可以通过定期反馈让学生了解自己的进步与不足，帮助他们调整学习策略和目标。这种评价方式强调学习过程的重要性，能够有效激发学生的参与热情和动力。

2. 终结性评价：聚焦实践能力的最终表现

终结性评价侧重对学生的实际能力进行总结性评估，通常在课程结束时进行。这种评价方式包括运动技能水平测试、竞赛表现以及成果展示。例如，通过测试学生的耐力、速度、力量等指标，全面反映其体能状况；通过模拟比赛或竞技场景，评估学生对战术、技术动作的掌握程度。这种结果导向的评价方式有助于学生明确自己的学习成效，同时为教师优化课程内容提供数据支持。

3. 综合性评价：全面衡量学生的理论与实践能力

综合性评价是结合学生理论知识掌握情况与实践表现的一种全面评价方式。它不仅考查学生的运动技能，还注重理论知识的实际运用能力。例如，在课程中，学生需要完成从运动计划制订到实施效果评估的任务，教师可以通过分析计划的科学性与执行效果评估学生的综合能力。这种评价方式能够全面衡量学生在体育课程中的发展水平，为其未来的发展提供更加全面的指导。

多元化的评价方式能够从不同维度全面反映学生的学习成果和能力发展。过程性评价关注学习的参与与态度，激励学生在过程中不断努力；终结性评价着眼于实践能力的最终表现，明确学生的学习成果；综合性评价则通过理论与实践结合，全面衡量学生的发展水平。这种评价方式的多样性和科学性，不仅提高了评价的公平性与准确性，还为高职体育课程培养学生的全面发展提供了有力保障。

（三）评价内容的多维度设计

在高职体育课程中，科学合理的评价内容设计是确保学生全面发展的关键。通过多维度评价体系，能够全面衡量学生的技能、体能、团队协作能力和创新实践能力，为培养综合型人才提供有力支持。

1. 技能评价：考查技术掌握与应用能力

技能评价是体育课程评价的重要维度，主要评估学生在具体运动项目中的技术掌握和应用能力。例如，在篮球课程中，技能评价可以通过测试学生的运球、传球、投篮等动作的准确性和熟练度来进行。在技术评估过程中，既注重学生动作的标准性，也关注其在实战中的灵活运用能力。技能评价不仅让学生清楚自己的技术水平，还能引导他们在实践中不断提升操作技能。

2. 体能评价：测评身体素质指标

体能评价侧重于对学生耐力、力量、柔韧性、速度等身体素质指标的测试。这些测试包括跑步的时间与距离、力量训练的重量与次数、柔韧性测试中的关节活动范围等。通过体能评价，教师能够了解学生的身体健康状况，并为其制订更加科学的训练计划。此外，体能评价的结果还能够激励学生设定更高的目标，从而持续增强体能。

3. 团队协作能力：关注沟通与合作表现

团队协作能力评价主要体现在学生参与小组任务中的表现。例如，在足球课程中，评价可以包括学生在团队比赛中是否积极沟通、与队友配合的默契程度、对分工任务的完成情况等。通过这一维度的评价，学生能够认识到团队合作的重要性，并学习在团队中承担责任和协调角色。这种能力不仅对体育活动有帮助，也为学生未来的职业发展提供了重要的社会技能支持。

4. 创新实践能力：培养解决问题的创造性思维

创新实践能力的评价通过任务驱动的方式进行，旨在测试学生的创新思维与解决问题的能力。例如，学生可能被要求设计新的战术策略或改进现有的运动器材。评价内容包括方案的创新性、设计的科学性以及执行的可行性。这种方式让学生在完成任务的过程中激发创造力，培养他们在实际问题中提出新方法并实现目标的能力。

评价内容的多维度设计从技能、体能、团队协作能力和创新实践能力四个方面全面衡量学生的发展水平。这种设计既注重学生体育能力的提升，也关注其综合素质的培养，不仅能够科学反映学生的学习成果，还能为高职体育课程更好地服务于学生的成长与未来发展提供强有力的支持。

第二节　体育技能训练与实践能力培养的结合

一、体育技能训练的实践导向

高职体育注重培养学生的实践能力，其核心在于通过体育技能训练将理论知识与实践应用相结合。体育技能训练的实践导向体现于两大层面：一是基础体育技能的实践价值，通过跑步、球类等基本技能提升学生的身体素质和健康意识；二是职业化技能训练，针对不同职业需求设计专项体能训练，以增强学生的岗位适应能力。

（一）基础体育技能的实践价值

基础体育技能训练是高职体育教学的重要组成部分，其价值不仅体现在提升学生的运动能力，还在于培养学生的健康生活方式，并为更高层次的职业化训练奠定基础。

1. 跑步的实践价值

跑步作为一种简单且高效的基础技能，对学生的身体素质提升和实践能力培养具有重要意义。跑步训练能够显著提升学生的心肺耐力，增强身体的抗疲劳能力，为职业生涯中的长时间体力消耗作好准备。通过跑步训练，学生能够体验到运动的益处，逐渐养成自觉锻炼的习惯。这种健康意识可以迁移到日常生活中，提高生活质量。跑步技能不仅在个人健康管理中具有重要作用，还可以融入团队竞赛或户外拓展活动中，增强学生的社会适应能力。例如，学生参与长跑比赛，可以通过坚持与突破来提升自信心和意志力。

2. 球类技能的实践价值

球类运动（如篮球、足球、羽毛球）是高职体育基础课程的重要内容，其实践价值体现在以下几个方面：

（1）提升协调性和反应能力。球类运动通过综合训练学生的手眼协调、快速反应能力和动作敏捷性，帮助其在复杂情境中快速决策和行动。

（2）培养团队意识与合作能力。在篮球或足球等团队项目中，学生需要与队友密切配合，共同制定战术，完成目标。这种实践经历能够迁移到未来职业中，提升团队协作能力。

（3）竞技性与娱乐性的平衡。球类运动兼具竞技性和趣味性，能够吸引学生主动参与，在愉悦中锻炼身体、提升技能。

（二）运动健康与安全意识的培养

在基础体育技能训练中，健康与安全意识的培养是不可或缺的一部分。这不仅是保证学生身体健康和运动效能的基础，更是帮助学生养成科学锻炼习惯、避免运动风险的重要途径。通过理论与实践相结合的方式，学生能够在掌握运动技能的同时，树立科学、安全的运动观念。

1. 热身和拉伸训练的重要性

在跑步或球类运动等高强度活动之前，科学的热身运动是预防损伤的第一道防线。体育教师通过指导学生进行动态拉伸、轻度有氧运动等热身活动，让学生的肌肉和关节逐渐适应运动的强度，减少肌肉拉伤或关节扭伤的风险。同样，运动结束后的静态拉伸可以有效缓解肌肉紧张，促进身体的恢复。通过反复实践，学生不仅掌握了热身与拉伸训练的科学方法，还逐渐意识到其对安全运动的必要性，形成良好的运动习惯。

2. 运动损伤处理与预防技能

运动损伤在体育实践中不可完全避免，因此掌握基本的损伤处理知识对学生尤为重要。课程内容可以涵盖常见运动损伤（如肌肉拉伤、关节扭伤、擦伤等）的预防方法和应急处理技巧。例如，学生可以学习使用冰敷缓解肿胀、掌握正确包扎方法、了解恢复期间的运动禁忌等。这些技能不仅帮助学生在日常锻炼中应对突发情况，也提升了他们对健康生活的自我管理能力。

3. 健康意识的全面提升

体育课程教学中，通过科普运动科学知识，增强学生对健康生活方式的理解。例如，向学生讲解运动强度与频率的合理搭配、饮食对运动表现的影响以及如何判断过度运动的信号等。这些内容帮助学生认识到运动与健康的密切关系，进一步树立科学的健康意识。

4. 安全意识与风险评估能力

体育课程中的安全教育还包括让学生学习识别潜在的运动风险，如不规范场地设施可能带来的隐患或不当运动姿势导致的损伤风险。通过模拟情景和实际案例分析，学生能够提高风险评估能力，增强安全防范意识，为参与各类体育活动打下扎实基础。

5. 健康与安全教育在实践中的应用

健康与安全意识的培养不仅贯穿课堂教学，还应贯穿学生的日常运动实践。例如，教师可以组织活动让学生自主制订健康的运动计划，并在其中明确热身、强度控制、损伤预防等要素。通过这种实践性学习，学生不仅能巩固课程中学到的知识，还能将健康与安全意识融入日常生活中，实现“终身体育”的目标。

通过科学的健康与安全教育，学生能够掌握预防和处理运动损伤的技能，同时提高对健康生活方式的理解和实践能力。这种综合培养模式，不仅保障了学生在体育活动中的安全，还帮助他们树立长期坚持科学运动的意识，为其未来的生活奠定了健康基础。

体育技能训练的实践导向是高职体育教学的核心特色。通过基础技能训练，学生能够为体能和健康素养打下坚实基础；通过职业化技能训练，学生能够满足不同岗位的体能需求，提升职业适应能力。高职院校应继续深化课程设计，将基础与职业化训练有机结合，培养出更多具备实践能力、健康意识和职业素养的高素质技能型人才，为社会发展和体育事业作出贡献。

二、实践能力培养的关键环节

高职体育教学的重要目标之一是培养学生的实践能力，使其能够将所学知识和技能运用于实际情境中，为职业发展和社会适应打下坚实基础。在实践能力培养过程中，技能训练中的问题解决能力培养、体育活动中的决策能力和应变能力锻炼，以及团队协作训练对社交能力的提升，构成了实践能力培养的三个关键环节。下面将从这些方面具体展开论述。

（一）技能训练中的问题解决能力培养

技能训练是高职体育课程的核心内容，其目标不仅是让学生掌握动作技巧，更是通过训练过程培养学生解决实际问题的能力。

1. 通过分解练习培养问题分析能力

在高职体育教学中，分解练习是一种行之有效的方法，不仅能够帮助学生掌握动作技能，还能够有效培养其问题分析能力。教师通过将复杂的动作技能分解为具体步骤，引导学生逐步理解动作的关键要点与技术细节，从而在实践中发现问题并提出解决方案。这一过程不仅聚焦于技术的精确性，也注重学生分析和解决问题能力的提升，具有重要的教学价值。

例如，在教授篮球投篮技巧时，教师可以将投篮动作细化为多个关键步骤，包括正确的握球姿势、手臂的发力方式、投篮角度的调整以及身体协调性等。学生通过逐一练习每个步骤，能够深入了解动作细节的作用和相互关系。当学生在投篮过程中出现失误时，教师可以根据分解的步骤，帮助学生逐项分析问题，如手部用力是否过大、投篮角度是否过低或身体平衡是否受到干扰。针对这些具体问题，学生可以进行针对性调整，从而提高动作的准确性和连贯性。

同时，现场反馈是这一教学模式的重要补充环节。在分解练习的过程中，教师通过及时的观察和指导，指出学生在动作执行中的不足，并给出改进建议。这种实时的反馈机制不仅能帮助学生快速发现并解决问题，还能使其逐渐形成独立分析的能力。在反复改进的过程中，学生的观察力、逻辑思维能力以及解决问题的能力都会得到有效提升。

通过分解练习与反馈指导的结合，学生在技术学习中不再局限于动作的模仿，而是能够从分析和调整的角度去理解和掌握技能。最终，这种教学方法实现了技能训练与思维能力培养的双重目标，为学生今后在更复杂的运动情境中独立解决问题奠定了扎实基础，同时展现了高职体育教学注重实践与思维综合发展的特色。

2. 提供复杂情境激发问题解决能力

在高职体育技能训练中，教师通过精心设置复杂情境，创造真实或近似实战的环境，以激发学生的问题解决能力。这种教学方法不仅帮助学生在技能层面得到提升，还在心理素质和实践能力培养方面产生深远影响。

例如，在羽毛球课程中，教师通过设计模拟比赛情境，让学生进入一对一对抗的动态局面。学生需要在比赛过程中自主观察和分析对手的技术特点与弱点，如对手的移动速度、反手能力等。基于分析结果，学生能够及时调整击球策略，如改变进攻节奏或利用高远球调动对手位置。这种训练不仅锻炼了学生在高压力环境下的判断力和执行力，还提升了其临场应变和战略调整能力。

此外，通过设置情境化任务，教师进一步培养学生的综合实践能力。例如，在跑步训练中，教师引导学生运用心率监测设备和配速分析工具，记录跑步过程中关键数据。基于这些数据，学生需要独立制订科学合理的跑步节奏计划，以避免过快消耗体力或过慢影响成绩的问题。这种任务要求学生在实践中结合理论知识，解决体力分配不均的实际问题，不仅提高了学生的身体素质，还增强了学生数据分析和自我管理能力。

通过模拟比赛和情境任务的结合，学生不仅在技能和体能方面得到发展，还培养了主动学习、快速决策以及在复杂环境中解决问题的能力。这种教学方式充分体现了高职体育教学的实践性和综合性，为学生未来适应复杂工作和生活环境奠定了良好的基础。

（二）体育活动中的决策能力和应变能力锻炼

体育活动的动态性和不可预测性使其成为锻炼学生决策能力和应变能力的理想场景。高职体育通过设计多样化活动，帮助学生在复杂情境中快速作出判断并采取有效行动。

1. 战术训练中的决策能力提升

在高职体育教学中，战术训练是培养学生决策能力的重要途径，尤其是在快速变化的运动情境中，学生需要评估多种可能性并迅速选择最佳行动方案。这种训练不仅锻炼了学生的技术能力，还提升了其分析、判断和应变能力。

例如，在足球课程中，教师通过设置模拟比赛情境，要求学生根据对手的阵型特点制定合适的进攻或防守战术。在比赛过程中，学生需要观察对手的动态调整战术策略，如识别防线薄弱点并迅速制定突破方案。这一训练过程不仅锻炼了学生的分析能力，还提升了其在复杂情境中快速作出高效决策的能力。

又如，在篮球课程中的快攻练习中，学生面对突发的比赛局面，需要在短时间内评估传球或上篮的最佳选择。他们必须同时考虑对手位置、队友站位和个人体能状态等因素，作出高效且合理的决定。通过反复实践，这种训练有效培养了学生在高压环境下的即时判断和应变能力。

通过战术设计与即时反应的综合训练，学生能够在多变的比赛情境中快速适应并高效决策。这不仅增强了其竞技水平，还为未来在职业领域中的团队协作与临场决策奠定了坚实基础，充分体现了高职体育教学注重技能与思维同步发展的教育目标。

2. 应变能力的锻炼

在高职体育教学中，锻炼学生的应变能力是提升其实践能力的重要环节。在体育活动中常伴随诸多不可控因素，如对手的突然进攻、环境条件的变化等，这为学生提供了在动态情境中快速调整策略的机会，有助于培养其灵活应对和即时决策的能力。

例如，在户外定向越野训练中，学生经常面对复杂的自然环境，如突如其来的天气变化或地形障碍。在这种情况下，他们需要根据实际情况快速调整路线规划，重新评估行进的优先顺序和策略。这不仅锻炼了学生在突发情境下的灵活应对能力，还增强了其独立思考和解决问题的综合素质。

又如，在羽毛球对抗练习中，教师可以通过设置特定的规则限制，如规定只能在某一区域击球或增加得分条件的难度，迫使学生根据新规则调整打法和战术。这种情景模拟的训练，让学生能够在变化的条件下迅速分析局势并作出高效反应，从而有效提升应变能力。

通过应急调整和情景模拟的结合，学生逐步掌握在多变环境中灵活调整策略的技能。这种能力不仅适用于体育领域，也能迁移到职业和生活等各种复杂场景中，体现了高职体育教学在综合素质培养上的重要作用。

3. 体育活动对决策与应变能力的综合提升

体育活动中对决策与应变能力的培养具有广泛的价值，这些能力不仅在体育场景中发挥作用，还能够迁移到职业发展和日常生活中，为学生未来适应多样化挑战提供支持。通过体育活动中的实践，学生学会在动态环境中迅速分析局势、权衡利弊，并采取最佳行动方案，这为其综合能力的提升奠定了基础。

例如，某物流专业的学生在模拟装卸任务的团队比赛中，通过体育活动中的策略性训练，更深刻地体会到团队合作与灵活应变的重要性。在任务突变时，如装卸物资类型或任务优先级发生变化，学生需要快速决策并协调团队资源来完成任务。这种模拟训练让学生在面对不确定性时具备更强的心理素质和行动能力，为日后在实际岗位中高效应对复杂工作环境提供了宝贵经验。

通过将体育活动中的决策与应变训练融入实践教育，高职体育教学不仅增强了学生的身体素质，还帮助他们掌握了跨领域应用的重要能力。这种能力的培养符合职业教育的核心目标，即培养适应复杂社会需求的全面发展型人才。

（三）团队协作训练对社交能力的提升

团队协作是现代职业发展的核心技能，而高职体育中的团队训练通过模拟团队合作情境，帮助学生培养协作意识，提升沟通与领导能力和人际交往能力。

1. 团队运动中的协作意识培养

团队运动在高职体育教学中是培养学生协作意识的重要途径。通过篮球、排球等需要分工合作的项目，学生不仅能提高技术水平，还能在实践中深刻体会团队协作的重要性，并逐步形成责任意识与合作能力。

例如，在排球课程中，教师根据学生的技术特点和能力，安排他们担任不同的角色，如二传手、主攻手或自由人。在比赛中，每个学生需要履行自己的职责，如二传手精准传球为进攻创造机会，主攻手负责扣杀得分。这种角色分配训练帮助学生清楚地认识到团队中个人的定位与责任，培养了他们为实现集体目标积极贡献力量的责任意识。

此外，在篮球课程中，学生通过学习掩护、配合传球等技战术，深入理解团队配合在比赛中的重要性。例如，在一次快攻中，队员之间需要快速完成掩护与传球配合，以突破防守并创造得分机会。这种训练不仅提高了学生的战术执行力，还使他们意识到协作对于团队效率提高的关键作用。

通过角色分配与团队配合训练的结合，学生逐步学会如何在集体中发挥个人特长，同时理解与他人协作的重要性。这种协作意识的培养不仅适用于体育场景，还能迁移到职业与生活中的团队工作中，为学生未来融入集体、承担责任奠定坚实基础。

2. 团队建设中的沟通与领导能力

高职体育教学中的团队训练不仅强调技术合作，还注重学生在团队中沟通与领导能力的培养。通过设置分组任务，学生在共同完成目标的过程中逐步学会高效沟通、协调资源以及发挥领导作用，为其未来职业发展奠定基础。

例如，在户外拓展项目中，学生需要完成诸如攀爬、越障等任务。这些任务通常具有较高的挑战性，要求团队成员之间进行清晰的分工和有效的意见协调。面对意见分歧或任务突发状况，学生需要通过沟通化解冲突，快速达成一致，从而提升其表达能力和解决问题的能力。同时，在协作中，学生能够体会到倾听他人意见的重要性，从而学会在团队中构建和谐的沟通氛围。

此外，在团队训练中，通过设置队长角色，学生有机会直接参与领导力的锻炼。作为队长，他们需要负责组织任务、合理分配资源，并通过积极的语言与行动鼓励队员士气。在这个过程中，队长不仅要具备清晰的目标意识，还需要培养统筹全局的能力。通过实践，学生能够逐步掌握如何在压力下作出高效决策、如何调动团队资源达成目标，以及如何激励团队成员持续贡献力量。

通过任务型协作训练和领导角色的实践，学生在沟通与领导方面的能力得到全面提升。这种能力的培养不仅服务于体育场景中的团队配合，也为学生在职业生涯中的团队管理与跨部门协作提供了宝贵经验，充分体现了高职体育教学的综合教育价值。

3. 团队协作训练的社交效应

高职体育中的团队协作训练不仅关注技能提升，还为学生提供了宝贵的社交机会，有助于增强他们的沟通能力和人际关系处理能力。在多样化的团队环境中，学生通过共同参与运动活动，学会如何与不同背景的人建立联系并高效协作，从而促进综合素质的发展。

例如，通过组织跨班级的团队活动，教师为不同专业的学生提供了协作与交流的机会。在团队运动中，学生需要与不熟悉的队员一起合作，并通过了解彼此的优势和特点，共同完成目标。这种跨专业、跨班级的互动，不仅帮助学生拓宽了交际圈，还让他们学会适应多样化团队中的不同合作方式，为未来进入多元化的工作环境打下基础。

一个典型案例是某高职院校在篮球课程中开展的跨班级联赛。学生通过参与比赛，不仅学会了在竞争与合作的动态中与他人沟通、配合，还提升了自己的协作能力。在比赛的过程中，学生与来自不同班级和专业的同学建立了深厚的友谊，同时体会到了团队运动带来的归属感和成就感。

这种以团队协作为核心的训练方式，不仅在体育技能和协作能力方面产生了积极影响，还有效地增强了学生的社交能力和情感联结，体现了高职体育教育在学生全面发展中的重要作用。

综上可知，高职体育的实践能力培养需要在技能训练、决策应变和团队协作三个关键环节下功夫。通过科学设计课程内容，学生能够在问题解决中锻炼分析能力，在体育活动中提升决策和应变能力，在团队协作中增强沟通和社交能力。高职院校应不断优化体育课程设计，将实践能力培养与职业需求紧密结合，为学生的全面发展和职业成功提供有力支持。

第三节　学生反馈视角下的教学模式

一、学生反馈对体育教学的重要性

在高职体育教学中，学生反馈是提高课程质量、优化教学方法的重要依据。通过学生的意见和建议，教师可以了解教学效果，识别问题所在，从而进行有针对性的调整和改进。下面从反馈在教学改进中的指导作用以及通过学生反馈反映课程内容与实践能力的适配度两方面，具体探讨学生反馈对体育教学的重要性。

（一）反馈在教学改进中的指导作用

学生反馈能够为体育教学提供直接的参考依据，帮助教师评估教学效果并不断优化课程设计和教学方法。

1. 评估教学方法的有效性

通过学生反馈，教师能够有效评估教学方法是否达到了预期目标，同时发现教学过程中的优势和改进空间。这种反馈机制不仅为优化课程设计提供了依据，还能够增强教学效果，促进学生更全面地发展。

例如，在教学方法的适应性方面，学生的反馈能够帮助教师了解教学方式是否符合他们的学习需求。一些学生可能认为课堂内容过于注重理论知识，而缺乏实践应用，这就为教师提供了调整课程重心的线索，使教学更贴近学生的实际需求和学习偏好。通过适当增加实践环节，可以让学生更深入地理解理论与实际的联系，从而增强学习效果。

此外，学生反馈还可以反映教学内容的吸引力。如果部分课程内容被认为过于单一或枯燥，可能导致学生的参与度和学习兴趣下降。教师可以根据反馈，适当增加课程的趣味性和互动性，通过加入案例分析、情境模拟或分组活动等方法，使课程更加生动和吸引人，从而激发学生的主动学习意识。

通过评估教学方法的有效性，教师能够实现教学方式和内容的持续改进，不仅能满足学生的学习需求，还能提高课程的整体质量和学习成效，为高职教育的实践性和应用性目标提供有力支持。

2. 调整教学节奏与强度

学生反馈是教师调整教学节奏与训练强度的重要依据，有助于确保教学过程更加符合学生的接受能力和体能水平，从而提高教学的科学性和有效性。

例如，在教学节奏方面，学生可能通过反馈指出动作讲解的速度过快或训练任务设置过于密集，导致他们难以跟上教学进度。针对这种情况，教师可以通过延长动作讲解的时间，分步骤详细演示关键技术环节，或者将复杂的训练任务进行分解，分阶段逐步完成。这样不仅能够帮助学生更好地掌握动作要领，还能缓解学习压力，提高课堂的参与度和效率。

在训练强度方面，学生反馈能够反映体能训练是否与他们的实际能力相匹配。例如，在力量训练课程中，如果学生普遍反映训练强度过高，可能导致疲劳积累或运动损伤，教师可以根据反馈适当降低负荷，增加休息时间；如果学生认为强度过低，训练效果不显著，则可以适当增加挑战性，通过调整训练重量、次数或时间来提升训练强度。

通过基于学生反馈调整教学节奏与强度，教师能够更好地实现教学的因材施教，既能够避免教学过程中过于急促或强度不当导致的挫败感，又能够确保学生在适宜的强度下获得有效训练，从而提高教学质量和学生的学习效率。

3. 改善师生互动与课堂氛围

学生反馈是教师优化师生互动和改善课堂氛围的重要工具。通过倾听学生的需求与建议，教师可以创造更加开放、积极的学习环境，从而提高学生的参与度和学习效率。

在沟通与指导方面，反馈能够帮助教师了解学生是否感受到足够的关注和支持。例如，如果学生提出希望获得更多个别辅导，教师可以在课程中增加针对个体需求的指导时间，或者设置专门的答疑环节，为学生提供个性化的学习建议。这种方式不仅能够帮助学生更快地解决学习中的疑惑，还能增强他们的课堂参与感和对教师的信任。

在课堂氛围的提升方面，学生反馈可以揭示课堂是否缺乏活跃度和互动感。如果反馈表明课堂氛围较为沉闷，教师可以通过增加互动活动来激发学生的兴趣，如引入团队比赛、情景模拟或游戏化的训练环节。这些方法不仅能调动学生的积极性，还能促进学生之间的协作与交流，营造更加生动的课堂氛围。

通过改善师生互动和课堂氛围，教师可以进一步增强课堂的吸引力，使学生在愉快的氛围中提升技能和理解能力。这种以学生为中心的教学方式，不仅提高了体育课程的教学效率，也为学生构建了一个更加包容和互动的学习环境。

（二）通过学生反馈反映课程内容与实践能力的适配度

学生反馈不仅能揭示教学方法的问题，还可以反映课程内容与学生实践能力培养的适配度。这有助于教师设计更契合职业需求和学生能力发展的课程。

1. 确定课程内容的实用性

学生反馈在评估课程内容是否契合其职业发展需求方面具有重要作用。通过反馈，教师可以了解课程内容的实际价值，确保其不仅具有教学意义，还能够切实服务于学生的职业成长。

在职业导向内容的匹配度方面，学生的反馈能够揭示课程内容是否符合其未来职业的实际需求。例如，对护理专业的学生来说，搬抬技能训练直接与临床工作相关，具有高度实用性，因此被认为非常重要；而某些基础性项目如果在职业关联度上较低，可能被学生认为不够实用。教师可以根据这些反馈优化课程内容，将更多精力投入对学生职业发展有直接帮助的项目中。

同时，学生反馈还能反映基础技能的实用性是否被充分体现。例如，如果学生普遍反映课程中过于强调竞赛类技能，而忽略了与日常生活或健康管理相关的实用性技能（如合理运动计划的制订、基础健身方法的指导等），教师可以调整课程内容比例，增加实践性和日常性更强的内容。这种调整不仅能增强课程对学生生活和职业的指导作用，还能使学生更全面地受益。

通过学生反馈对课程内容进行科学评估和优化，教师可以更好地确保教学目标与职业需求的紧密结合，从而实现高职教育的核心目标，即培养具备实际工作能力和全面素质的应用型人才。

2. 优化课程难度与进阶设计

学生反馈为教师提供了调整课程难度和优化进阶设计的重要依据，有助于确保课程内容能够满足不同能力水平学生的需求，并实现循序渐进的学习效果。

在课程难度适配方面，学生反馈能够揭示课程项目是否与其能力相匹配。例如，一些学生可能认为课程内容过于简单，缺乏挑战性，导致兴趣不足；而另一些学生则可能反映某些项目难度太高，影响了学习信心。针对这些问题，教师可以基于反馈设计梯度化的训练项目，将课程内容划分为基础、中级和高级三个层次，使学生能够根据自身能力逐步提升，从而既保持学习动力，又避免挫败感。

在进阶内容的设置上，学生反馈能够帮助教师了解不同阶段学生的具体需求。例如，在力量训练课程中，初级学生可能需要集中于基础力量训练，如单关节动作和基本姿势练习；而对于高级学生，则可以增加复合动作训练、功能性训练或更高强度的负荷内容。通过学生反馈，教师可以根据学生的实际能力，设计更加分层和个性化的课程内容，使每位学生都能够在适合自己的训练强度下获得成长。

通过优化课程难度和进阶设计，教师能够构建一个更加灵活和科学的教学体系，使课程既满足了学生的学习需求，又激发了他们在实践中的成长动力。这种因材施教的方式不仅增强了教学效果，还促进了学生在学习中的信心和成就感。

3. 评估课程对实践能力的促进作用

学生反馈是评估课程内容是否真正提升其实践能力的重要工具。通过反馈，教师可以了解学生在实际情境中运用所学技能的能力，并据此调整教学设计，以更好地满足其职业需求。

在技能运用反馈方面，学生可以提供有关所学技能在实际情境中应用情况的信息。例如，护理专业的学生如果反馈无法将力量训练课程的内容有效地应用到患者搬抬等实际操作中，就表明课程在情景模拟和技能转化方面存在问题。针对这种情况，教师可以通过加强情境化教学，将理论与实际工作场景紧密结合。例如，在力量训练中加入患者护理搬抬的模拟情景，让学生更有针对性地提升相关技能。

在职业适应能力的评估中，学生反馈能够反映课程是否真正为未来的职业需求作了充分准备。如果学生认为体育课程的内容与实际工作体能要求脱节，如未能帮助他们提高耐力或力量以适应高强度工作，教师可以调整课程内容，加入更具职业针对性的体能训练。例如，为物流专业的学生设计负重搬运训练，为护理专业的学生设置急救操作中的体能模拟等。

通过评估课程对实践能力的促进作用，教师可以确保教学内容更加贴近学生未来的职业情境，帮助他们在实际工作中有效应用所学技能。这种反馈驱动的优化方式，不仅提升了课程的实用性，还为学生的职业发展提供了更坚实的基础。

（三）建立学生反馈的有效机制

1. 定期反馈机制

为了充分发挥学生反馈在体育教学中的作用，高职院校需要建立科学的定期反馈机制，确保学生的意见被及时收集并用于优化教学设计。这种机制不仅能够反映学生对教学内容和方法的评价，还可以为教师提供切实可行的改进方向。

例如，通过匿名问卷调查，院校可以定期收集学生对课程内容、教学方法和实践效果的真实意见。问卷设计应涵盖多个方面，如课程内容的实用性、教学节奏的合理性以及教学实践的效果，确保反馈的全面性。匿名的形式可以让学生更坦率地表达他们的真实感受，从而使教师更准确地了解课程中的优劣点。

此外，课堂即时反馈也是一个高效的工具。教师可以通过课堂讨论、学生口头反馈或使用手机投票应用等方式，实时收集学生对特定环节的建议。例如，在技能训练后，学生可以通过投票工具快速表达对训练强度或教学方法的满意度。这种即时反馈能够帮助教师迅速发现问题并作出有针对性的调整，如优化课程节奏或增加趣味性内容。

通过建立定期反馈机制，高职院校不仅能够持续提高教学质量，还能增强学生的参与感和归属感，使他们成为教学改进的积极推动者，从而进一步提升高职体育教学的整体效率。

2. 多样化反馈形式

为了确保学生反馈的全面性和深度，高职院校在体育教学中应采用多样化的反馈形式，通过多渠道收集信息，从而更准确地了解学生的需求与建议。这种灵活多样的反馈方式不仅能涵盖广泛的意见，还能深入挖掘学生对教学的具体看法。

首先，个别访谈是一种直接而深入的反馈方式。教师可以与学生一对一沟通，详细了解其对课程内容、教学方法或实践环节的具体建议。这种形式能够帮助教师收集个性化的反馈，特别是那些可能无法在公开场合或问卷中提到的意见。同时，个别访谈还能够增强师生之间的理解和信任，为学生创造一个表达真实感受的安全空间。

其次，小组座谈也是一种高效的反馈形式。通过让学生以小组形式讨论课程内容，他们可以相互启发，共同总结对教学的意见和建议。这种集体反馈方式不仅能收集到多角度的看法，还能为学生提供一个互相学习和交流的机会。例如，学生可以在讨论中分享各自对某一训练环节的体验，从而为教师提供更综合和多样化的反馈信息。

通过结合个别访谈和小组座谈等多样化的反馈形式，院校能够从多个层面了解学生的真实需求，确保反馈信息更加全面和细致。这种方法有助于体育教师在课程设计和教学方法上进行更加精准的调整，从而进一步提高教学质量和学生满意度。

3. 将反馈融入课程改进

学生反馈的核心价值在于推动课程的持续改进。教师不仅需要认真分析学生在反馈中提出的问题，还需要根据反馈采取实际行动，将改进措施融入课程设计中，并通过后续回访形成优化闭环，确保改进效果落到实处。

在优化课程设计方面，教师可以根据学生的具体反馈，对课程内容和教学方法进行调整。如果学生反映课程内容过于理论化，教师可以适当减少理论讲解的比例，增加情景模拟、实战演练或互动活动，使课程更加贴近实际需求。同时，对于反映训练强度或节奏不合理的意见，教师可以重新设计梯度化训练项目，满足不同能力水平学生的需求。

在课程调整后，教师应通过反馈回访了解学生对改进效果的真实感受。这可以通过匿名问卷、课堂讨论或个别访谈的方式收集学生的再次反馈。例如，学生可以评价新增内容的实用性或教学调整是否更符合其学习需求。通过这些回访，教师能够进一步优化课程设计，形成“反馈—改进—再反馈”的持续改进闭环。

将反馈融入课程改进，不仅能够提升教学的针对性和实用性，还能增强学生的参与感和满意度，激发他们对课程的更大兴趣和投入。这样的动态调整机制为高职体育教学质量的不断提高提供了有力支持，也体现了以学生为中心的教学理念。

总之，学生反馈是高职体育教学改进的重要依据。通过学生反馈，教师能够评估教学方法的有效性、优化课程内容的实用性，并增强课程与实践能力的适配度。高职院校应建立完善的反馈机制，确保学生的意见能够及时、准确地传达，并将其作为课程改进的核心依据，以不断提高体育教学质量，为学生的职业发展和实践能力培养提供更坚实的支持。

二、学生对现有体育教学模式的反馈分析

在高职体育教学中，学生反馈是评估课程成效、优化教学模式的重要依据。通过深入分析学生对课程内容、教学方法以及教学评价体系的意见与建议，体育教师可以更全面地了解现有教学模式的优点和不足，从而为改进和创新提供方向。下面将从学生对课程内容的满意度与期待、对教学方法的认可与改进建议以及对教学评价体系的意见三个方面展开论述。

（一）学生对课程内容的满意度与期待

1. 课程内容的实用性与趣味性

学生对于课程内容的满意度主要受到实用性和趣味性两方面的影响，这直接关系他们的课堂参与度和学习效果。通过反馈分析，教师可以发现学生的具体需求和期望，为课程优化提供明确方向。

在实用性方面，学生更倾向于体育课程内容与日常生活和职业需求的结合。例如，护理专业学生对课程中涉及力量训练和柔韧性训练的内容给予了高度评价，认为这些技能直接有助于他们在未来职业中完成搬抬患者、急救操作等体力相关任务。然而，某些基础课程如单一的长跑训练，因与职业关联性较弱，被部分学生认为缺乏实用性。这表明，课程内容需要根据学生专业背景和职业需求进行有针对性的调整，以增强其实用价值。

在趣味性方面，学生普遍反映，过于重复或单调的项目（如长期单一的体能训练）容易导致学习疲劳和参与意愿下降。相反，加入具有互动性和挑战性的活动，如团队运动（篮球、足球）或趣味性的障碍跑，可以显著提升学生的兴趣和参与感。这种趣味性设计不仅增强了课堂氛围，还有效激发了学生的积极性和竞争意识。

通过综合考虑课程内容的实用性与趣味性，教师可以在设计时平衡两者的比例，使课程既满足职业发展需求，又富有吸引力。这种双重优化能够显著提高学生的满意度和课程的教学效率，为高职体育教育的进一步发展提供科学依据。

2. 课程内容与个性化需求的匹配度

学生反馈显示，当前体育课程内容在满足专业需求和个性化差异方面存在一定不足，这制约了课程对学生实际发展需求的契合度和整体满意度。针对这些问题，改进课程设计显得尤为必要。

在专业需求匹配度方面，一些学生反映课程内容未能充分结合其专业特点。例如，物流专业的学生在职业中需要较强的核心力量和搬运技巧，但实际课程中对此类训练的覆盖不足。同样，其他专业学生也提出类似意见，认为课程应更贴近职业实践需求。针对这一问题，课程设计应进一步关注不同专业的特点，从而提升课程的职业关联性。

在个性化差异的忽视方面，现有课程难以全面照顾不同运动基础的学生需求。初学者常觉得训练强度过高，容易产生挫败感，而运动基础较好的学生则感到课程缺乏挑战性，难以获得充分的锻炼效果。这种“一刀切”的设计限制了课程的普适性。教师可以通过分层教学的方式，根据学生的能力水平设计不同强度的训练内容，如初级学生专注于基础技能，中高级学生挑战更高难度项目，从而更好地满足学生个性化需求。

针对以上问题的改进，将有助于课程更精准地适应学生的多样化需求，增强课程的针对性和吸引力，同时体现高职体育教学的实用性与灵活性。这不仅能够提升学生的参与感和满意度，也为他们的职业和个人发展奠定了坚实基础。

3. 学生的期待：多元化与情境化内容的引入

学生反馈表明，他们希望体育课程能更加多元化与情境化，以提升学习体验，并与职业发展需求实现更紧密的结合。这种期待为课程创新和优化提供了方向。首先，在多元化内容方面，学生希望课程涵盖更多新兴项目，以满足不同兴趣和技能需求。例如，一些学生表示对瑜伽、户外拓展训练等项目感兴趣，这类内容不仅能够丰富课程选择，还可以增强学生的参与感和体验感。此外，这些新项目还具有放松身心、培养团队合作意识等附加价值，特别适合融入高职体育课程的实践性和多样性。其次，在情境化训练方面，学生希望课程能够设计更贴近职业需求的模拟训练内容。例如，物流专业的学生期待课程中加入仓储模拟训练，涉及核心力量和体能分配的实际应用；护理专业的学生则希望参与急救情景模拟课程，结合体育技能提升在紧急情况下的身体应变能力和专业操作熟练度。这种情境化设计能够帮助学生更直接地体验体育技能在职业中的实际应用价值，增强课程的实用性和职业导向性。

通过引入多元化和情境化内容，课程不仅能够更好地满足学生的兴趣与需求，还可以帮助学生深刻理解体育技能对职业发展的重要意义。这种创新将显著提升学生的学习热情和满意度，同时彰显高职体育教育的实用性与现代化特色。

（二）学生对教学方法的认可与改进建议

教学方法决定了课程的实施效果和学生的学习体验，学生的反馈集中于方法的科学性、互动性和灵活性。

1. 认可点：科学指导与互动式教学

学生对体育教学中的科学指导和互动性教学方法给予了高度评价，认为这两方面显著提高了课程的质量与学习体验，为他们的技能提升和课堂参与提供了有力支持。

在科学指导方面，学生普遍认可教师在动作要领讲解和纠正中的细致指导。这种科学化的教学方法不仅帮助学生正确掌握技能，还有效降低了运动损伤的风险。例如，在力量训练课程中，教师对正确姿势的反复强调，让学生能够规范地完成动作，从而增强了训练效果，同时增强了学生对课程安全性的信心。这种专业化的指导模式使学生在学习过程中更有保障，也更有成就感。

在互动式教学方面，学生对分组对抗、团队比赛等形式的教学表示高度认可。这些互动性强的教学方法不仅提升了课堂趣味性，还促进了学生之间的交流与合作。例如，通过团队比赛，学生能够在竞争中培养团队意识和合作精神，同时体验到体育运动的乐趣和成就感。这样的互动方式让课堂更具吸引力，并显著提高了学生的积极性和参与度。

科学指导与互动式教学方法的结合，不仅提升了课程的安全性和实效性，还使学生在技能学习与团队合作中获得全面发展。这种教学方式体现了高职体育教育的专业性与人文关怀，为教学质量的持续提升奠定了基础。

2. 存在问题：方法单一与个别化指导不足

尽管整体教学方法受到学生的认可，但反馈中仍反映出一些需要改进的问题，主要集中在教学方法的单一性和个别化指导的不足方面。这些问题可能在一定程度上影响学生的学习效果和课堂体验。在方法单一方面，部分学生认为课程过于依赖传统的教学模式。例如，教师讲解、学生模仿，缺乏创新性和趣味性。这种单向传递的教学方式可能无法充分调动学生的主动性和创造性，尤其是在重复性较强的基础训练中，容易导致学生参与热情下降。学生期待课程能够融入更多互动性和趣味性的元素，如游戏化训练、情境模拟或多样化的项目选择，以增强课程吸引力和参与感。在个别化指导不足方面，由于课堂规模较大，教师往往难以全面兼顾每位学生的学习进度和技能水平。部分学生反映，他们在课堂中未能获得足够的个性化指导，特别是在技术动作不熟练或遇到困难时，缺乏有针对性的帮助。这种情况对运动基础较弱或进度较慢的学生影响尤为显著，使他们感到跟不上教学节奏，同时限制了基础较好的学生进一步提升的空间。

为解决这些问题，体育教师可以尝试引入更多创新的教学方法，如分组教学、小组项目竞赛等，以激发学生的学习兴趣。同时，通过合理分配课堂时间，或利用课后辅导、线上指导等方式，为学生提供更多个性化支持，确保每位学生都能在课程中获得充分的关注和帮助。这种改进将有效提高课堂质量和学生满意度，使体育教学更加灵活和高效。

3. 改进建议：灵活多样与科技融合

针对现有教学中存在的问题，学生提出了具体的改进建议，主要集中在教学方法的灵活多样化和科技手段的融入方面。这些建议为优化体育教学指明了切实可行的方向。

在灵活多样化方面，学生建议在教学中结合传统方法与创新方式，以增强课堂的趣味性和实用性。例如，引入任务驱动型教学，通过设定特定目标或任务，激发学生的主动参与，让技能学习更具目的性。此外，情景模拟也是一种受到学生期待的教学方式。通过将课程内容融入职业或生活场景，如模拟护理情景中的搬抬技巧或物流仓储中的体力分配训练，学生可以在贴近实际需求的环境中更高效地提升技能。这种灵活多样的教学方式能够有效解决课程单一化的问题，增加学生的参与热情。

在科技辅助教学方面，学生期望借助现代技术提高学习效率和动作理解的精准度。例如，在短跑课程中，通过使用视频回放分析跑步姿势，可以帮助学生直观地观察和纠正动作细节。同样，利用可穿戴设备（如心率监测器、运动追踪器）记录训练数据，可以为学生提供客观的表现反馈，帮助他们更科学地制订训练计划。这种技术与教学的融合，不仅提高了教学的现代化水平，还增强了学生对体育科学的理解和应用能力。

通过引入灵活多样的教学方法和科技手段，体育课程设计能够更加贴近学生的学习需求，满足多样化和个性化的发展目标。这种创新将显著提高教学质量，激发学生的学习兴趣，同时推动高职体育教学向更专业化和现代化的方向发展。

（三）学生对教学评价体系的意见

教学评价体系不仅是衡量学生学习效果的重要标准，也直接影响其学习积极性和方向。学生的反馈集中在评价的全面性、公平性和激励作用上。

1. 认可点：多维度评价体系的初步探索

学生对当前体育教学中探索多维度评价体系的实践给予了高度认可，认为这一体系比传统的单一成绩评定更能全面反映其实际能力和学习成果。这种评价方式不仅关注终点成绩，还重视过程性成长，为学生提供了更多元的认可方式。

在多维度评价方面，学生普遍认为这种评价模式更加科学合理。例如，与传统只考核长跑或单项成绩的方式相比，多维度评价体系通过综合评估体能测试、技能表现以及团队合作等多个方面，更准确地反映了学生在课程中的综合能力。例如，在某些课程中，教师不仅关注长跑成绩，还通过观察团队比赛中的合作表现和个人技术的运用情况来评定学生成绩。这种多元化的评估方式让学生能够在不同领域展示自身优势，并在评价中获得更多的成就感。

在过程性评价方面，学生也表示了支持和认同。通过训练日志、阶段性目标考核等方式，学生可以清晰地记录自己的成长轨迹，看到体能和技能的逐步提升。这种评价方法不仅能让学生感受到自身进步，还能激发他们的内在动力。例如，学生在完成一系列训练任务后，通过查看日志中的表现数据，可以明确自身的优势和需要改进的地方，从而更加主动地参与学习。

多维度评价体系的初步探索，不仅增加了学生评价的公平性和科学性，还为他们的学习过程注入了更多积极体验。这种方式体现了以学生发展为中心的教学理念，同时为高职体育课程评价模式的进一步优化奠定了良好基础。

2. 存在问题：结果导向与职业适应度不足

尽管当前的评价体系在多维度方面取得了一定进展，但学生反馈也指出了一些亟须改进的不足，主要集中在评价的结果导向性和职业适应度方面。这些问题限制了评价体系对学生全面发展的促进作用。

在结果导向过重方面，部分学生认为现有评价体系仍然偏重单次测试的成绩表现，而对日常表现和努力程度关注不足。例如，长跑、投掷等项目的单次成绩仍然占据主要评价比重，而训练中的积极性、持续改进的表现等往往被忽视。这种结果导向的评价方式可能导致学生过于关注短期成绩，而忽略了持久努力的重要性，也可能打击那些通过长期努力取得进步的学生的积极性。

在职业适应度不足方面，学生希望评价内容能更加贴近其未来职业的实际需求。例如，物流专业的学生建议将搬运技巧纳入考核，通过模拟实际工作场景来检测体能与技能的综合运用能力。又如，消防专业的学生则希望增加心理抗压能力的测评，因为这直接关系他们未来职业中的应急处理能力。这些建议反映了学生对职业化评价的期待，表明当前评价体系在职业需求对接方面还有待加强。

为了改进这些问题，教师可以在评价体系中引入更多过程性评价，如记录学生的日常参与情况、训练中的持续进步和协作表现。此外，通过与职业需求对接的情境化评价设计，如物流专业的搬运技能测试或消防专业的压力模拟考核，可以更精准地反映学生的职业适应能力。这种改进将有助于实现评价的公平性与实用性，并进一步增强学生对课程的参与感和职业信心。

3. 改进建议：过程与结果并重，贴合职业需求

针对当前评价体系的不足，学生提出了一些具有针对性的改进建议，旨在通过引入过程性评价和职业化考核内容，使评价体系更具激励作用并与未来职业需求紧密结合。

在过程与结果并重方面，学生建议在评价中增加更多对日常表现和训练进步的关注，如记录训练日志、考核课堂参与度和阶段性目标完成情况。这种方式能够全面反映学生的努力过程，而不仅仅局限于最终的测试成绩。例如，在长跑项目中，不仅评估学生的最终成绩，还可以考核其在课程中的出勤率、训练态度以及配速控制能力。这种改进不仅能激励学生持续努力，还能帮助他们看到自己的成长轨迹，从而增强学习动力。

在增加职业化考核内容方面，学生希望评价体系能够更加贴合其未来职业需求。例如，护理专业的学生建议在体育课程中增加急救操作相关的技能考核，包括体能支持下的心肺复苏和患者转移操作；体育专业的学生则希望考核赛事组织与裁判能力，培养其在职业环境中必备的实践技能。同样，物流专业的学生可以通过搬运技巧和体能耐力的专项测评，为未来的工作作好更具针对性的准备。

通过将过程性评价与职业化考核相结合，评价体系能够更好地激励学生全面发展，同时增强课程的实用性和职业导向性。这种改进将有助于提升学生的满意度和参与感，促进体育课程在高职教育中的价值最大化。

学生对现有体育教学模式的反馈为课程内容优化、教学方法改进和评价体系完善提供了宝贵的参考。通过分析学生的满意度和期待、教学方法的优缺点以及对评价体系的建议，高职体育课程可以更加贴合学生需求和职业发展目标。未来，高职院校应进一步完善反馈机制，将学生意见转化为实际改进举措，为体育教学的创新和高效提供更坚实的保障。

三、基于学生反馈的教学模式优化

在高职体育教学中，学生反馈是教学模式优化的重要依据。通过分析学生对课程内容、教学方法和职业需求的意见，教学模式可以更加灵活、个性化，并结合学生兴趣与职业目标进行创新设计。下面将从灵活教学模式的探索、个性化教学的实施策略，以及引入学生兴趣与职业目标的教学设计三个方面展开论述。

（一）灵活教学模式的探索

高职院校学生的体育需求多样，学习能力和职业发展目标各不相同，因此探索灵活多样的教学模式显得尤为重要。模块化教学和任务型教学是优化高职体育课程的重要方向。

1. 模块化教学

模块化教学将体育课程细分为多个功能模块，灵活满足学生的多样化需求与学习目标，同时增强课程的针对性和参与感。这种教学方式不仅能够提高教学效率，还能够更好地兼顾学生的个性化发展和职业需求。

在基础模块中，课程内容面向所有学生，重点包括跑步、力量训练和柔韧性练习等基础体能训练。这些课程旨在全面提升学生的整体身体素质，为其他模块的学习奠定坚实基础。通过基础模块的训练，学生可以提高心肺耐力、增强核心力量以及改善身体灵活性，满足基本的健康需求。

在职业模块中，课程内容根据学生的专业特点进行定制，重点培养与学生未来职业密切相关的体育技能。例如，物流专业的学生可以通过搬运技能训练提升核心力量和协调性；护理专业的学生需要强化柔韧性与耐力，以适应患者转移与急救操作的需求；消防专业的学生则重点进行力量训练与抗压能力培养，为其在高强度工作环境中的表现作好准备。

在兴趣模块中，课程设置更多样化，涵盖瑜伽、羽毛球、篮球等内容，满足学生的个性化需求，同时增加课程的趣味性和吸引力。通过这些兴趣课程，学生不仅能够提高专项技能，还可以放松身心，增强团队合作和社交能力，从而进一步提升课堂参与度。

模块化教学通过基础、职业和兴趣模块的灵活组合，充分体现了“因材施教”的教学理念。学生可以根据自己的兴趣、职业目标和身体基础选择适合的课程，从而实现高职体育教学的高效化与个性化，并提升其在健康与职业发展方面的综合能力。

2. 任务型教学

任务型教学通过设计明确的任务目标，将体育学习与实际操作紧密结合，帮助学生在解决问题的过程中提升实践能力。这种教学方法强调动手实践和协作学习，使学生不仅能掌握技能，还能增强团队意识和职业能力。

在情境化任务设计中，课程内容贴近实际工作场景。例如，在物流专业的体育课程中，设计模拟装卸货任务，学生需要完成货物分类、搬运、装车等环节。这样的任务不仅要求学生具备体能支持，还需要结合职业技能解决实际问题，从而锻炼其力量、协调性和职业适应能力。这种方式将体育技能学习与职业需求紧密结合，提升了课程的实用性。

在团队合作任务中，课程内容注重团队协作与战术策略的运用。例如，在篮球课程中，设计团队战术制定与比赛任务，学生需分工协作，合理分配角色完成任务目标。通过这一过程，学生能够学会在团队中扮演不同角色，锻炼团队意识、沟通技巧以及在压力下快速决策的能力。

任务驱动的效果得到学生的广泛认可。他们反馈，任务型教学不仅增强了课程的趣味性和挑战性，还将理论与实践更好地结合了起来。例如，通过实际任务操作，学生能够更加深刻地理解理论知识在实践中的应用，同时体验完成任务后的成就感，这极大地提高了他们的学习积极性。

任务型教学通过具体的任务目标，将课程内容转化为实践操作，既满足了学生的学习兴趣，又强化了技能应用与职业需求的结合，是高职体育教学中非常实用且高效的教学方法。

（二）个性化教学的实施策略

学生基础和兴趣的差异性使个性化教学在高职体育中成为必然趋势。通过差异化教学目标、个性化指导和灵活评估机制，能够显著提高高职体育教学效率。

1. 差异化教学目标

差异化教学目标通过针对学生的基础水平和职业需求设置不同层次的学习任务，确保每位学生都能在适合自己的目标范围内提升能力。这种教学设计能够更好地实现因材施教，提高课程的有效性和学生的学习体验。

在基础目标方面，课程内容主要面向运动基础较弱的学生，重点放在提升其体能和基本运动技能。例如，通过耐力跑步、核心力量训练和柔韧性练习，帮助这些学生建立基础体能，增强对其他体育项目的适应能力。这样的目标设计不仅能提高学生的身体素质，还能让他们更自信地参与后续课程。

在提升目标方面，课程内容面向具有一定运动基础的学生，注重专项技能的深化训练。例如，对于篮球项目，这类学生可以参与更高层次的战术配合训练，包括跑位、传球和掩护等技战术内容；而对于羽毛球项目，则可以着重提高击球技巧和比赛策略的运用能力。这种目标设计能够进一步强化学生的专项技能，使他们在特定项目中获得更大突破。

在专业目标方面，课程内容结合特定职业需求，为相关专业的学生设计职业化的训练项目。例如，为消防专业的学生设置障碍跑、负重训练等内容，提升其在高压情境中的身体应对能力；为护理专业学生设计柔韧性和耐力训练，增强其完成急救和搬抬患者等任务的体能支持。这样的职业导向性目标能够帮助学生更好地将体育技能与未来工作需求相结合，为职业发展奠定基础。

通过设置基础、提升和专业目标，差异化教学实现了对学生多样化需求的精准匹配，既照顾了运动基础较弱的学生，又为运动能力较强的学生提供了进一步提升的机会。同时，这种分层目标设计充分体现了高职体育教学服务于职业发展的核心理念。

2. 个性化指导

个性化指导通过小组教学和个别化辅导的方式满足学生的不同需求，确保每位学生都能在适合自己的学习环境中获得最大化提升。这种教学模式能够兼顾群体教学的效率与个体发展的针对性，是高职体育教学的重要实践方法。

在小组教学中，教师根据学生的兴趣和能力进行分组教学。例如，在篮球课程中，可将学生分为初级组和高级组。初级组的学生重点进行基础技能训练，如运球、传球和简单的投篮技巧，而高级组的学生则可以参与更复杂的战术演练，如跑位配合、快攻战术和区域防守策略。这种分组方式不仅能帮助基础较弱的学生稳步进步，也能为基础较好的学生提供挑战性更强的学习内容，避免“一刀切”的教学局限。

在个别指导中，教师为学生提供更加细化的建议和支持。例如，在力量训练课程中，根据学生的体能特点和目标，教师可以为其调整训练负重、增加或减少训练次数、优化动作细节，确保训练的安全性和效果。如果某位学生体能较弱，教师可以先降低负重并增加休息间隔；对于体能较好的学生，则可以增加训练强度或引入更高难度的复合动作训练。通过这种有针对性的指导，学生能够更加高效地提升能力，同时避免因强度过高或动作不当造成的运动损伤。

通过小组教学和个别指导相结合的方式，个性化教学能够更好地兼顾学生的共性需求和个体差异。这种灵活的教学模式不仅提高了学生的参与感和课程满意度，还使体育教学更具科学性和实效性，为学生的体能发展和职业技能提升提供了有力支持。

3. 灵活评估机制

灵活评估机制通过引入多维度和过程性评价方法，使评价体系更加全面、公平和更具激励性。这种机制能够更好地适应个性化教学目标，同时鼓励学生在学习过程中持续努力与进步。

在多维度评价方面，评价体系不再仅仅依赖单一的成绩评定，而是通过综合考核学生的参与度、技能提升和体能发展来全面反映其学习成果。例如，在篮球课程中，评价可以同时关注学生的战术理解、团队协作表现和技术水平；在力量训练中，评价则可以结合学生的训练投入、动作规范性以及体能指标的提升。这种多维度的评价方式避免了片面性，让不同能力水平的学生都能展示自己的长处，增强了评价的公平性。

在过程性评价方面，评价体系更加注重记录学生的学习过程和成长曲线。例如，通过训练日志的记录，教师和学生都可以直观地看到其参与情况、阶段性测试成绩的变化和技能发展的轨迹。这种评价方式能够帮助学生清晰地感受到自己的进步，从而增强成就感与学习动力。同时，过程性评价也为体育教师提供了持续优化教学内容的重要依据，有助于更有针对性地调整教学策略。

灵活评估机制通过结合多维度和过程性评价，为个性化教学目标的实现提供了有力支持。这种评价方式不仅提升了学生对课程的认可度和参与度，还为体育教学的科学化和人性化发展提供了方向，引领高职体育教育更上一层楼。

（三）引入学生兴趣与职业目标的教学设计

将学生的兴趣和职业目标融入教学设计，是高职体育课程优化的重要方向。通过兴趣激发和职业导向的结合，课程内容可以更加贴合学生需求。

1. 兴趣激发与课程设计

通过挖掘学生的兴趣点和融入多样化课程设计，能够显著提高学生课堂参与度和学习动力。这种以兴趣为导向的课程设置，不仅增强了学生对体育学习的积极性，还促进了他们的全面发展。

在趣味性课程方面，可以设计更具娱乐性和互动性的课程内容。例如，开设排球比赛、趣味障碍赛等项目，让学生在轻松愉快的氛围中锻炼体能、学习技能。这类课程通过比赛或互动活动融入体育教学，能够有效激发学生的学习热情，同时培养团队合作和竞争意识。例如，在趣味障碍赛中加入跳绳、钻圈、短跑接力等多种运动元素，既提高了课程趣味性，又提升了学生的多项运动能力。

在学生参与课程规划方面，鼓励学生主动提出建议，并共同参与课程内容的设计。例如，根据学生的反馈，开设“体育游戏与团队合作”模块，包含拓展活动、团队比赛以及创意性体育游戏，让学生通过自己的选择感受到课程的灵活性和参与感。体育教师还可以在学期初与学生共同讨论课程安排，根据学生兴趣调整项目内容，从而实现更高的课堂满意度和适配性。

通过趣味性课程和学生参与规划的结合，课程设计能够更加贴近学生的兴趣与需求，打造“以学生为中心”的体育教学模式。这种方法不仅提高了学生的课堂参与度，还增强了他们对体育课程的归属感和主动性，为高职体育教学创造了更高效和互动的学习环境。

2. 职业导向与课程融合

高职体育课程通过与学生未来职业需求相结合，将职业化技能融入教学内容，能够显著增强课程的实用性和职业导向性。这种教学设计不仅提升了学生的专业能力，还强化了体育课程的职业适应性。

（1）在专业课程的对接方面，高职体育课程的内容根据不同专业的特点进行量身定制。

①护理专业。设计柔韧性和抗压能力训练，帮助学生提高长时间工作中的体能耐受性。例如，通过核心力量练习增强腰背部支撑能力，以及情境化抗压训练模拟紧急护理场景，提升学生在高压力工作环境下的身体应对能力。

②消防专业。开设负重跑、攀爬训练等课程，模拟救援任务中的体能需求。学生通过在高强度体能项目中锻炼力量和耐力，为实际救援中的快速反应能力打下基础。

③信息技术专业。增加肩颈保健操和腰椎康复训练，帮助学生预防久坐引发的职业病。例如，结合简单的拉伸练习和核心稳定性训练，缓解工作中的身体疲劳并提高健康管理意识。

（2）在职业技能与体育结合方面，课程内容更贴近实际职业任务。

①物流专业。设计搬运模拟任务，学生需要完成货物分类、装车等操作，同时锻炼力量和协调性。这类课程不仅提升学生的体能，还培养了学生在实际工作中的操作技巧和体能规划能力。

②体育康复课程。引入急救体能训练和运动损伤处理的专项内容，让学生掌握心肺复苏、扭伤急救等技能。这些训练内容为健康管理相关职业提供了专业基础。

通过专业对接和职业技能融入，课程内容更紧密地与学生未来的职业场景相结合，实现了体育教学从“技能训练”到“职业能力培养”的转变。这种课程设计方式不仅增强了学生的就业竞争力，还体现了高职教育的实用性和专业性。

基于学生反馈优化教学模式是高职体育课程提升质量的重要路径。通过灵活教学模式的探索，课程内容能够更好地适应学生的多样化需求；通过个性化教学的实施策略，课程能够更精准地服务于学生的能力发展；通过兴趣和职业目标的结合，课程设计能够更加贴合学生的成长与职业需求。未来，高职体育教学应持续结合学生反馈，不断探索创新模式，为学生的全面发展和职业竞争力提升提供强有力的支持。

第六章 大学生体育实践能力提升的策略

体育实践能力是大学生综合素质的重要组成部分，对其身体素质、心理健康以及职业适应能力的提升具有重要意义。在高职院校体育教学中，如何通过科学的课程设计、灵活的教学方法以及多元化的评价机制提升学生的体育实践能力，已成为教育工作者关注的焦点。面对不同专业学生的需求和个体差异，高职体育教学应注重实践导向，结合职业化技能和兴趣驱动，开展差异化、情境化的教学活动。同时，借助现代科技手段，优化教学内容与评估方式，激发学生的主动性与参与热情。探索大学生体育实践能力提升的策略，不仅有助于构建高效的教学体系，也为学生的全面发展和未来职业适应力的增强提供了重要保障。

第一节 实践基地建设与校企合作模式

一、实践基地建设的必要性

实践基地在高职体育教学中具有不可替代的作用，它不仅是课堂教学的重要延伸，还为学生提供了一个融理论与实践于一体的平台。通过实践基地的建设，能够更好地满足高职体育教学的实用性与职业导向需求，全面提升学生的综合能力。

（一）实践基地在体育教学中的功能定位

实践基地在高职体育教学中具有不可替代的作用，是将理论知识与实际操作相结合的重要桥梁，具有多重功能和价值。首先，实践基地作为技能应用平台，为学生提供了真实的体育技能应用场景。例如，通过运动场馆、健身中心、攀岩墙等设施，学生能够在具体操作中巩固课堂学习的内容，不仅提升了技术熟练度，还增强了对体育技能实用性的理解。其次，实践基地是创新教学的载体，为课程设计注入了更多活力。通过支持任务驱动、情景模拟等创新教学模式，基地能够让学生在模拟真实情景的实践中学以致用，显著提升学习体验的趣味性与多样性。最后，实践基地还是学生与职业场景之间的发展桥梁。通过基地中职业化的体育实践课程，学生可以模拟未来工作中的实际场景，如物流专业的搬运训练或护理专业的急救操作，在训练过程中强化职业技能与体能适应性，为学生顺利进入职场作好充分准备。因此，实践基地在体育教学中不仅是实践技能的延伸平台，更是学生迈向职业发展的重要支撑。

（二）结合职业需求的体育实践环境设计

高职体育实践基地的设计应紧密结合不同专业学生的职业特点和需求，为其提供针对性强、实用性高的实践环境。这种个性化的基地设置不仅提升了学生的职业能力，还使体育教学更加贴合实际工作场景。

1. 物流专业

物流行业对体力与力量的要求较高，因此实践基地可设置模拟搬运区域、负重跑训练场和体能测试区。这些设施和课程可以帮助学生熟悉搬运重物的技巧，掌握体力分配策略，并通过力量训练提升工作中的操作能力。例如，模拟货物的分类与装车过程，让学生在运动中提高效率和准确性。

2. 护理专业

护理工作需要护士具备良好的柔韧性和核心力量以应对患者搬运、护理操作等任务。因此，实践基地可以设计柔韧性训练模块（如拉伸与平衡练习）、核心力量提升课程（如体能训练）和急救模拟区域，让学生在实践中增强应对紧急情况的体能和心理素质。例如，基地中可设模拟病床搬运场景，让学生熟悉急救体位操作与力学技巧。

3. 消防专业

消防工作对体能要求极高，尤其是在应急救援场景中。实践基地可以配备攀爬训练架、障碍跑道和抗压训练设施，模拟火场救援、复杂地形搜索等任务。这些设施不仅锻炼了学生的力量和耐力，还提升了他们在高压环境下的应变能力。例如，模拟烟雾逃生通道与负重上下楼训练，可以有效提高学生在实际救援中的身体适应性和心理承受力。

4. 信息技术专业

长期久坐是信息技术职业的典型特点，容易引发肩颈僵硬和腰椎问题。针对这一需求，实践基地可以设置肩颈康复训练模块和久坐疲劳调节课程（如肩颈操、核心稳定性练习和拉伸课程），帮助学生掌握职业健康管理的方法。例如，通过基础瑜伽或普拉提课程，让学生学会缓解疲劳、预防职业病的实用技巧。

通过与职业需求结合的实践环境设计，高职体育实践基地能够让学生在贴近真实工作的场景中提升专业能力和身体素质。这种设计不仅使课程更具针对性和实效性，还为学生未来进入职场奠定了坚实的身体基础和职业素养。

（三）实践基地对学生综合能力提升的作用

实践基地作为高职体育教学的重要组成部分，通过其多功能设施和实践课程的有效利用，可以显著提升学生的综合能力，为其职业和个人发展提供多维支持。

1. 身体素质提升

实践基地的课程设计和设备设施，针对学生的体能发展需求提供了全方位的支持。例如，通过力量训练设备提升肌肉力量，通过耐力跑道增强心肺功能，通过柔韧性课程改善关节灵活性以及通过协调性练习提高身体平衡感。这种全方位的体能提升为学生的职业适应和生活健康奠定了坚实基础。

2. 职业能力培养

实践基地结合职业需求设计专项课程，使学生在实践中掌握与其未来职业紧密相关的技能。例如，护理专业的急救模拟提升了紧急情况下的体能和应变能力，物流专业的搬运训练强化了工作中的操作技巧，消防专业的负重攀爬训练增强了应急救援的体能适应性。这种职业化的体能训练不仅提升了学生的就业竞争力，而且增强了其职业信心。

3. 团队意识与合作能力

实践基地通过设置团队协作项目（如团队障碍赛、接力比赛），让学生在完成任务的过程中体会团队协作的重要性。学生只有分工明确、相互配合才能完成挑战，这种体验有助于培养其团队精神和合作能力，使其在未来职业团队中更具适应力和贡献力。

4. 创新思维与解决问题能力

实践基地的任务设计通常具有挑战性，如复杂的情境模拟或动态调整的训练要求，学生在完成任务过程中需面对多样化的挑战。这需要他们在团队讨论中提出解决方案，并快速调整策略应对问题，从而培养创新思维、临场反应和决策能力。这种能力对于职业发展和生活实践同样具有重要价值。

通过实践基地的有效利用，高职体育教学不仅能实现学生身体素质的全面提升，还能强化其职业能力、团队精神和创新意识。这种综合能力的培养，可以帮助学生更好地适应未来的职业和社会生活，同时为高职教育的实践性和实用性目标提供了有力支撑。

实践基地的建设是高职体育教学的重要组成部分。通过科学的功能定位、职业需求导向的环境设计以及多样化的课程应用，实践基地能够有效提升学生的体育技能、职业能力和综合素质，为高职教育培养全面发展的应用型人才提供了强有力的支撑。

二、校企合作模式的探索

校企合作是高职体育教学改革与实践的重要方向，它通过将企业资源与教育资源的结合，弥补了学校单一教学模式的不足，为学生提供更贴近职业需求的体育实践平台。通过校企合作模式，高职体育教学可以更好地实现“产教融合”，全面提升学生的体育实践能力。

（一）企业在高职体育实践能力培养中的角色

企业在高职体育实践能力培养中起着至关重要的作用，通过其资源和专业经验，为学生提供更接近实际职业需求的训练场景和指导，为其综合能力的提升奠定了基础。

1. 实践场景提供者

企业能够提供真实的工作场景，使学生在模拟或直接参与职业任务的环境中完成体育实践。例如，物流企业可以开放仓储场地，设计模拟货物分类、负重搬运等任务，让学生在实际操作中锻炼体能分配能力和力量管理技巧。这种实践场景的提供，能够让学生将体育技能与职业需求无缝对接。

2. 职业技能指导者

企业中的资深从业人员可参与高职体育课程的设计与指导，提供基于实际工作的体能训练建议。例如，消防企业可以派出教官参与训练，为学生提供攀爬技巧、耐力提升以及抗压能力的专业指导；护理行业的从业者则可传授如何在有限体能下完成高效搬抬患者的技巧。这些职业化的指导有助于学生更深入地理解行业需求并提升相关能力。

3. 就业能力评估者

企业可以通过参与学生的体育实践项目考核，对学生的职业技能水平和体能素质进行全面评估。例如，物流企业可以评价学生在仓储任务中的体力表现，消防企业可以测试学生在模拟救援场景中的身体应对能力。这些评估数据不仅帮助学生了解自身不足，而且为校企双方优化课程设计提供了重要参考，使课程更贴合实际需求。

通过在场景提供、技能指导和能力评估方面的多重支持，企业有效促进了高职体育教学的职业化和实践化发展。这种深度合作不仅提升了学生的体育实践能力，也为其未来职业发展提供了坚实的保障。

（二）校企联合开发职业导向型体育课程

校企合作模式通过整合企业资源与教学目标，共同开发职业导向型体育课程，使课程内容更贴合实际工作环境的需求。此类课程不仅提升了学生的专业技能，还增强了体育教学的实用性和职业适应性。

1. 物流专业

与物流公司联合开发搬运训练课程，针对货物搬运的实际需求，设计结合货物分类、仓储操作流程和体能测试的教学内容。例如，学生在模拟仓储环境中学习如何合理分配体力搬运重物，同时掌握动作规范以避免职业伤害。此类课程不仅能够提高学生的体能，还能够提高其在实际工作中的效率与安全意识。

2. 护理专业

与医疗机构合作设计护理体能课程，将柔韧性训练、抗压能力训练和急救操作融入教学。例如，通过体能训练增强护士在患者搬运中的支撑力，通过情景模拟培养学生在紧急情况下的快速反应能力。结合职业场景的课程让学生更熟悉护理工作中的体能需求，为未来适应临床护理工作打下坚实基础。

3. 消防专业

与消防单位共同开发专项训练课程，包括高强度负重跑、攀爬技巧训练和抗压心理训练。这些课程通过模拟火灾救援、复杂地形搜索等真实场景，让学生在体能与心理素质上都能满足消防职业的高强度要求。例如，在障碍跑训练中，学生需要完成模拟火场中负重救援的任务，锻炼其在极端环境下的应变能力。

4. 信息技术专业

与技术公司合作开发职业健康课程，针对久坐引发的职业病问题，设计肩颈操、腰椎保护和坐姿矫正等训练内容。通过这类课程，学生不仅能改善自身健康状况，还能掌握职业健康管理知识，在实际工作中预防常见的职业病。

校企联合开发的职业导向型体育课程，将体育教学与实际职业需求深度结合，为学生提供了实用性强的技能培训。这种合作模式不仅提升了学生的就业竞争力，也使高职体育教育更加符合现代职场的实际需求，推动了体育教学的实践化与专业化发展。

校企合作模式为高职体育教学注入了更多职业化和实践化元素，使学生能够在真实的职业场景中提升体能与技能水平。通过企业资源的引入和合作开发职业导向型课程，学生的实践能力培养更加贴合岗位需求。同时，校企共建设施的案例证明，资源共享不仅优化了教学条件，而且为学生的职业发展提供了更多可能性。这一模式是高职体育教育发展中的重要探索方向。

三、实践基地与校企合作的运行机制

实践基地与校企合作的有效运行需要科学的机制设计，以保障资金与资源的投入、教学计划的协同设计以及校外导师与体育教师联合指导的高效实施。这些机制的建立可以为高职体育实践教学提供坚实的支撑，促进教学与职业需求的深度融合。

（一）实践基地建设的资金与资源支持机制

实践基地的建设需要多渠道的资金和资源支持，以确保设施完善、功能齐全，从而满足高职体育教学和学生实践需求。校企合作在这一过程中发挥了重要作用，为资金投入与资源整合提供了强有力的保障。

1. 政府与企业联合投入

地方政府可以通过设立专项资金支持高职院校实践基地的规划与建设，如为体育场馆、专业训练区域等基础设施提供财政拨款。此外，政府还可以出台优惠政策，如税收减免或补贴，鼓励企业积极参与实践基地建设。这种联合投入机制不仅缓解了学校在基地建设中的资金压力，也增强了企业对职业教育的社会责任感和参与热情。

2. 资源共享模式

通过与企业合作，学校可以充分利用企业现有的体育设施或训练设备，降低实践基地建设的初始成本。例如，物流企业的仓储场地可以被用于学生的负重搬运和体力测试训练，消防单位的模拟火场和攀爬设备可以直接用于学生的应急救援体能训练。这种使学校和企业双方受益的资源共享模式，既提高了设施利用率，也为学生提供了更真实的实践场景。

3. 企业赞助与冠名机制

学校可以与企业达成长期合作协议，通过企业赞助为实践基地提供资金支持或专业设备。例如，物流公司可赞助货物搬运模拟器材，体育品牌企业可提供健身器材。作为回报，学校可以将实践基地的某一部分冠以企业名称，或在基地中设置企业宣传标识。这种冠名合作机制不仅为企业带来品牌曝光，还为实践基地建设提供了稳定的资源支持。

通过政府支持、资源共享和企业赞助的多渠道资金投入机制，实践基地的建设能够在资源有限的情况下实现高效规划与运作。这种校企合作模式既保证了实践基地的高质量发展，也为高职体育教育的职业化与实用化奠定了坚实基础，同时增强了学校、企业与社会之间的协同效应。

（二）校企合作模式下的教学计划协同设计

校企合作的成功运行需要学校与企业之间的密切协作，共同制订科学合理的教学计划。这一过程的关键在于确保课程内容既能满足职业需求，又能促进学生的能力发展与个性化成长。

1. 课程模块化设计

学校与企业合作设计体育课程，将其划分为基础模块、职业技能模块和兴趣模块，以实现课程内容的层次化与针对性。基础模块涵盖跑步、柔韧性训练和力量训练等内容，旨在提升学生的体能和运动基础；职业技能模块则根据不同专业需求设计专项课程，如物流专业的负重搬运训练和消防专业的攀爬技能训练；兴趣模块提供羽毛球、瑜伽等多样化选择，满足学生个性化需求，增强课程的趣味性与吸引力。这种模块化设计能够更好地匹配学生的职业目标与个人兴趣，使课程更加高效和多元。

2. 企业实践融入计划

通过在学期教学计划中加入企业实践环节，学生能够在真实的职业场景中进行体育实践。例如，护理专业的学生可在医院的护理模拟场景中完成体能与急救操作的实践，体验实际护理工作中的身体要求和技能需求；消防专业的学生则可以在消防基地完成高强度体能训练，如模拟火灾救援的负重跑和复杂环境的攀爬。这种实践环节不仅强化了课程的实用性，还加深了学生在实际操作中对理论知识的理解。

3. 课程调整反馈机制

校企双方应定期收集学生和企业导师的反馈，以动态调整教学计划。学生的反馈可以反映课程是否适应其学习能力和职业预期，而企业导师的意见则能指出课程内容与岗位需求的匹配度。通过对这些反馈的综合分析，学校和企业可以对课程内容进行适时调整，例如增加实用技能的比重或优化实践环节的难度。这种反馈机制不仅使课程设计更加灵活和精准，而且能确保教学计划的持续改进。

通过校企合作模式下的协同设计，高职体育教学能够实现课程内容的模块化、实践环节的职业化以及计划调整的动态化。这种协同设计不仅增强了课程对职业需求的适应性，还为学生提供了丰富的学习体验和更大的成长空间，推动高职体育教学向实践性和专业化方向发展。

（三）校外导师与体育教师联合指导机制

在校企合作模式下，校外企业导师与学校体育教师的联合指导为学生提供了更为全面的学习支持。这种指导机制通过资源整合与分工协作，帮助学生在理论学习与实际操作之间实现无缝对接，显著提升其实践能力和职业适应性。

1. 分工明确的指导体系

联合指导机制的核心在于明确高职体育教师与企业导师的职责分工。体育教师主要负责学生理论知识的讲解和技能基础的教学，如动作规范、体能训练原理等，而企业导师则注重指导学生的职业技能实践与真实场景模拟，如患者搬运的操作技巧或仓储货物搬运的流程管理。通过这种分工合作，学生能够在理论与实践之间建立有效的联系，更快速地将课堂所学应用于实际工作场景。

2. 联合指导计划的制订

高职体育教师与企业导师共同制订详细的联合指导计划，使学生的学习内容更加有序且目标明确。例如，在护理专业中，体育教师指导学生完成核心力量训练，为患者搬抬等任务提供体能保障，而企业导师则在模拟护理环境中教授患者转移和急救操作的实用技巧；在物流专业中，体育教师负责提升学生的基础体能，而企业导师则指导他们完成仓储货物分类、装卸操作等实际任务。联合指导计划的制订确保了学生能够在理论学习与实践操作中得到全面发展。

3. 定期导师交流机制

高职院校与企业导师定期召开交流会议，分享学生的学习进展、实践表现以及课程改进建议。这种机制使学校和企业能够深入了解学生的需求和发展状况，并根据实际情况对指导内容进行调整。例如，如果企业导师反馈学生在实践中缺乏体能耐力，体育教师可以适当增加耐力训练内容；如果体育教师发现学生理论知识不足，企业导师可以加强实践操作中的讲解与示范。这种动态沟通机制确保了联合指导的高效性与针对性。

校外导师与体育教师的联合指导机制，通过分工协作、联合计划和动态交流，构建了一个理论与实践无缝对接的学习支持体系。学生在这一机制下不仅能够全面提升体育实践能力，还能够更加快速地适应职业需求。这种联合指导模式是校企合作模式的重要组成部分，为高职体育教育的实践性与职业化培养目标提供了强有力的支撑。

实践基地与校企合作的运行机制通过资金与资源整合、计划协同与联合指导，为高职体育教学提供了强大的支持。资金与资源支持机制确保了实践基地的可持续发展，教学计划的协同设计推动了课程内容的职业化转型，联合指导机制则为学生提供了更丰富的学习体验。这一系列机制的完善不仅提高了高职体育教学的质量，也为学生的职业发展开辟了更广阔的道路。

第二节　课外活动与社团活动的支持作用

一、课外体育活动对实践能力提升的作用

课外体育活动是高职体育教育的重要延伸，通过为学生提供丰富的体育实践机会，不仅能够全面提升其体能与技能，还能有效培养团队合作与领导能力，为学生的综合发展提供强有力的支持。

（一）增加学生的课余体育实践机会

课外体育活动为学生提供了更加灵活和多样化的实践机会，成为课堂教学的重要延伸。通过丰富的活动形式，学生能够在自主选择和实际体验中提升实践能力，同时增强体能和职业适应能力。

1. 灵活参与形式

课外体育活动打破了课堂的时间和空间限制，学生可以根据自身兴趣和时间安排选择适合的活动，如篮球、羽毛球、足球或户外跑步等。这种自主选择的形式不仅提高了学生参与的积极性，也让他们更愿意在实践中投入时间和精力。此外，自由灵活的活动安排还能帮助学生缓解学业压力，增强身体素质和心理健康。

2. 校内外活动结合

学校可以组织丰富的校内体育活动，如校际联赛、社团趣味比赛等，激发学生的竞争意识和团队合作精神。同时，与地方社区、企业联合举办运动赛事，为学生提供与社会接轨的实践机会。例如，通过参加社区健康跑或企业运动会，学生能够在真实的社会环境中体验体育实践的意义，增强社会适应能力和责任感。

3. 实用化活动设计

课外活动还可以融入职业相关的实践内容，进一步提升活动的实用性。例如，为物流专业的学生设计搬运竞赛，通过模拟真实工作情景提升学生的体能分配能力和动作规范性；为消防专业的学生组织团队障碍赛，通过协作完成复杂任务培养其应急能力和抗压能力。这种将娱乐性与职业技能相结合的活动设计，不仅让学生在活动中收获乐趣，也为他们未来的职业发展奠定了基础。

通过灵活的参与形式、校内外活动的结合以及实用化的活动设计，课外体育活动为学生提供了丰富多样的实践机会。这种多维度的活动安排，不仅增强了学生的体能与技能，还帮助他们在娱乐中提升实践能力和职业素养，为全面发展的高职教育目标提供了重要支撑。

（二）促进基础体能与专项技能的全面发展

课外体育活动作为课堂教学的延伸，为学生提供了更广阔的时间与空间，帮助他们在提升基础体能的同时深化专项技能。通过灵活多样的活动形式，学生能够实现体能与技能的全面发展，增强实际应用能力。

1. 基础体能提升

课外体育活动中的常规项目，如跑步、耐力训练和力量训练，为学生提供了巩固体能基础的机会。定期跑步能够增强学生的心肺功能，耐力训练提升其持久力，而力量训练则帮助强化肌肉和骨骼。这些基础体能的提升不仅对日常学习起到支持作用，还为学生适应未来高强度职业需求打下坚实基础，如物流专业需要的搬运能力或护理专业的耐力支撑。

2. 专项技能深化

课外活动为学生提供了更多深入练习专项技能的机会。加入篮球俱乐部的学生可以通过参与队内训练和比赛，积累实战经验，提升对抗技巧、团队配合和战术理解；羽毛球爱好者则可以通过重复练习优化发球、接球及扣杀等技术动作，达到更高水平的专项能力。这些有针对性的训练有助于学生在特定领域展现个人优势。

3. 实战能力提升

课外活动常设计模拟比赛和实际对抗情境，这为学生提供了动态练习的机会。例如，足球比赛中学生需要在不断变化的场上形势中作出快速决策；在羽毛球对抗中，他们需调整策略应对对手。这些模拟和对抗性活动不仅锻炼了学生的应变能力和观察力，还培养了在压力下做出有效反应的能力。

通过课外体育活动，学生能够在基础体能与专项技能上实现全面提升，同时增强实战经验与综合实践能力。这种教学与实践相结合的模式，不仅强化了学生的身体素质，也为他们应对未来职业挑战和生活中的实际问题提供了重要支持。

（三）提升学生的团队合作与领导能力

课外体育活动以其高度互动性和协作性，为学生提供了丰富的团队合作与领导力培养场景。在这些活动中，学生不仅学习如何与他人合作，还能够通过承担更多责任提升管理和解决问题的能力，为未来职业发展积累重要经验。

1. 团队协作意识

团队体育活动如足球、篮球比赛强调战术的执行与团队的紧密配合。在比赛中，学生需要与队友分工合作，通过沟通和协调共同完成比赛目标。这一过程不仅培养了学生的合作意识，还锻炼了他们的倾听与表达能力，让他们学会在团队中找到自己的定位并为集体目标贡献力量。

2. 领导力培养

课外体育活动为学生提供了担任队长或活动组织者的机会。这些角色要求学生分配任务、激励队员、制定战术并在关键时刻作出决策。例如，作为篮球队的队长，学生需要在比赛前制订战术计划，在比赛中协调队员的表现，并在紧急情况下作出快速应对决策。这些经历不仅提升了学生的组织与管理能力，还增强了他们在领导团队时的自信心。

3. 问题解决能力

在课外活动中，学生经常会遇到战术调整、资源分配不均或其他突发问题，如因场地限制需要重新安排比赛时间或因队员受伤需要调整阵容。在这些情况下，学生需要通过团队讨论或个人决策解决实际问题，这一过程既培养了学生分析问题、制定方案和执行计划的能力，又提升了他们的应变能力和实践能力。

课外体育活动在提升高职学生实践能力方面发挥了重要作用。通过丰富的课余实践机会、全面的体能与技能发展以及团队协作与领导力的培养，学生能够更加自信地面对学习与未来职业中的挑战。这一教学延伸不仅有助于学生综合素质的提升，还进一步丰富了高职体育教育的内涵。

二、体育社团活动的功能与设计

体育社团活动是校园文化的重要组成部分，也是学生实践能力培养的有效途径。通过丰富多样的活动形式，体育社团不仅能够提升学生的体育技能与体能，还在自我管理、兴趣培养和校园文化建设中发挥了重要作用。

（一）体育社团在校园文化建设中的地位

体育社团在高职院校的校园文化建设中扮演着不可替代的重要角色。它不仅为学生提供了锻炼身体、提升技能的平台，还通过丰富多彩的活动推动了校园文化的繁荣，促进学生间的互动交流，提升学校的整体形象与社会影响力。

1. 丰富校园文化

体育社团通过组织丰富的活动，如校内联赛、体育节和趣味运动会，为校园生活注入了活力和趣味性。这些活动为学生创造了更多的参与机会，既增强了他们对体育的兴趣，也活跃了校园文化氛围，丰富了课余生活。此外，体育社团的多样性满足了不同学生的兴趣需求，如篮球、羽毛球、瑜伽等社团形式多样，为学生提供了更多选择。

2. 凝聚学生群体

体育社团活动以其高度的团队合作和互动性，成为学生交流、互动和建立友谊的重要平台。例如，通过组织篮球比赛或羽毛球双打比赛，学生在相互配合中增进了了解，培养了合作意识。这种互动不仅增强了学生的集体归属感，还为他们创造了一个共同成长、分享经验的社交空间，进一步促进了校园和谐氛围的形成。

3. 展示学校形象

体育社团通过参与校际比赛或外部活动，展示了学生的体育技能和团队精神，成为学校形象的重要窗口。例如，校际篮球联赛或市级羽毛球比赛中，体育社团成员的表现能够反映学校在体育教育方面的成就，提升学校在社会中的声誉。这种展示不仅增加了学校的社会影响力，还为学生创造了参与更高水平竞技的平台，激发他们的热情与潜能。

体育社团通过丰富校园文化、凝聚学生群体和展示学校形象，为高职院校的校园文化建设注入了活力与价值。它不仅是学生成长与发展的重要阵地，而且是学校文化品牌的重要组成部分，在推动校园文化繁荣的同时，为学校的社会认可度与影响力提供了强有力的支持。

（二）社团活动中实践能力培养的典型活动设计

体育社团通过设计多样化的活动，为学生提供了丰富的实践能力培养场景。这些活动不仅帮助学生提升专项技能，还在组织管理、技术培训、跨领域合作和社会责任感方面培养了他们的综合素质。

1. 竞技赛事组织

体育社团通过组织校内联赛和比赛，为学生提供了实践组织与管理的机会。例如，在策划篮球或足球比赛时，学生需负责赛程安排、规则制定、裁判协调以及现场秩序维护。这一过程锻炼了学生的策划能力、执行能力和团队协作能力，也让他们体会到分工合作与责任承担的重要性。

2. 技术培训与展示

体育社团定期开展专项技能培训，如羽毛球技巧提升课程、健身方法指导等，帮助学生在专业技能上取得进步。同时，社团成员可以通过展示自身技能（如示范动作、讲解训练方法）培养表达能力和教学能力。这种“学以致教”的方式，强化了学生对知识的掌握，提升了他们的表达自信和沟通技巧。

3. 跨领域联合活动

体育社团与其他专业社团合作举办的活动，促进了学生在不同领域间的实践。例如，组织“体育与科技创新展示”，将体育技能与现代技术（如数据分析、健康监测设备）相结合，展示科技如何赋能运动。这种跨领域实践不仅拓宽了学生的视野，还培养了他们的创新思维和协作能力。

4. 公益活动

体育社团通过组织“社区健康日”或运动志愿服务等公益活动，让学生在服务他人的过程中提升社会责任感。例如，通过为社区居民提供健身指导或组织健康跑活动，学生既帮助了他人，也提升了自己的沟通能力和组织协调能力。此外，这类活动还增强了学生的社会意识和服务意识，培养了其更深层次的责任感。

体育社团通过竞技赛事、技术培训、跨领域联合和公益活动等多样化的实践设计，为学生提供了全面培养实践能力的机会。这些活动不仅提升了学生的专项技能与综合素质，还激发了他们的社会责任感和创新能力，为学生在未来的职业与社会生活中取得成功奠定了坚实基础。

（三）社团活动对学生自我管理与兴趣培养的影响

体育社团活动通过丰富的内容和实践场景，不仅为学生提供了展示和提升自我的机会，还对其培养自我管理能力、激发兴趣与热情以及促进综合素质的发展产生了深远的积极影响。

1. 培养自我管理能力

参与体育社团的学生常常需要承担策划和组织活动的责任，包括安排活动时间、分配任务、协调资源以及管理团队。在这一过程中，他们逐渐学会了如何高效地规划时间、管理事务，并在多任务环境中保持专注和执行力。例如，负责组织一场篮球比赛的学生需要合理安排赛程，协调裁判和参赛队员的时间表，这种实践经验帮助他们培养了良好的时间管理能力和责任感。此外，体育社团活动的多样性要求学生具备更强的适应能力，从而进一步提高了其综合管理水平。

2. 激发兴趣与热情

体育社团为学生提供了一个自由探索的平台，通过多样化的活动让学生有机会发现和发展自身的兴趣。例如，学生在参与羽毛球或健身活动时，可能会对其中某一项技能产生浓厚兴趣，从而激发长期参与的热情。社团活动的趣味性和互动性还能帮助学生克服初期的参与障碍，使他们更愿意投入时间和精力。同时，通过观察其他成员的表现，学生还可能受到启发，尝试新项目，从而拓宽个人兴趣领域。这种自发的兴趣激发机制，有助于学生在体育实践中找到自我实现的动力。

3. 促进综合素质发展

体育社团活动以其多样化的实践场景，成为学生锻炼综合能力的重要平台。例如，在解决活动组织中的问题时，学生需要运用分析和创新能力来提出可行的解决方案；在与队友的沟通中，能够提高自己的表达能力和倾听技巧。此外，体育社团活动还常常涉及跨领域的合作，如结合公益活动或科技展示的体育项目，让学生在实际操作中积累经验，提升解决问题的能力和团队协作能力。通过这些实践，学生逐渐形成了更为全面的能力结构，为未来的学习和职业发展奠定了良好基础。

体育社团活动不仅为学生提供了一个自由发展的空间，还通过活动策划和团队合作培养了他们的自我管理能力，并激发了兴趣与热情。这些活动中的多样化实践场景，为学生提供了锻炼综合素质的机会，使他们在解决问题、创新表达和团队合作中获得成长。体育社团的深远影响为学生全面发展提供了重要支持，助力他们在校园内外展现更优秀的能力与品质。

三、体育竞赛与社会实践的结合

体育竞赛不仅是展示学生体育技能的平台，更是社会实践的有效途径。通过校内外赛事的组织与参与，学生能够提升心理韧性与应变能力，同时在比赛实践中强化职业化的综合素质。将竞赛结果融入实践能力评价体系，可以更科学地反映学生的综合实践水平。

（一）校内外体育赛事的组织与参与

体育竞赛作为高职体育教学的重要实践形式，为学生提供了丰富的技能展示与实践机会，其组织与参与能够在多个层面提升学生的能力和素养。通过校内外多样化的赛事，学生不仅能提升体育技能，还能培养团队精神、增强心理素质，并拓宽视野。

1. 校内赛事的策划与实施

校内体育比赛，如篮球联赛、田径运动会或趣味运动会，为学生提供了展示体育技能的舞台。在这些活动中，学生不仅可以通过竞技提升专项技能，还能通过策划和实施比赛锻炼组织能力。例如，学生在参与赛事的过程中可能会承担角色分配、场地布置、规则执行等任务，从而培养他们的时间管理、资源协调和执行能力。同时，比赛过程中团队的协作和对抗的竞争性氛围有助于学生强化团队意识、增强对胜负的正确认知，以及在压力环境下保持冷静的心理素质。

2. 校际比赛的参与与交流

参加校际比赛是学生与其他院校运动员切磋技艺、开阔视野的重要途径。例如，通过篮球联赛或田径对抗赛，学生能够了解不同院校的训练方法和技术水平，从中学习先进经验，提升自身技能。同时，校际赛事中紧张激烈的比赛氛围能够帮助学生更好地适应高压环境，锻炼其临场应变能力和心理素质。此外，校际比赛还为学生提供了一个展示自身与学校形象的机会，激励他们不断追求更高的技术水平。

3. 企业或社会体育活动的参与

学生通过参加社区健康跑、企业运动会或公益体育活动等社会赛事，可以在实践中提升社会适应能力和责任感。例如，在社区健康跑活动中，学生不仅要完成体能挑战，还可能与社区成员互动，锻炼自己的沟通能力；在企业运动会中，学生通过与企业员工协作或竞技，了解职场的团队文化与工作节奏。这些活动在帮助学生更好地适应社会的同时，也促进了学校与社区、企业之间的联系，为学生提供了丰富的社会实践经验。

校内外体育赛事的组织与参与为学生提供了一个综合锻炼的平台，使他们在技能、心理和社会适应能力方面获得全面提升。这些赛事通过丰富多样的实践形式，不仅增强了学生的团队意识和心理素质，还为其开阔视野、积累社会经验提供了宝贵的机会。这种教育与实践相结合的模式，为学生的全面发展奠定了坚实基础，同时为学校和社会的联动提供了有力支持。

（二）通过比赛提升学生心理韧性与应变能力

体育竞赛以其实时性和高度的不确定性，为学生提供了宝贵的心理锻炼和适应能力培养的机会。这种竞技环境让学生能够在挑战中成长，在应对压力和突发状况时提升心理素质与反应能力，同时增强团队责任感。

1. 心理韧性的提升

体育比赛的竞争性和结果的不确定性往往给学生带来压力和挑战。面对这些情况，学生需要学会调整情绪、保持专注，特别是在比分落后或遭遇失误时，仍能坚持投入比赛。这种经验帮助学生培养了坚韧的心理素质，使其在面对失败或困难时更加从容。例如，在篮球比赛中，学生可能在关键时刻顶住压力完成投篮，这种经历为他们积累了处理高压情境的宝贵经验。

2. 应变能力的培养

比赛过程中的动态变化，如对手策略的调整、突发状况的出现，要求学生迅速分析场上局势并采取有效行动。通过多次参与比赛，学生能够更敏锐地观察问题并制定应对方案，从而大幅提升其临场应变能力。例如，在足球比赛中，当对手调整战术加强防守时，学生需及时改变传球方式或进攻策略，以保持竞争优势。这种快速反应和策略调整能力，不仅在比赛中有用，也对他们未来在复杂职业场景中的表现至关重要。

3. 责任感的增强

作为团队的一员，学生在比赛中承担着一定的角色和责任。他们不仅需要为自己的表现负责，还需要为团队的整体目标贡献力量。通过这种“为团队荣誉而战”的体验，学生学会了如何在集体中扮演重要角色并履行职责。例如，队长需要在比赛中组织战术并激励队员，而普通队员则需在各自的岗位上努力发挥最大作用。这种责任感的培养有助于他们在未来职业中更好地完成团队任务，适应集体工作模式。

通过参与体育比赛，学生能够在面对压力时提升心理韧性，在应对变化时增强适应能力，同时通过承担责任强化团队意识。这些能力的培养，不仅对他们在比赛中的表现有直接影响，也为未来的职业和社会生活中应对各种挑战提供了坚实的心理基础和实践经验。

（三）将竞赛结果融入学生实践能力评价体系

将体育竞赛的表现纳入学生实践能力评价体系，为学生能力评估提供了动态、全面的依据。这种评价方式能够科学地反映学生在真实场景中的综合能力表现，从而增强评价的公平性与实效性。

1. 技能考核维度

在竞赛中，学生的个人技术表现和团队协作能力是重要的考核指标。例如，在篮球比赛中，可以通过学生的传球准确率、得分能力等技术指标评估其专项技能水平，同时通过对其配合意识和战术执行能力的观察，评估其团队协作能力。这种结合个人表现和团队能力的综合考核方式，更能全面地反映学生的体育技能水平。

2. 心理素质评估

竞赛中的抗压表现和临场反应是考查学生心理韧性的重要途径。例如，在关键时刻如何处理压力、面对对手策略变化时如何快速调整战术，这些都可以反映学生的心理适应能力和反应能力。通过对这些表现的评价，可以更科学地了解学生在动态环境中的心理素质水平，并为他们提供进一步提升的建议。

3. 综合实践能力评价

体育竞赛不仅是技能的较量，更是对综合实践能力的全面检验。例如，学生在比赛中的策划与组织、规则的理解与执行、团队协作中的领导力与责任感，都是其实践能力的具体体现。通过对这些方面的考查，能够有效评估学生在真实场景中的综合能力，并为其职业发展提供重要参考。

将竞赛结果融入学生实践能力评价体系，不仅能够科学、全面地反映学生的实际表现，还可以通过真实场景中的数据支持提升评价的说服力。这种方式不仅为体育教学中的能力评估提供了新的方向，也激励学生在比赛中更加主动参与和努力提升，为他们未来的职业与社会适应能力培养提供了重要保障。

体育竞赛与社会实践的结合，为学生提供了多维度的能力锻炼机会。通过赛事的组织与参与，学生在技能、心理素质和综合能力上得到全面提升。将竞赛结果融入实践能力评价体系，不仅丰富了评价维度，还为学生提供了成长的可量化路径，进一步彰显了高职体育教学的职业化与实用性。

四、课外活动支持体系的构建

课外活动在提升学生综合素质与实践能力中起到了关键作用，而高职院校对课外活动支持体系的构建是保证活动高效开展的前提。通过制度化支持、资源合理分配与利用和激励机制设计，课外活动能够更加规范化、多样化和高效化，为学生的全面发展提供强大助力。

（一）学校对课外活动的制度化支持

制度化支持是课外活动顺利开展的重要保障。学校应制订课外活动年度规划，明确活动的类型、时间安排和具体目标，确保活动内容贴近学生需求和学校教育目标。设立专门的课外活动管理部门或委员会，负责活动的审批、资源协调和效果评估，确保活动的规范化与可持续性。为每个课外活动配备指导教师，确保活动中学生的安全性和教育价值，同时给予教师必要的工作量认可和支持。

（二）课外活动资源的合理分配与利用

资源分配的科学性与利用率直接影响课外活动的质量和覆盖面。通过合理规划，将校内体育设施在课余时间开放给社团活动、学生自习练习和赛事训练使用，提高资源利用效率。学校应制定课外活动专项经费预算，为大型赛事组织、社团活动运营以及必要设备的更新提供充足的资金保障。与地方体育机构、社区组织和企业合作，共享场地、设备和专业指导资源，丰富学生的活动体验。

（三）活动参与激励机制的设计

科学的激励机制能够有效提升学生参与课外活动的积极性。将课外活动与学分挂钩，通过规定一定学分的体育实践要求，鼓励学生主动参与。设立“优秀社团”“最佳活动参与者”等荣誉称号，并给予证书或物质奖励，激励学生表现优异。定期举办课外活动成果展，如体育节、运动技能展示等，让学生的努力得到更多认可，同时增强他们的成就感与参与动力。

课外活动支持体系的构建，是高职院校教育体系中不可或缺的一部分。通过制度化管理、资源合理分配和激励机制设计，课外活动能够实现规范化运作与广泛覆盖，为学生提供丰富的实践机会和成长空间。这不仅有助于学生综合素质的提升，也为学校校园文化的建设注入了源源不断的活力。

第三节　学生自我管理与体育能力培养

一、自我管理在体育实践能力提升中的作用

自我管理是学生在体育实践中主动规划、执行与调整训练计划的重要能力。通过良好的自我管理，学生能够在体育学习中设定明确目标、提高训练效率，并有效培养自律与自评能力，从而实现实践能力的全面提升。

（一）体育自我管理的概念与内涵

体育自我管理是学生在体育学习与训练过程中，为实现运动目标而对自身行为和训练计划进行主动调控的重要能力。它是体育教育中促进学生自主学习、培养综合素质的重要手段，其核心内涵包括以下三个方面：

1. 主动性

体育自我管理强调学生在学习与训练中的自主性，要求学生能够主动规划训练内容和目标，而不是依赖教师或外部监督。例如，学生在课外时间能够主动选择适合自己的锻炼项目（如跑步或力量训练），并付诸实践。这种主动性不仅体现了学生的自觉意识，也帮助他们养成自主锻炼的良好习惯。

2. 计划性

体育自我管理要求学生根据自身的需求和能力，科学制订训练计划。例如，学生可以根据自己的体能现状设定阶段性目标，如在一个月内完成从 1 公里跑步提升到 3 公里的目标。计划性不仅包括目标的设定，还涉及具体的训练安排，如每天的训练时间、强度和内容。这种计划性培养了学生的条理性和目标导向意识，有助于提高训练效率。

3. 监控与反馈

在体育自我管理中，监控与反馈是确保训练目标达成的关键环节。学生需要在训练过程中主动监督自己的执行情况，如通过记录每日跑步距离或力量训练负重的数据来评估进度。同时，学生还需根据监控结果对训练计划进行反馈和调整。例如，在发现某项训练强度过高时适当降低负荷，或在目标达成后增加新的挑战。这种动态调整的能力，帮助学生更高效地实现持续进步。

体育自我管理通过主动性、计划性和监控与反馈的有机结合，帮助学生在体育学习与训练中实现从被动接受到主动规划的转变。这一能力的培养不仅促进了学生的体育素养发展，也为学生在其他领域的自我管理提供了重要借鉴，为全面素质教育奠定了基础。

（二）自我管理对运动目标设定与达成的促进作用

良好的自我管理是学生实现运动目标的重要保障。通过科学的目标设定、合理的目标分解计划以及动态的执行与反馈，学生能够清晰地掌握自己的训练进度，在持续努力中不断迈向成功。

1. 目标设定

自我管理帮助学生在设定运动目标时结合自身能力和实际需求，制定清晰且可量化的目标。例如，学生可以设定一个月内将长跑耐力提升至连续完成 5 公里，或者在力量训练中逐步增加负重从 20 公斤到 30 公斤。这种具体、量化的目标不仅增强了训练的针对性，还为学生提供了明确的努力方向，避免了盲目练习。

2. 目标分解

为了降低目标达成的难度感，学生可以将长期目标分解为更易实现的阶段性任务。例如，若目标是跑步达到 5 公里耐力，学生可以分阶段实施：第一周完成 2 公里，第二周增加到 3 公里，逐步推进直至实现最终目标。这种目标分解策略让学生在每个阶段都能体验到目标达成的成就感，从而激发持续努力的动力。

3. 执行与反馈

自我管理的核心还体现在计划的执行与反馈过程中。学生能够在训练实施中监控自身表现，如记录每日训练的时间、强度和状态，并根据实际效果及时调整策略。如果某个训练项目强度过高导致疲劳，可以适当降低训练负荷，而当某阶段目标轻松实现时，则可以提升目标的挑战性。这种动态的调整过程确保了训练计划的科学性和有效性，使学生能够高效达成目标。

自我管理通过目标设定、目标分解与执行反馈的全流程控制，为学生提供了清晰的行动路径，帮助他们在体育训练中实现自我提升。这一过程不仅提高了目标达成的可能性，也培养了学生的自律意识和持续改进能力，为其在体育实践和其他领域的成功奠定了基础。

（三）自我监督与评价在体育能力培养中的应用

自我监督与评价是体育自我管理的核心环节，通过主动记录、反思和激励，学生能够更有效地掌握自身的训练状况，从而推动体育能力的不断提升。这一过程不仅增强了训练的科学性，也培养了学生的自我认知与进步动力。

1. 自我监督

学生在训练中通过量化数据监控自身的训练效果，能够及时发现不足并加以改进。例如，通过记录跑步速度、心率变化、力量训练的负重等指标，学生可以直观了解自己的进步情况。使用手机应用或训练日志等工具，可以帮助学生更加精准地追踪每日运动表现。还可以通过跑步记录应用查看里程的变化趋势或通过力量训练日志分析负重增长的规律，从中识别薄弱环节并有针对性地优化训练计划。

2. 自我评价

自我评价帮助学生定期对训练结果进行回顾和反思，比较预期目标与实际表现。例如，学生在每周结束时可以分析是否完成了计划中的训练目标，如果未达标，则分析原因，如训练强度不足或时间安排不合理。这种自我评价不仅提高了学生对自身能力的认知，还培养了他们主动调整训练计划的意识。通过总结经验与教训，学生能够制定更加科学的下一阶段目标，推动训练效果的持续优化。

3. 自我激励

通过自我监督与评价，学生能够清晰感受到自己的进步，从而获得成就感并激发更大的动力。例如，当学生看到跑步时间从原来的每公里 7 分钟缩短到 6 分钟，或力量训练的负重从 20 公斤增加到 25 公斤时，这种实实在在的进步让他们更加坚定地投入训练。此外，自我激励还能帮助学生克服训练中的困难与挫折，在遇到瓶颈期时，通过回顾自己的成长记录，重新找回信心与坚持的动力。

自我监督、自我评价和自我激励在体育能力培养中起到了至关重要的作用。通过数据记录、自我反思和成就激励，学生能够更加科学地规划训练、优化方法并持续保持动力。这一过程不仅提升了体育能力，也帮助学生养成了自律与自省的优秀品质，为其在学业、职业和生活中的全面发展提供了坚实的基础。

自我管理在体育实践能力的提升中具有重要作用。通过科学的目标设定、自我监督和自我评价，学生能够更高效地提升运动技能与体能，同时培养自主学习和解决问题的能力。自我管理的强化，不仅助力学生在体育课程中的发展，也为其职业与生活中目标管理能力的提升奠定了坚实基础。

二、学生自我管理能力的培养策略

培养学生的自我管理能力是高职体育教育中的重要任务。科学的策略设计，可以有效帮助学生在体育实践中建立计划意识、强化自我反思能力，并逐步形成自主锻炼的良好习惯，从而为其体育能力与综合素质的提升提供保障。

（一）体育活动计划制订与执行能力训练

计划的制订与执行是体育自我管理的重要基础，通过系统化的能力训练，学生能够提升对目标的明确性与执行的有效性。这一环节帮助学生掌握科学的计划方法，同时在实践中不断优化执行策略，实现更好的训练效果。

1. 目标导向计划制订

引导学生结合自身的体能水平与目标需求，制订清晰、合理的体育活动计划。例如，学生可以根据自身的运动基础设定具体目标，如每周进行三次耐力跑或两次力量训练。这种目标导向的计划让学生对训练内容有明确的方向感，同时为实现个人成长提供了动力。计划的设计应注重科学性与个体化，如设定时间、强度和内容的合理搭配，避免目标过高导致挫败感或过低造成动力不足。

2. 计划分解与实施

为了让目标更具可操作性，将长期目标分解为短期任务是必要的。例如，学生若希望一个月内将跑步距离提升至 3 公里，可以从每日完成 1 公里开始训练，逐渐增加跑步距离，每周递增 0.5 公里。通过这种阶段性的分解与实施，能够循序渐进地接近目标，使学生在每个小目标的达成中获得成就感，进一步增强对计划的执行力。

3. 定期调整与优化

计划的执行并非一成不变，学生需要根据自身进展及时进行动态调整。例如，当某阶段的目标轻松达成时，可以适当增加训练强度或尝试更高难度的动作；如果发现计划强度过高导致疲劳，则应适当降低训练负荷或调整频率。这种定期的调整与优化确保了计划的灵活性与适应性，让学生始终处于合理的训练状态，避免因训练不当造成身体负担或进度停滞。

体育活动计划的制订与执行能力训练，帮助学生在目标导向、计划分解与动态优化的过程中提升规划能力。这不仅让他们在体育实践中更高效地实现目标，也培养了其科学规划与自我调整的意识，为个人成长和未来职业发展提供了宝贵的能力支持。

（二）学生自我反思与进步追踪方法

自我反思与进步追踪是学生在体育实践中掌握成长规律的重要途径。通过记录、回顾和评估，学生能够更清晰地了解自身的成长轨迹，不断调整训练策略，增强目标意识，从而在体育能力培养中取得更显著的成效。

1. 训练日志记录

记录是自我追踪的重要工具，鼓励学生通过纸质或电子日志记录每日的训练内容、强度以及感受。例如，学生可以在日志中标注当日跑步的距离、用时及心率变化，或者力量训练中负重的提升情况。这种记录方式有助于学生直观地了解自己的训练进展，发现强项和薄弱环节。同时，定期翻阅日志还可以帮助学生总结规律，优化未来的训练计划，当发现某个时间段的训练成果显著时，可以进一步研究对应的训练方法和条件。

2. 反思模板引导

为帮助学生高效回顾训练效果，学校或教师可以提供具体的反思框架，引导学生进行有针对性的思考。例如，反思模板中可以包含以下问题：“今日训练中表现最满意的部分是什么?”“存在哪些需要改进的地方?”“下一步的具体计划是什么?”这些问题能够引导学生深入分析自己的训练表现，明确改进方向，并将经验转化为未来行动的依据。这种引导式的反思不仅提升了学生的思维深度，还增强了其自我监控能力。

3. 阶段性成果评估

通过定期的测试和评估，学生可以清晰地看到自己的进步，增强信心。例如，在跑步训练中，通过记录不同阶段的5公里用时，学生可以比较初始水平与当前表现的差距；在力量训练中，通过测量不同阶段的最大负重提升情况，学生能够量化自身的进步。这种阶段性成果评估能够强化学生的成就感，让他们认识到努力的价值，从而进一步增强对目标的专注度和持续努力的动力。

通过训练日志记录、反思模板引导和阶段性成果评估，学生能够更加系统地追踪成长轨迹并深化对自身能力的认识。这种方法不仅帮助学生在体育训练中实现自我优化，也培养了学生反思与分析的能力，为其在其他领域的学习和成长提供了重要借鉴。同时，清晰的进步展示和持续的自我评价机制，有助于学生在实现小目标中保持动力，逐步迈向更高的成就。

（三）引导学生形成自主锻炼的良好习惯

自主锻炼习惯的养成是体育自我管理能力的核心，也是学生实现长期健康和身体素质提升的重要保障。通过科学的引导和支持措施，学生能够逐渐将锻炼融入日常生活，并形成稳定的自律行为模式。

1. 固定锻炼时间

建议学生为每日的锻炼安排固定的时间段，如清晨跑步、课后力量训练或晚间瑜伽拉伸等。这种固定化安排有助于培养学生的时间管理能力，使锻炼成为生活中的一部分，而非临时决定。例如，鼓励学生每天早晨进行30分钟的跑步，不仅能够提升体能，还可以通过规律的生物节律改善精神状态。随着时间的推移，这种习惯将逐渐内化为学生的一种自然行为，使其更易于坚持。

2. 兴趣激发与结合

兴趣是培养习惯的重要驱动力。通过设置趣味性的训练任务或融入社团活动，学生能够在快乐中享受锻炼，减少枯燥感。例如，学校可以组织趣味跑步接力、小型羽毛球比赛或团队障碍赛等活动，让学生在互动和竞技中体验锻炼的乐趣。同时，鼓励学生尝试不同的锻炼方式，如参加舞蹈、瑜伽、户外徒步等多元化活动，从中找到最能激发热情的运动项目。

3. 正向激励机制

奖励机制是激发和巩固锻炼行为的有效手段。通过奖励学分、奖品或表彰等形式，鼓励学生坚持锻炼。例如，为记录优秀的学生提供学分加成，或在年度体育活动中评选“锻炼标兵”并颁发奖状。这种正向激励可以帮助学生在初期建立锻炼的动机，而随着坚持时间的增加，锻炼逐渐转变为一种内在的自发行为。此外，通过公开展示学生的锻炼成果

(如进步数据或成就)，还可以形成榜样效应，激励更多学生参与。

引导学生形成自主锻炼的良好习惯，需要通过固定化时间安排、兴趣激发和正向激励机制等多方面的措施逐步推进。这不仅有助于学生在短期内达成锻炼目标，还能帮助他们在长期生活中保持健康和积极的生活方式。同时，这种习惯的养成进一步强化了学生的自律能力，为他们未来的学习和职业发展提供了重要支持。

通过制订计划、反思总结和养成习惯的综合培养策略，学生能够逐步掌握自我管理的技能，并在体育实践中实现自我驱动式成长。这种能力的提升不仅有助于其体育能力的发展，还能够迁移到职业与生活的其他领域，为其综合素质的提升打下坚实基础。

三、学生自我管理的支持环境

构建科学有效的支持环境是培养学生自我管理能力的重要保障。学校通过引导措施、自助型体育资源的提供以及体育教师的专业指导，可以帮助学生更好地掌握自我管理的核心技能，在体育实践中实现自主提升。

（一）学校对自我管理教育的引导措施

学校在学生自我管理能力的培养中扮演着重要的引导角色，通过政策支持、课程设计和活动安排，为学生构建系统化的学习与实践环境。这种引导不仅有助于学生在体育训练中提升管理意识，还能够将自我管理技能迁移到其他学习和生活领域。

1. 课程融入

学校可以在体育课程中主动融入自我管理教育的内容，将其作为教学的重要组成部分。例如，通过课堂讲授目标设定的技巧，帮助学生掌握如何设定清晰、可实现的体育目标；通过案例分析，示范科学制订训练计划的步骤；通过实操练习，指导学生监控训练进度并做出相应调整。这些内容的融入，不仅让学生在体育训练中学会自我管理，还为学生在其他学科学习中应用这些技能提供了基础。

2. 主题活动引导

学校可以组织一系列以“运动与自我管理”为主题的实践活动，让学生在互动与体验中学习自我管理的理论和方法。例如，开展运动目标设定工作坊，指导学生为自己的体能训练制定个性化的短期和长期目标；举办时间管理讲座，让学生学习如何在繁忙的学习和生活中有效安排体育锻炼时间。这些活动通过理论与实践相结合的方式，让学生更深刻地理解自我管理的核心内容，并能够付诸实际行动。

3. 自我管理考核机制

为了强化学生对自我管理的重视，学校可以将其纳入体育课程评价体系。具体而言，可以通过学生提交的训练日志，评估其对每日训练内容、强度和效果的记录情况；通过参与度的统计，观察学生是否积极参与体育活动；通过目标达成率，衡量学生制订的计划是否科学可行并被有效执行。这种考核机制不仅激励学生培养良好的管理习惯，还为学校和教师提供了跟踪和改进学生自我管理能力的依据。

学校通过课程融入、主题活动引导和考核机制，能够系统化地培养学生的自我管理能力。这种教育模式让学生在体育实践中建立起清晰的管理意识，同时在计划制订、执行和反馈中不断提升管理水平。学校的引导为学生在学习、职业和生活中的持续发展提供了重要支持，是全面素质教育的重要组成部分。

（二）提供自助型体育资源

现代化的自助型体育资源为学生的自我管理提供了技术与环境支持，通过便利化、智能化的方式帮助学生自主制订和执行体育锻炼计划。这些资源不仅提升了学生的管理能力，还显著提高了校园体育活动的参与度和效率。

1. 运动管理 App

高职院校可以推荐市面上成熟的运动管理应用或开发专属平台，帮助学生在移动端轻松实现运动数据的记录与分析。例如，通过 App 监测跑步里程、步速、心率、消耗热量等关键指标，学生可以清晰了解自己的运动状况。更高级的 App 还可以提供训练建议和目标分解功能，为初学者制订科学的跑步计划，或者根据学生的反馈调整训练强度。这种数字化工具为学生的体育锻炼提供了实时指导和精准管理。

2. 场馆预约系统

建立便捷的运动场馆预约平台是优化校园体育资源的重要手段。例如，通过在线预约系统，学生可以根据自己的时间安排预订篮球场、羽毛球馆或健身房等场地。这种透明化的预约机制不仅提高了场馆的使用效率，也帮助学生更好地规划自己的锻炼时间。同时，系统还可以提供数据分析功能，如统计各场馆的使用频率，为学校优化资源配置提供依据。

3. 共享运动器材

在校园中设置自助借还运动器材的设施，方便学生在不同场地轻松获取锻炼所需的装备，如哑铃、瑜伽垫、羽毛球拍等。这种共享模式降低了学生参与体育活动的门槛，使其无须担心器材不足或购买成本高的问题。通过数字化管理系统，学生可以扫码借用和归还器材，进一步简化流程，提高使用便利性。

自助型体育资源通过 App、场馆预约系统和共享器材的综合应用，为学生的体育自我管理提供了强大的技术支持。这些现代化工具不仅提高了锻炼计划的科学性和实施的便利性，还有效提高了校园体育资源的利用效率。这种数字化、智能化的管理模式，为学生培养自主锻炼习惯和全面发展的体育素质提供了有力保障，同时为校园体育活动的组织和运行创造了更优化的环境。

（三）体育教师在学生自我管理中的指导角色

体育教师在培养学生自我管理能力中扮演着不可或缺的角色。通过提供专业指导、监督反馈和心理支持，教师能够帮助学生建立科学的锻炼习惯，优化训练效果，并提升学生在体育实践中的自我管理能力。

1. 定制化建议

体育教师可以根据学生的个体差异，结合其体能水平、兴趣爱好和目标需求，制订个性化的运动计划。例如，对于耐力较弱的学生，教师可以推荐从低强度跑步开始逐步增加跑步距离的计划；对于力量基础较好的学生，则可以设计更高强度的力量训练方案，以进一步挑战其潜能。通过这种因材施教的方式，教师帮助学生找到最适合自己的锻炼路径，避免无效或过度训练。

2. 监督与反馈

教师在课堂或课外活动中，可通过观察学生的训练表现和计划实施情况提供实时反馈。例如，在跑步训练中，可以通过分析学生的跑步姿势与速度，指出其动作中的不足并提出改进建议；在力量训练中，可以根据学生的负重数据和动作稳定性调整训练强度。通过数据和观察结合的反馈方式，教师能够帮助学生不断优化训练计划，提高目标达成的效率。

3. 心理支持与激励

在锻炼过程中，学生可能会因训练疲劳、进展缓慢或遇到挫折而失去动力。这时，体育教师的心理支持显得尤为重要。教师可以通过语言鼓励、展示学生的进步数据或分享其他学生的成功案例，激发学生的自信心和坚持训练的动力。例如，当学生在力量训练中遇到瓶颈时，教师可以通过调整训练内容或安排团队训练增加趣味性，帮助学生度过低谷阶段。这种情感上的支持，不仅增强了学生的训练动力，还培养了其面对挑战的心理韧性。

体育教师在学生自我管理能力培养中发挥了重要的指导和支持作用。通过提供定制化建议、监督与反馈，以及心理支持与激励，教师能够帮助学生更科学地制订和实施锻炼计划。教师的专业指导和情感支持，不仅让学生在体育实践中获得更好的训练效果，也促进了他们在自我管理能力上的全面发展，为培养学生的终身体育习惯奠定了基础。

学生自我管理能力的提升离不开学校、资源与教师的多方支持。通过学校的引导、自助型体育资源的提供以及体育教师的指导，学生能够在良好的支持环境中建立和强化自我管理技能，为其体育实践能力和综合素质的全面发展提供保障。这种系统性的支持环境，不仅服务于当前的体育教育目标，也为学生未来的职业与生活管理能力打下了基础。

第七章　高职体育课程与大学生体育实践能力

第一节　田径运动概述

一、田径运动简介

田径运动是一项比较古老的体育运动，它随着人类社会的产生而产生，又随着人类社会的发展而发展，逐渐形成其完整的概念和体系。

田径运动是各项运动的基础。它能全面地、有效地发展人的身体素质和运动技能，对其他各项运动技术的发展和成绩的提高都有很好的促进作用。因此，各项体育运动都把田径运动作为提高身体素质的训练手段。实践证明，许多优秀运动员，特别是球类运动员，都有着较高的田径运动能力和素质水平。可见，田径运动是各项运动的基础，是对体育运动的科学总结，正确地反映了各项体育运动之间的内在联系。田径运动的项目较多，锻炼形式多样，场地、设备和器材比较简单，练习时不易受到性别、人数、时间和季节等条件的限制，便于广泛开展。

二、田径运动大类

（一）田赛项目

所有赛跑项目以外的赛事，均属田赛项目；田赛项目又可分为投掷类及跳类。除跳高外，参赛人数超过 8 名，每人应有 3 次试掷（跳）机会，试掷（跳）成绩最好的 8 名参赛者可获得另外 3 次试掷（跳）的机会。若超过一名参赛者同时获得相同于第 8 名的成绩，则每位成绩相同于第 8 名的参赛者，均可再获 3 次试掷（跳）的机会。参赛的总人数是 8 人 或以下，则每位参赛者应给予 6 次试掷（跳）的机会。

若参赛者同时参加了田赛和径赛项目，或一项以上的田赛项目，且在比赛时间上有所冲突时，田赛项目裁判可让参赛者在每一轮中更改赛前预定的试掷（跳）次序，但每一位参赛者在任何一轮的比赛中，不得有多于一次试掷（跳）的机会（跳高除外）。

以距离决定胜负之田赛项目，以参赛者全部试掷（跳）中之最佳成绩计算名次。遇上最佳成绩相同时，应以次好成绩定胜负，以此类推。若仍无法定出胜负而又涉及竞逐第一名时，则成绩相同者须依原来顺序进行比赛，直至分出胜负为止。

以高度决定胜负之田赛项目，遇上最佳成绩相同时，以最少试跳次数成功越过最后高度之参赛者应排较前的位置。如仍未分胜负，则全场比赛中试跳失败次数最少（包括最后跳过之高度）之参赛者应排较前的位置。若仍无法分出胜负而涉及竞逐第一名，虽然有关参赛者有可能曾经在不同高度作试跳而相继失败，但裁判仍应以其中最低之高度上，再给予一次试跳机会。如仍无法分出高下，则每次升高或降低 2 厘米让有关参赛者加跳一次，直至能定出胜负为止，而且在此情况下，有关参赛者必须试跳，以便判定名次。

不涉及竞逐第一名，则由成绩相同之有关参赛者并列同等名次。

若田赛参赛者无理由延误试掷或试跳，便算一次失败，如再次延误比赛，会被取消继续比赛的资格，但之前所创之成绩仍被承认。在正常情形下，每次试掷或试跳的时间不得超过一分半钟，当跳高比赛只剩下 2 人或 3 人时，此时限应增至 3 分钟。若只剩下 1 人时，此时限应增至 5 分钟。

1. 铅球

参赛者必须在投掷圈内，由静止状态开始，把铅球以单手由肩上推出。在整个推铅球的过程中，铅球应接触或接近参赛者的下颌，并且不得低于此位置，也不得移至肩线之后。投掷时，参赛者可以触碰投掷圈及抵趾板的内缘，但身体之任何部位若触到投掷圈或抵趾板上缘，或投掷圈外面的地面，均视作试推失败。铅球未着地前，参赛者不得离开投掷圈。离开投掷圈时，亦必须从其后半圆离开。

在投掷的过程中，参赛者可以中途停顿，甚至把铅球放下以及离开投掷圈（但仍要符合上述规定），然后重新由静止位置开始投掷。

铅球必须完全落在扇形地区角度线范围以内方为有效。丈量时应从铅球着地痕迹之最近端拉向投掷圈之圆心，以投掷圈内缘至铅球着地痕迹近缘之距离为成绩。距离计算须以 0.01 米为最小单位，不足 0.01 米者应以较低的读数计算成绩。

2. 跳高

比赛开始前，裁判员必须向参赛者宣布起跳的高度及每次晋升的高度，直至只剩下一位参赛者为止。除非剩下冠军参赛者，否则横杆的升幅不得少于 2 厘米，而且横杆的升幅不得增加。在只剩下冠军参赛者的情况下，横杆的升幅可按其意愿决定。

参赛者必须单脚起跳。若起跳后，横杆不停留在支架上；或在尚未越过横杆前，身体的任何部位触及两支架间或两支架外的地面（包括着地区域），则以试跳失败论。如果参赛者在试跳时，其脚部触及着地区域，而裁判员认为参赛者并未因此而获得利益，则该跳仍算有效。

参赛者可以在任何一个高度开始起跳，往后亦可以自由选择高度试跳，但不管高度如何，连续 3 次试跳失败，便会丧失继续比赛的资格。若参赛者曾放弃某一高度的第一次试跳，其后便不得在同一高度上再次要求试跳机会（成绩相同时的额外试跳除外）。

3. 跳远

参赛者触犯下列任何情况，均作试跳失败论：

①不论起跳与否，身体的任何部位触及起跳线前方的地面。

②不论是否超过起跳线，在起跳板两端以外起跳。

③着地时，身体的任何部分触及着地区域以外的地面，而该点较其落在着地区域之位置为近。

④完成试跳后，在着地区域向后行。

⑤使用任何翻腾动作试跳。

除上述第②项行为外，参赛者未到达起跳板即开始起跳，不得判作失败。丈量试跳成绩时，应以身体任何部位在着地区域表面留下的痕迹与起跳线或其延长线间的最短距离为准。距离之计算须以 0.01 米为最小单位，不足 0.01 米者应以较低的读数计算成绩。

4. 三级跳远

三级跳远必须由单足跳、跨步跳及跳跃三个部分顺序组成。第一步起跳后，须以同足着地，进行第二次起跳；第二步起跳后，则要以另一足着地，然后再作第三次（最后一次）起跳。除场地外，跳远的所有规则，均适用于三级跳远项目。

（二）径赛项目

在田径运动会中，所有赛跑项目（包括跨栏及接力跑），都属于径赛项目。参赛者的名次，取决于其身体躯干（有别于头、颈、臂、腿、手或足）抵达终点内侧之垂直线为止时的顺序。径赛成绩相同而影响进入下一赛次时，若情况许可，均予以取录，否则应予重赛。在决赛中成绩同是第一，总裁判有权决定是否重赛，若认为无须重赛，则维持比赛结果；至于其他名次，就算成绩相同，也不需要重赛。

1. 短跑及中、长跑

在国际赛事中，所有 400 米或以下的径赛项目，必须采用蹲踞式起跑及使用起跑器。在“各就位”及“预备”口令之后，参赛者应马上完成有关动作，任何不能在合理时间内完成有关动作的参赛者，都属起跑犯规。除此以外，在“各就位”后，以声音或动作扰乱他人，得判以起跑犯规。在枪声响起前有任何起跑动作，亦属起跑犯规。自 2010 年 1 月 1 日起，执行“零抢跑”规则，即任何一名运动员只要抢跑，就将被取消比赛资格，不会再给第二次机会。

400 米以上的竞赛项目，口令只有“各就位”，当所有参赛者均准备妥当及静止后，便可鸣枪开始比赛。

在划分线道进行的径赛项目或其部分中，参赛者不得越出其指定之赛道，否则会被取消参赛资格。在任何径赛项目中，若冲撞、突然切入或阻碍其他参赛者，亦会被取消资格。反过来说，若任何参赛者被推出或迫离指定之赛道，只要未获得实际利益，不必取消其参赛资格。同样情况，任何参赛者在直道中越出其跑道或在弯道中越出其跑道之外侧，只要没有得益及未阻碍他人，亦不算犯规。

2. 跨栏

各参赛者必须在自己的线道内完成比赛，而且当参赛者跨越栏架时，若其腿或足从低于栏架项的水平线跨越，或跨越并非自己赛道上的栏架，均应被取消参赛资格。若裁判员认为参赛者故意以手或足撞倒任何栏架，亦应取消其参赛资格。

3. 接力跑

4×100 米接力跑是分道进行，接棒者可以在接棒区前 10 米内起跑。

在 4×400 米接力跑中，第一棒全程及第二棒的第一弯道是分道跑，第二棒运动员要跑至抢道线后方可自由抢道。第一棒的传接必须在参赛者指定的线道内进行，其余各棒的传接，裁判员会根据第二棒及第三棒运动员通过200米起点处之先后，按次序让其第三棒及第四棒的队友在接棒范围内，由内至外排列等候接棒。所有接棒者均不可以在接棒区外起跑。

接力棒必须拿在手上，直到比赛结束为止。任何人掉了棒，必须由其本人拾回，而且要在不影响别人的情况下，方可越出自己的跑道拾回接力棒。所有接力赛事，必须在接棒区内完成交接棒。“接棒区内”的判定是根据接力棒的位置，而不是根据参赛者的身体或四肢的位置。任何参赛者在传接棒完毕后故意越出跑道妨碍其他参赛队伍，其队伍可以被取消资格。

第二节　跑步运动

一、跑的技术原理

跑步是单脚支撑与腾空相交替、蹬与摆相配合、动作协调连贯的周期性运动。它是人体完成位移的主要方式之一，也是人体运动的自然动作。

影响跑步的力：对人体运动产生作用的力包括内力和外力。

（一）内力

内力是指肌肉收缩时产生的力，是人体运动的动力来源。内力可以控制跑的技术动作，保持运动时的身体姿势，改变身体与支撑点的相互关系。

（二）外力

外力是指人体与外界物体相互作用时所产生的力。人体运动时受到的外力有支撑反作用力（是影响人体跑速的主要外力之一）、重力、摩擦力和空气阻力等几种。

二、跑的动作周期构成与划分

跑属于周期性运动，运动员在跑的一个周期中经历了两次单腿支撑状态和两次腾空状态。就一条腿的动作而言，在一个周期中经历了支撑和摆动两个时期，这两个时期又可分为折叠前摆、下压准备着地、着地缓冲和后蹬四个阶段。当两腿同时处于摆动时期时，人体处于腾空状态。

三、步长与步频

跑的过程中，步长与步频的变化决定跑速的增减。步长与步频受多种因素影响。决定步长的因素包括腿长、蹬地力量与方向、下肢运动幅度、动作协调性、关节的灵活性、跑道的弹性和风向等；决定步频的因素包括人体神经过程的灵活性、下肢运动环节比例、髋部和腿部肌肉力量、收缩速度、运动器官协调等。

步长与步频相互依存、相互制约。如果同时提高步长和步频，必然能提高跑速。但是，在实践中，两者中的任何一个因素都不能超过一定的限度。步频太快影响步长，步长太大又影响步频。因此，每个人根据个人特点选择合理的比例，是确保获得快速度的关键。

四、短跑

短跑属于极限强度运动，短跑比赛项目包括 60 米、100 米、200 米、400 米。短跑是发展速度素质最有效的手段，是许多田径项目以及其他一些运动项目的基础。短跑全程技术按技术动作的变化可分为起跑、起跑后的加速跑、途中跑和终点跑四个部分。

（一）100 米跑的技术

1. 起跑

起跑的任务是使身体迅速摆脱静止状态，为起跑后加速跑创造条件。在短跑比赛中，运动员必须采用蹲踞式起跑方法，必须使用起跑器，运动员要按发令员的口令完成起跑动作。

安装起跑器的目的是使脚有牢固的支撑，形成良好的用力姿势，有利于起跑和起跑后的加速跑。起跑器的常用安装方式有普通式和拉长式两种。

起跑过程包括“各就位”“预备”和鸣枪三个阶段。

各就位：听到“各就位”口令后，运动员可利用短暂时间稍作放松练习，稳定一下自己的情绪，然后走到起跑器前，俯身，两手撑地，两脚依次蹬在前后起跑器的抵足板上，脚尖应触及地面，后腿膝关节跪地，通常将有力的腿放在前起跑器上。接着，两臂收回到起跑线后支撑地面，伸直，两手间距离与肩同宽或稍宽，四指并拢或稍分开与拇指成有弹性的“八”字形支撑，身体重心稍前移，肩约与起跑线齐平，头与躯干保持在一条直线上，颈部放松，身体重心均匀地落在两手、前腿和后膝之间，注意听“预备”口令。

预备：听到“预备”口令后，逐渐抬起臀部，臀部要稍高于肩部 10~20 厘米，同时使身体重心向前上方移动。此时，身体重心落在两臂和前腿上，身体重心投影点在距离起跑线 15~20 厘米处，两小腿趋于平行，前腿膝角为 90~100 度，后腿膝角为 110~130 度。两脚贴紧在前后起跑器抵足板上，集中注意力听枪声。

鸣枪：听到枪声后，两手迅速推离地面，屈肘做有力的前后摆动，同时两腿快速用力蹬起跑器。后腿快速蹬离起跑器后，迅速屈膝向前上方摆出，摆出时脚不应离地面过高，这有利于摆动腿迅速着地并过渡到下一步。前腿有力地蹬伸，后蹬角为 42~45 度。

2. 起跑后的加速跑

起跑后的加速跑，是从蹬离起跑器到途中跑开始的一个跑段，一般为 30 米（优秀运动员略长）。它的任务是尽快加速达到自己的最高速度。

脚蹬离起跑器后，身体处于较明显的前倾姿势，为了不使身体向前摔倒，继续加速，要积极加快腿与臂的摆动和蹬地动作，保持身体平衡。第一步的着地应尽量靠近身体重心投影点，脚着地后迅速转入后蹬。身体的前倾随跑速增加而逐渐减小。

起跑后第一步约三脚半长，第二步为四脚至四脚半长，而后逐渐增大，直至途中跑的步长。

3. 途中跑

途中跑的任务是继续发挥和保持最高跑速。起跑后加速跑结束即进入途中跑。一个单步由后蹬和前摆、腾空、着地和缓冲几个部分组成。

后蹬和前摆：后蹬是推动人体向前的重要的动作阶段。当身体重心移过支撑垂直面时，支撑腿开始积极有力地后蹬。随着支撑腿的蹬地，摆动腿迅速有力地向前上方摆出，并带动同侧髋前移，大腿前摆与水平面形成15~20度角。后蹬与前摆结束时，支撑腿与摆动腿夹角为100~110度，支撑腿的支点到髋关节的连线与地面的夹角为55~60度，支撑腿蹬离地面时膝夹角为150~156度。

支撑腿与摆动腿的协调配合是途中跑技术的关键，正确完成蹬摆技术，特别是加大摆动腿的幅度和加快速度，对于增大支撑反作用力、减小支撑腿的后蹬角度、增大水平速度和减小身体重心上下波动具有十分重要的作用。

腾空：腾空是支撑腿结束后蹬离地面，进入无支撑状态。腾空期是从足尖离地后开始，支撑脚的大腿随着蹬地后的惯性，使膝关节折叠屈曲，同时伴随着另一条腿抬大腿的屈髋关节动作，形成一边折叠一边前摆的姿势。

着地和缓冲：腾空结束时，摆动腿积极下压，用前脚掌富有弹性地着地。着地瞬间小腿与地面接近垂直，着地点距身体重心投影点27~37厘米，着地角为65~68度。摆动腿积极着地可缩短前支撑的时间，并能减小着地时的阻力，有利于身体重心迅速前移转入后蹬阶段。然后迅速屈膝屈踝缓冲，随着跑动惯性，摆动腿大小腿折叠，迅速向前摆动并与支撑腿靠拢。随着身体的继续前移，当身体重心位于支撑点上方时，身体重心高度几乎接近最低点，这时膝关节和踝关节屈曲角度最大，支撑腿伸肌形成良好的拉长压紧待发状态。

在支撑腿缓冲过程中，另一侧摆动腿的大小腿折叠角处于最小状态，折叠越好，越能缩短摆动半径，减小摆动阻力，加快摆动速度，从而增强后蹬效果。

4. 终点跑

终点跑是全程跑的最后一段，应尽力保持途中跑的高速度跑过终点。终点跑的技术要求运动员在离终点线15~20米处时，尽力加快两臂摆动的速度和力量，保持上体前倾角度。当运动员离终点线前一步距离时，上体急速前倾，双手后摆，用胸部或肩部撞终点线。

（二）200米和400米跑的技术

200米和400米跑，有一半以上的距离是在弯道上进行的。为了适应弯道，技术上有相应的变化。为了便于弯道起跑后能有一段直线距离进行加速跑，应将起跑器安装在弯道跑道的右侧，起跑器对着弯道的切线方向。

弯道起跑后前几步应沿着内侧分道线的切线跑进。加速跑的距离适当缩短，上体抬起较早。在进入弯道时，应尽可能地沿着跑道内侧跑，身体及时向内侧倾斜。

运动员从直道进入弯道时，身体应有意识地向内倾斜，加大右侧腿和臂的摆动力量和幅度。弯道跑的蹬地和摆动方向应与身体向圆心方向倾斜趋于一致。从弯道跑进直道时，应在弯道最后几步，身体逐渐减小内倾程度，自然跑几步，然后全力向前跑。

（三）跨栏跑技术

跨栏跑项目有男子 110 米栏、女子 100 米栏和男、女 400 米栏。下面将以直道栏技术为例作介绍。

直道栏全程跑分为起跑至第一栏技术、过栏技术、栏间跑技术和全程跨栏跑技术。

1. 起跑至第一栏技术

起跑至第一栏加速跑的任务是快速启动、积极加速，为顺利地跨过第一栏和全程跨栏跑打好基础。起跑采用蹲踞式起跑。起跑至第一栏跑 8 步时，起跨腿在前，单数则摆动腿在前。起跑预备时，臀部位置稍高，起跑后加速跑时各步后蹬角度较大，身体重心位置较高。跑到第 6 步以后，身体姿势已接近途中跑的姿势，并准备起跨过栏。起跑后各步步长均匀增大，栏前最后两步积极跑进，最后一步起跨腿积极着地，缩短步长 10~20 厘米，以加快起跨速度。

2. 过栏技术

过栏是从起跨脚踏上起跨点到过栏后摆动腿的脚接触地面。过栏的任务是使身体迅速越过栏架，为栏间跑创造条件。跨栏步技术分为起跨攻栏、腾空过栏、下栏着地三个阶段。

3. 栏间跑技术

栏间跑技术是指从过栏后摆动腿的脚着地点至起跨腿的脚踏上起跨点这段距离中所表现出来的技术动作特征。栏间跑的主要任务是尽可能地加快栏间跑的节奏，提高跑速，为顺利跨过下一栏创造有利条件。

4. 全程跨栏跑技术

全程跨栏跑的任务是合理地将跨栏步技术与快速的栏间跑技术紧密结合起来。保持正确的节奏和最快的速度跨越全部栏架，到达终点。

我们将全程跑看成一个整体，但各阶段也有所差异。首先要过好第一栏，这对于速度的发挥和节奏的建立以及运动员树立自信心都有着十分重要的意义。全程跑的前三栏属于加速阶段，第四栏至第六栏达到最高速度，第七栏至第九栏由于运动员的体力呈逐渐下降趋势，所以此时应注意在技术上控制动作不变形，在速度上避免下降过快。第十栏是最后一个障碍，过此栏时，运动员要加快下栏动作的速度，过栏后把跨栏节奏调整为短跑节奏，注意用力蹬地和摆臂。

五、中长跑

中长跑包括中距离跑（中跑）和长距离跑（长跑）。中跑是对速度、耐力要求较高的项目，长跑是以耐力为主的项目。

（一）中长跑技术

中长跑各个项目的完整技术分为起跑、起跑后的加速跑、途中跑和终点跑等主要环节。

1. 起跑、起跑后的加速跑

中长跑采用站立式起跑。当听到“各就位”口令后，从集合线轻松地走到起跑线后，两脚前后站立，有力腿在前，紧靠起跑线后沿。两脚前后距离为一脚长，左右间隔为半脚。两臂一前一后，或是两臂在体前自然下垂。颈部放松，整个身体保持稳定姿势。注意听枪声。

听到枪声后，两腿用力蹬地，后腿蹬地后迅速前摆，两臂配合，两腿的蹬摆做快而有力的前后摆动，使身体快速向前冲出，过渡到起跑后的加速跑阶段。加速跑时，两腿应迅速有力地蹬伸和积极地摆臂，在短时间内达到预定速度。无论在直道还是弯道上起跑，都应按切线方向跑进，在规则允许的范围内，抢占有利的战术位置，然后进入途中跑。

2. 途中跑

途中跑是决定中长跑运动成绩的主要环节。途中跑应强调轻松、省力、节奏好。途中跑有一半以上的距离是在弯道上进行的。中长跑的弯道跑技术基本上与短跑的弯道跑技术相同，只是跑速相对较慢，动作速度、幅度和用力程度较小。

中长跑除了因战术需要而改变跑的节奏外，一般多采用匀速跑。匀速跑可为肌肉和内脏器官的活动创造有利的条件，并能推迟疲劳感的出现。但长时间用一种节奏跑会使运动员感到单调，也不适应竞争的需要，因此应掌握多种节奏跑的方法。

3. 终点跑

终点跑的距离要根据项目、训练水平、个人特点、技术需要及比赛具体情况而定。一般情况下，800 米可在最后 300~200 米、1 500 米在最后 400~300 米、3 000 米以上可在最后 400 米到稍长距离，开始终点冲刺跑。速度快的运动员往往在跟随跑的前提下，在最后一个直道时突然加速；耐力好的运动员多采用更长段落的冲刺跑。不论终点跑距离长短，在冲刺跑之前都必须抢占有利位置，并注意观察对手情况，动员全部力量冲过终点。

（二）中长跑的呼吸

中长跑时，为了改善气体交换与血液循环的条件，应注意呼吸节奏。呼吸节奏取决于个人特点和跑的速度。一般是两步或三步一呼气，跑两步或三步一吸气。随着跑速的提高，呼吸频率也相应加快。呼吸应自然并有一定的深度。随着疲劳的出现，应着重加深呼气，只有充分呼出二氧化碳，才能充分吸进新鲜氧气。在强度大、竞争激烈的情况下，为了提高呼吸效率，仅用鼻呼吸是不够的，应采用半张口与鼻同时呼吸，以最大限度地满足机体对氧的需要。

第三节 跳跃运动

一、跳跃技术原理

田径运动中跳跃项目属于非周期性运动项目。按其用力特点则属于速度—力量型项目，运动员的速度素质和爆发性用力的能力，对运动成绩起着决定性的作用。

跳跃项目分为两类：一类为克服垂直障碍的高度项目，如跳高和撑竿跳高；另一类为克服水平障碍的远度项目，如跳远和三级跳远。所有的跳跃项目，既有共同的运动规律，又有各自的运动学和动力学特征。

二、跳高

背越式跳高是20世纪60年代后期产生和发展起来的一种新的跳高技术。由于它能够更充分地发挥运动员的速度和爆发性用力的潜在能力，所以取代了其他传统的跳高方法，成为现代最先进的跳高技术。背越式跳高具有快速的技术特征，且能与力量完美地结合起来，使技术动作表现出很高的效率。背越式跳高的完整技术由助跑、起跳、过杆和落坑四个部分组成。

（一）助跑

快速助跑是背越式跳高技术的特点之一。为了利用助跑的速度提高起跳效率，背越式跳高的助跑距离较长，宜采用更接近于普通跑的跑法。

运动员的助跑大多采用8~12步，路线呈抛物线曲线，或者是一条直线接抛物线曲线。这种助跑路线的优点是便于加速和使速度损失降至最低。最后3~5步在曲率逐渐加大的曲线上跑进，使身体的内倾逐渐加大，至最后第二步摆动腿支撑垂直部位时达到最大内倾。背越式跳高采用弧线助跑，是形成背向越杆的需要，也是产生高效率起跳的前提和保证，最后一步约与横杆呈30度角。

（二）起跳

背越式跳高的起跳在起跳脚踏向起跳点时，要求保持身体的内倾姿势向前送髋和前移躯干，并使起跳腿一侧的髋超越摆动腿同侧髋，同时控制肩轴几乎与横杆垂直，形成肩轴与髋轴的扭紧状态。然后，起跳腿以大腿带动小腿积极下压着地，着地时起跳脚外侧根部接触地面，接着通过脚的外侧滚动至全脚掌，脚尖朝向弧线的切线方向。随着身体由内倾转为垂直，迅速地完成缓冲和蹬伸动作。蹬伸动作依次由髋、膝、踝顺序用力，躯干和三个关节充分伸展，运动员顺势向上跳起。

摆臂的方法有双臂摆动和单臂摆动两种，前者有助于加大摆动的力量，后者有助于缩短起跳的时间。但无论采用何种摆动方法，都要求快速、充分，与摆动腿的摆动协调配合。

（三）过杆和落坑

过杆是最终决定跳跃成败的重要环节。合理的过杆技术应利用人体旋转以及根据人体与横杆相对位置的改变，控制旋转速度的变化，使身体的各个部位顺利地越过横杆。

当起跳腿蹬离地结束起跳以后，身体应保持较伸展的姿势向上腾起，同时在摆动腿和同侧臂的带动下，围绕身体纵轴旋转，使身体转向背对横杆，这时采取较伸展的姿势，可以减慢围绕身体矢状轴和额状轴的旋转速度，防止上体过早地倾向横杆，有助于以摆动腿同侧臂和肩为先导超越横杆。

当头和肩越过横杆以后，及时地仰头、倒肩和展体，并利用身体重心向上的速度，收腿挺髋，形成身体的背弓姿势。这时两腿屈膝稍后收，两臂置于体侧，这样可以缩短半径，加快围绕身体额状轴的旋转。当身体重心移过横杆时，则应做相反的补偿，即含胸收腹，控制上体继续下旋，同时以髋部发力，带动大腿和小腿加速向后上方甩腿，使整个身体依次脱离横杆。

落坑技术比较简单，在向后上方甩腿之后，保持着屈髋伸膝的姿势下落，最后以上背部或背部落于海绵坑。落坑后做好缓冲，防止受伤。

三、跳远

跳远的完整技术由助跑、起跳、腾空和落地四个部分组成。

（一）助跑

助跑的任务是获得高的水平速度，并为准确、快速有力踏板和起跳创造条件。

跳远成绩与助跑速度有着密切的关系。为了获得高的助跑速度，必须有相应的助跑距离。目前优秀运动员，男子助跑距离为40~50米，女子为30~35米。助跑中一般设置两个标志：第一标志设在起跑点，第二标志设在最后6~8步起跳脚着地处。

助跑开始姿势有两种：一种是采用两腿微屈，两脚左右平行站立的“半蹲式”；另一种是行进间走几步或跑几步踏上起跑点，开始加速。

助跑的加速方法也有两种：一种是积极加速，另一种是逐渐加速（是大多数运动员所采用的方法，因为踏板准确性较好）。

（二）起跳

起跳的任务是充分利用助跑速度，获得尽可能大的腾起初速度和适宜的腾起角度向空中腾起。起跳动作分为起跳脚着地、缓冲和蹬伸三个阶段。

1. 起跳脚着地

在助跑的最后一步，为了加快着板动作，起跳腿大腿前摆抬得比短跑低一些，采用跑时那样的“扒地”动作，积极下落着板，脚跟与脚掌几乎同时接触起跳板。

2. 缓冲

缓冲在于减缓起跳的制动性，减少助跑速度的损失，积极前移身体，为快速有力地蹬伸创造条件。起跳脚着板后，由于惯性，迫使起跳腿的髋、膝、踝关节很快地弯曲缓冲。优秀运动员缓冲时，膝关节弯曲程度为135~145度。此时，身体保持较直的姿势，使身体重心保持较高的位置，积极加速身体前移。

3. 蹬伸

当身体重心达到支撑点上方时，开始进行蹬伸动作。此时，两眼正视前方，上体保持正直，提肩、拔腰，同时下腿快速蹬伸，髋、膝、踝三个关节充分伸直，身体伸展向前上方腾起。腾起角为18~24度。

起跳时，摆动腿和两臂做快速摆动。当起跳脚踏上起跳板时，摆动腿大小腿折叠，屈腿前摆，加快身体重心前移。在起跳腿蹬伸时，摆动腿快而有力地向前上方摆出，带动髋部迅速前移。两臂配合下肢动作屈肘做有力摆动。摆动结束前的瞬间，摆动腿大腿约与地面平行，起跳腿同侧肘关节与肩接近水平，另一侧臂后摆接近最大限度，摆动动作突然停止，以增强起跳效果。

（三）腾空和落地

腾空动作是为了维持身体平衡和为落地创造有利条件。正确的落地是为了争取更好的成绩，以及防止受伤。

起跳结束后即进入腾空阶段，运动员要保持起跳结束时的“跨步”姿势，向前、向上腾起。这一“跨步”姿势称为“腾空步”。“腾空步”之后的动作一般有蹲踞式、挺身式和走步式三种。

①蹲踞式。起跳成腾空步后，上体仍保持正直，摆动腿的大腿继续高抬，两臂向前挥摆，起跳腿开始向前上方提举，逐渐与摆动腿靠拢，形成空中蹲踞的姿势。

②挺身式。进入腾空步后，摆动腿的大腿积极下放，小腿由前向后呈弧形摆动，髋关节伸展，两臂向下、向后上方摆动，这时留在身后的起跳腿与向后摆动的摆动腿靠拢，臀部前移，胸、腰稍向前挺，形成展体挺身的姿势。

③走步式。起跳进入腾空步后，摆动腿以髋为轴开始放下，并向后摆动，同时起跳腿屈膝，大腿向前提，随即向前伸小腿，形成空中换步动作。两臂配合腿的动作做大幅度环绕摆动。随后，摆到身体后面的摆动腿向前收与起跳腿靠拢，并向胸部提举，形成在空中迈两步半的走步式。

准备落地时两腿要屈膝高抬，上体前倾，在脚接触沙坑前，两腿尽量向前伸直，此时上体不应过分前倾。两臂由上经前向下后方摆，脚接触沙坑后及时屈膝，使身体重心向下、向前移过支撑点。

四、三级跳远

三级跳远是运动员由助跑开始，沿直线连续进行三次水平跳跃的田径项目。根据田径规则规定：三级跳远的第一跳为单足跳，第二跳为跨步跳，第三跳为跳跃。即前两跳为同一条腿跳跃，最后一跳用另一条腿进行跳跃。

三级跳远技术动作比较复杂，运动员必须具备良好的身体素质和较高的技术水平，才能保证获取好的运动成绩。

三级跳远技术的要求为：快速的助跑及合理的助跑节奏，积极上板，快速有力的起跳；支撑阶段富有弹性的缓冲和加快身体重心前移的速度；腾空阶段自然平衡的交换腿动作和落地前的积极扒地动作，最后落地时双腿抬向前远伸的技术动作。

（一）助跑

助跑的任务是获得最快的助跑速度和准确的踏板，并为第一跳的起跳做好充分准备。

三级跳远的助跑与跳远的助跑大致相同。助跑的距离约为35米，20±4步。加速的方式一般有逐渐加速和积极加速两种。

助跑的最后几步要积极加速上板。身体重心要高，上体正直或稍前倾，保持正常跑的动作结构。最后一步要积极快速地放脚，大腿抬得略低于前几步助跑的抬腿高度，摆动腿和两臂配合起跳腿更加积极地摆动。这都有利于保持最好的助跑水平速度及加快起跳速度。

（二）第一跳（单足跳）

为了保证在第一跳中尽可能减少助跑水平速度的损失，要求运动员在助跑最后一步时，起跳腿用全脚掌以积极自然的跑步动作踏向起跳板，大腿下落要快速积极，放脚时要有快速有力的扒地动作。此时上体正直或稍前倾，起跳脚的着地点尽量靠近身体重心投影点，在触及投影点瞬间腿几乎伸直，与地面形成69±3度角。

起跳脚着地后，迅速屈膝缓冲，使身体快速前移。同时，摆动腿大小腿折叠积极前摆，两臂协调配合，使整个身体处于蹬伸前的最有利状态。

随着身体的快速前移，起跳腿及时进行爆发性的蹬伸动作，摆动腿和两臂配合起跳腿的蹬伸动作，快速有力地大幅度向前上方摆动，在起跳结束的瞬间，起跳腿充分蹬直，与地面形成62±2度角。

起跳结束后进入腾空阶段，腾起角为14~17度。此跳的腾起角十分重要，腾起角增大会导致水平速度更多的损失，腾空轨迹较高又会增加第二跳起跳腿的负荷，并对后两跳产生不良影响。在“单足跳”保持腾空步动作1/3的距离后，开始做换腿的动作，即摆动腿大腿带动小腿自然向下、向后摆动。同时起跳腿屈膝前摆，大小腿尽量折叠，随着摆动腿的继续后摆和起跳腿的前摆高抬，完成第一跳动作。此时，注意掌握换步时机，以保证第一跳的远度和为下一跳的起跳做好准备。

由于运动员采用的跳跃方式不同，两臂动作也不相同，大多数运动员为了不影响跑的速度，多采用前后摆臂的形式，也有的运动员采用双臂同时摆动的技术。

（三）第二跳（跨步跳）

当完成第一跳的换步动作后，起跳腿继续高抬，摆动腿充分后摆，以加大两腿间的夹角。随着身体的下降，前摆的起跳腿开始积极有力地下压，小腿迅速前伸做有力的扒地动作，几乎是直腿以脚跟着地，着地角为68±2度。要及时地屈膝伸踝进行退让并迅速滚到前脚掌，以促使身体快速前移。同时摆动腿和两臂快速有力地向前摆动，促使起跳腿做快速有力的蹬伸动作。第二跳的腾空高度相对其他两跳较低，腾起角在14度左右。进行腾空阶段，要尽可能长时间地保持跨步姿势。优秀的运动员在腾空过程中完成两腿反弹式的回摆动作，使摆动腿积极上提，起跳腿屈小腿后摆，上体随着摆动腿的上提而前倾，两腿间夹角达到最大，这样有利于保持身体平衡，并为第三跳的起跳做好充分准备。

（四）第三跳（跳跃）

在“跨步跳”的腾空阶段，当身体开始下降时，应以大腿积极下压，小腿前伸做有力的向下、向后快速扒地动作，以保证第三跳的起跳快速完成。由于摆动腿的积极下压和快速的扒地动作，使其着地后适度地屈膝、伸踝，积极缓冲。但支撑缓冲时弯曲不宜过大，这样才能使身体快速前移。随着摆动腿和两臂快速有力地、大幅度地向前上方摆出，及时完成第三跳的起跳动作。起跳结束瞬间，起跳腿髋、膝、踝三关节充分蹬直，并与上体形成一条直线。第三跳的腾起角为16~18度，空中动作与跳远时一样，多采用“挺身式”或“蹲踞式”。落地动作与跳远落地技术相同，在触地瞬间柔和地屈膝缓冲，髋部迅速向前移动，使身体特别是臀部迅速移过落点，坐在落点处或倒向落点一侧。

第四节　投掷运动

田径运动的投掷项目有推铅球、掷标枪、掷铁饼、掷链球四个项目。这些项目所采用器械的形状、重量、材质和技术形式都不一样，对比赛的场地要求也各不相同，但都属于田径运动的田赛项目。本节将以铅球项目为例介绍投掷项目的技术特点。

推铅球是速度力量型项目。目前在竞技体育比赛中，推铅球技术主要有两种，即背向滑步和背向旋转推铅球，在此仅介绍背向滑步推铅球技术。为了方便分析，把铅球技术分为握持铅球、滑步前的预备姿势、滑步、最后用力和维持身体平衡五部分。下面以右手投铅球为例作介绍。

一、握持铅球

（一）握球

五指自然分开，将球放在食指、中指、无名指根处，拇指和小指扶在球的两侧，手腕背屈。这样可以增加握球的稳定性，防止铅球滑动，充分发挥手腕和手指的力量，使铅球获得更快的初速度。

（二）持球

握好球后，将球放在锁骨窝处，贴于颈部，下颌向右转，右臂屈肘，掌心向内，上臂与肩齐平或略低于肩，左臂自然上举，两眼平视前方。

握持铅球的方法比较简单，但动作掌握得正确与否，会对滑步和最后用力动作产生较大的影响。握持铅球的动作细节可因人而异，但必须有利于完成后续动作和发挥肌肉力量。

二、滑步前的预备姿势

预备姿势是滑步前的准备动作，对铅球运行距离的长短和身体的平衡具有重要的作用，并能为顺利地进入滑步动作创造良好的条件。滑步前的预备姿势大体上可分为高姿和低姿两种，大多数人采用高姿，即持球后，背对投掷方向，两脚前后开立，右脚在前，脚尖贴近投掷圈的后沿；左脚在后，左膝稍屈，以前脚掌或脚尖轻轻点地。上体正直或稍前倾，目视前下方。身体重心压在右腿上。待身体平稳后，上体逐渐前倾，左腿向后上方抬起，左臂自然下垂。然后，右腿弯曲，左腿收回，形成“团身”姿势。这时，上体要与地面基本保持平行，右膝的投影点要在右脚脚尖的前面，铅球的投影点要在右膝的前面。左膝收至右膝窝处，体重压在右脚前脚掌上，眼睛看前下方2~3米处。

三、滑步

滑步的目的是使铅球获得一定的水平速度，并为最后用力创造良好的条件。滑步推铅球技术好的运动员，其滑步推铅球的成绩可以比原地远1.5~3米。决定滑步效果的因素主要有三个方面：一是左腿摆动的力量、速度和方向；二是右腿蹬地的力量、速度和角度；三是左腿摆动与右腿蹬地的协调配合。预备姿势完成后，臀部带动身体重心略向投掷方向移动，使其移离身体的支撑点（右脚），便于滑步和避免身体重心起伏过大。接着，左腿积极蹬伸，并及时拉收、内旋，两腿摆蹬协调配合，推动身体向投掷方向快速移动，形成最后用力前进的良好姿势。

滑步开始时，右脚蹬地的方法有两种：一种是脚前掌蹬地；另一种是脚后跟蹬地。前者动作简单、省力，便于拉收右脚，容易掌握，但右腿蹬地不充分，力量小，蹬地角度大，滑步时易造成身体重心上下起伏较大；后者右腿蹬地充分，力量大，蹬地角度小，能减小滑步时身体重心的起伏，更好地发挥水平速度，但对腿部的力量和灵活性要求较高，拉收右腿动作难度较大。

四、最后用力

最后用力是从左脚落地前开始至铅球离手结束。最后用力是推铅球技术的关键环节，对铅球出手初速度的贡献率高达80%~85%。动作正确与否直接影响着铅球出手初速度、出手角度和出手高度。

当滑步结束右脚着地时，右腿迅速蹬转，左脚积极着地。滑步结束后，右髋向投掷方向转动，努力保持肩轴与髋轴的扭紧姿势，上体在转动中逐渐抬起。为加快上体转动和抬起，左臂由胸前向投掷方向牵引摆动，使身体由背对投掷方向转至侧对投掷方向。此时肩轴仍落后于髋轴，左臂和左肩高于右肩，体重大部分仍在弯曲而压紧的右腿上，身体形成侧弓姿势。拉长的肌群呈待发之势，为躯干最后用力的动作创造有利条件。

身体形成侧弓后，右腿继续蹬伸，加速右髋向投掷方向转动和上体的前移，重心逐渐移至左腿，左膝被动微屈。左臂由上向身体左侧靠压制动，同时快速转体，挺胸抬头，用力推球。当铅球将要离手时，右手屈腕，手指有弹性地发挥，以加快铅球出手速度。铅球出手角度一般是35~39度。

最后用力前，髋轴在前，肩轴在后，两轴形成一定的交叉角，使躯干肌群充分扭紧。最后用力开始后，右腿用力蹬伸，推动右髋转动，使肩轴更加落后于髋轴，从而使躯干肌群得到最大限度的预先拉长。当髋轴转至接近正对投掷方向时，肩轴迅速转动，赶超髋轴，形成自下而上的用力顺序，使下肢和躯干肌肉的力量得到充分发挥。最后用力过程中，右腿正确地蹬伸用力，能保证髋部正确地运动，而髋部动作将直接影响转体和自体侧弓动作的形成。左腿的支撑动作非常重要，它可以有效地保证动量转换，从而加快上体和铅球向前上方运动，提高铅球的出手高度，并使铅球获得较大的垂直分力，进而达到理想的出手速度和出手角度。

五、维持身体平衡

铅球离手后，两腿前后交换，同时身体左转，并及时降低身体重心，以便减缓向前冲力，维持身体平衡，避免出圈犯规。

第八章　球类运动

第一节　篮球运动

一、篮球运动简介

据文字记载，篮球运动是 1891 年由美国人詹姆斯 · 奈史密斯发明的。1892 年，篮球运动首先从美国传入墨西哥，并很快在墨西哥各地开展起来。由此，墨西哥成为除美国外，第一个开展篮球运动的国家。此后，这项运动先后传入法国、英国、中国、巴西、捷克斯洛伐克、澳大利亚、黎巴嫩等国家，在世界范围内得以开展、普及和发展。1895 年，美国人鲍勃盖利将篮球传入中国，首先在天津、北京等城市青年会中开展起来。1910 年，在中国首届全国运动会上，篮球首次被列为表演项目。1914 年，篮球被列为我国国内正式比赛项目。自 1951 年起篮球一直是亚运会的正式比赛项目。

1932 年，国际业余篮球联合会成立，男子篮球被国际奥委会列为奥运会正式比赛项目。1946 年，美国出现职业篮球联赛，并发展为目前的 NBA。

女子篮球运动直到 20 世纪初才开展起来。1976 年，女子篮球被列为奥运会正式比赛项目。1895 年，美国人莱会里博士（Dr. Lyon）受北美青年会的派遣到中国天津筹建城市青年会，将篮球运动传入中国。篮球运动在中国从传入到普及、发展和提高的过程，可依次划分三个阶段：（1）1895 年至 1949 年新中国成立；（2）1949 年新中国成立至 1995 年；（3）1995 年至今。

二、篮球基本技术

（一）移动

移动是在比赛中为了争取攻守主动所采用的各种脚步动作的总称。移动的基本目标就是攻守双方努力争取时间上、位置上和空间上的优势。随着篮球运动水平的不断提高，对移动质量的要求逐渐升级，移动成为评价篮球意识的最重要组成部分之一。

（二）传接球

传接球是篮球比赛中进攻队员之间有目的地支配球、转移球的方法。它是进攻队员在场上互相联系和组织进攻战术的重要保障，也是实现战术配合的具体手段。巧妙地利用球的转移调动防守，可打乱对方的防守布置，创造良好的进攻机会。

1. 双手胸前传球

（1）动作用途。双手胸前传球是一种最基本、最常用的传球方法。具有传球快速、准确性高、容易控制，便于与其他动作相结合的优点。

（2）动作方法。双手持球于胸腹之间，两肘自然弯曲于体侧，身体呈基本站立姿势，眼睛平视传球目标。传球时后脚蹬地发力，身体重心前移，两臂前伸，两手腕随之内旋，拇指用力下压，食指、中指用力拨球并将球传出，球出手后，两手向下略向外翻。一般中近距离传球靠翻抖手腕将球传出，远距离传球需要加大蹬地跨步，伸出上臂的力量。传球距离越远，蹬地跨步、伸大臂的幅度越大。

（3）动作关键。持球动作正确，用力协调连贯，食指、中指用力拨球，球从食指、中指指尖飞出。

2. 单手肩上传球

（1）动作用途。单手肩上传球是一种适用于中远距离的传球方法。传球时用力大，球飞行速度快，多在发动长传快攻时运用。

（2）动作方法。双手持球于胸前，两脚平行开立，右手传球时，左脚向传球方向跨出半步，右手靠左手指拨送球的力量将球引至右肩侧上方，右肩关节引展，大小臂自然弯曲，手腕稍后屈，持球的后下方，左肩对着传球方向，重心落至右脚上。传球时，右脚蹬地发力同时转体带动上臂，以肘领先前臂，手腕前屈，食、中、无名指用力拨球将球传出去。

（3）动作关键。自上而下发力，蹬地、扭转肩、挥臂扣腕动作连贯。

3. 双手接胸部高度的球

（1）动作用途。获得球。

（2）动作方法。接球时，两眼注视来球，两臂伸出迎球，手指自然分开，两拇指呈“八”字形，手指向前上方，两手成一个半圆形。

（3）动作关键。手指触球后，两臂随球后引缓冲来球的力量，两手握球于胸腹之间。保持身体的平衡，做好传球、投篮或突破的准备。

（三）运球

持球队员用手连续按、拍借助地面反弹起来的球的动作就叫运球，而借助运球技巧和脚步动作超越对手的行动被称为运球突破。运球及运球突破是评价球性熟练程度的重要指标之一。

依据运球时球的反弹高度，可将运球分为高运球和低运球，常用的划分标准是运球者的腰部，若反弹高度在腰部以上，就是高运球，反之为低运球。依据运球行进的路线和方向变化等划分，又可以将运球分为直线运球、曲线运球、运球变速、运球变向等。而依据运球变向时球与身体的位置关系，又可以将运球变向分为体前变向（体前换手变向及不换手变向）、身后变向、胯下变向和转身（前、后转身）变向四种方法。

运球技术由“身体姿势、手型、手触球和球运行”四个环节构成。其中手触球的部位及动作形式等决定了球的反弹角度、速度和高度。运球技术的关键是手对球的控制能力，脚步移动的熟练程度以及手、脚及身体等部位之间的协调配合。运球突破能力是衡量运球技术质量的一个显著标志，而运球突破的核心在于运球时速度和方向变化的突然性。

1. 高运球

（1）动作用途。通常在没有防守队员时运用。为了加快向前场推进的速度和在进攻中调整进攻速度以及进攻队员处于进攻位置时常采用的一种运球方法。其特点是按压球的力量大，反弹高度高，便于控制，行进速度快。

（2）动作方法。两脚前后开立，两膝微屈，上体稍前倾，目视前方。运球手臂自然弯曲，以肘关节为轴，用手按压球的正上方，球落点在身体侧前方，球的反弹高度在腰、胸之间。

（3）动作关键。手型正确，主动迎球，随球上引，前臂屈伸控制球的落点；手按压和脚步移动协调配合。

2. 低运球

（1）动作用途。进攻队员在受到对手紧逼或抢阻时，常采用低运球以保护球或摆脱防守。

（2）动作方法。两腿深屈，降低重心，上体前倾，用上体和腿保护球。手快速地按压球，球的反弹高度在膝关节以下，以便控制球和摆脱防守继续运球。行进间低运球压球的部位在球的后上方或后侧方。

（3）动作关键。重心降低，上体前倾，按压球短促有力，控制好按压球的力量。

3. 运球急停急起

（1）动作用途。在对方防守较紧又不能利用快速运球超越时，利用速度的变化摆脱对方。

（2）动作方法。运球急停动作是在快速运球行进中，采用一步或两步急停，两腿弯曲，身体重心下降，手按压球的前上方，使球停止向前运行，使球垂直反弹，高度控制在膝关节以下，目视前方，用身体保护球。急起时，两脚用力蹬地，上体迅速前倾起动，同时手按压球的后上方，人和球同步快速前进，加速运球超越对手。

（3）动作关键。急停稳，起动快，动、静变化突然。人和球速度步调一致，上体前倾和腿、脚的蹬地协调配合。

4. 运球后转身

（1）动作用途。当运球前进向防守队员某一侧突破路线被堵且距离较近，不便用变向运球突破时，迅速用运球后转身来突破防守。

（2）动作方法。以右手运球为例，变向时左脚前跨一步为中枢脚，右手按压球右侧前方，随着后转身动作，将球拉向身体的后侧方。然后换左手运球，从对手的右侧突破后加速前进。

（3）动作关键。重心要控制好，中枢脚脚跟要提起，蹬地、转体、提拉球与肘贴身动作一气呵成，协调一致，控制好球的落点。

（四）投篮

投篮是进攻队员为使球自上而下穿过篮筐而采用的各种专门动作的总称，是篮球运动所有技术、战术、技能的最终目的，是篮球比赛中唯一的得分手段。投篮的能力和水平是制胜的最关键因素。

1. 原地单手肩上投篮

(1) 动作用途。这是篮球比赛中应用广泛的投篮方法，是行进间和跳起投篮的基础，具有出手点高、便于结合其他动作、不易被防守等优点，并能在不同的位置和不同的距离上应用。

(2) 动作方法。以右手投篮为例，两脚前后站立，两腿微屈，右脚在前，上体稍前倾，右手五指自然分开，用掌心的外沿和指根以上部位托住球的后下方，手心空出，手腕后仰，球的重心落在食指和中指之间，右臂屈肘，前臂与地面基本垂直，肘关节自然下垂，肘关节朝前，置球于右肩的前上方，左手扶住球的左侧前下方，目视瞄准点。投篮时两脚蹬地，伸展腿和腰腹，右臂向前上方抬肘伸臂，手腕前屈，食指、中指用力拨球，通过指端将球柔和地拨出，球出手的瞬间，身体随投篮动作向上伸展，脚跟微微提起。球出手后，手心向下，食指、中指正对篮筐，腕、臂放松。

(3) 动作关键。持球方法正确，顺序用力，踏、伸、屈腕、指拨球用力协调一致。

2. 原地跳起单手肩上投篮

(1) 动作用途。防守队员较远时，较常采用，或防守队员较近时，与传球、突破的跨步假动作结合运用，诱使防守队员后撤后，突然起跳投篮。

(2) 动作方法。以右手投篮为例，持球呈基本站立姿势，持球方法和准备姿势同原地单手肩上投篮一样。投篮时先屈膝降低重心，两脚掌用力蹬地，同时双手举球至肩上，右手托球，左手扶球的左侧方，当身体接近最高点时，憋气瞄篮，这时身体呈滞空状态，左手离球，右臂向前上方伸直，身体充分伸展，上体保持正直，下肢放松，最后手腕前屈，食指、中指拨球，通过指端将球投出。落地时前脚掌着地，屈膝缓冲。

(3) 动作关键。起跳蹬地有力，接近最高点时出手，球举在肩上，屈腕、拨指。用力协调。

3. 行进间单手肩上高手投篮

(1) 动作用途。行进间单手肩上高手投篮是在比赛中切到篮下时，常用的一种投篮方法。优点是出手点高，易用身体保护球。

(2) 动作方法。以右手投篮为例，右脚向前跨一大步的同时接球，接着迅速上左脚蹬地起跳，右脚屈膝上抬，双手举球于右肩前上方，腾空后，上体稍后仰，左手离球，当身体跳到最高点时，右臂向前上方伸展，手腕前屈，食指、中指用力拨球，通过指端将球投出。球出手后掌心朝下，球向后旋转。

(3) 动作关键。节奏清楚，起跳充分，举球、伸臂、屈腕、拨球动作连贯，用力适度。

4. 行进间单手肩上低手上篮

(1) 动作用途。行进间单手肩上低手投篮是在快速跑动中超越对手后或在空中探身超越对手后最常用的一种投篮方法。具有起跳点远，伸展距离长，动作速度快，出手点离篮近且平稳的优点，多在快攻或强行突破时应用。

(2) 动作方法。以右手投篮为例，跑中步法与行进间单手肩上，高手投篮基本相同，只是在接球后第二步要继续加快速度，向前上方跳起，右手将球引至右肩侧前上方，左手离球，右手五指自然分开，手心朝上，托球的下部。投篮时，借助身体上升的惯性，右臂向前上方伸展，用向上屈腕、挑指的动作，使球由食指、中指端向前柔和地投出。出手后掌心向上对篮，球向前旋转。

（3）动作关键。向前上方蹬地起跳，腾空时身体向前上方充分伸展，保持托球的稳定性，腕、指上挑动作要协调、柔和。

（五）持球突破

持球突破是控制球的队员将脚步动作与运球技术等相结合，快速超越对手的一项攻击性很强的技术。

1. 交叉步持球突破

（1）动作用途。进攻队员准备突破而防守队员距离较近时采用此方法。交叉步持球突破容易保护球，也可减少走步，故初学者运用较多。

（2）动作方法。以右脚为中枢脚从防守队员的左侧突破为例，两脚左右开立（也可与投篮结合，两脚前后站立），两腿微屈，降低重心持球于胸前，突破时，左脚向左前方跨出半步，做向左突破的假动作，当对手重心向右移动时，左脚前脚掌内侧迅速蹬地，向对手左侧跨出一大步，同时上体右转探肩，贴近对手。球移至右手，向左脚右斜前方推放球，右脚迅速蹬地跨步，加速超越对手。

（3）动作关键。第一步要快，步幅适中，重心前移，蹬跨、转体探肩、推压护球动作以及加速动作要连贯。

2. 同侧步持球突破

（1）动作用途。离防守队员较近时，当防守队员失去重心，尤其是当防守队员向进攻队员的中枢脚一侧失去重心时，运用效果最好。

（2）动作方法。以左脚作为中枢脚从防守者的左侧突破为例，准备姿势同交叉步持球突破，突破时，左脚内侧蹬地，右脚迅速向对手左侧方跨出一步，同时向右侧转体探肩，重心前移，球移至右手并推放球于右脚斜前方，左脚迅速跨步抢位，加速超越对手。

（3）动作关键。转体探肩动作要迅速，蹬地要用力，重心要保持好，做好护球动作。

（六）抢篮板球

攻守双方争夺投篮未中的球被称为争夺篮板球。它是获得球的最主要手段之一，是篮球比赛中攻守转换的标志和核心。控制好篮板球意味着终结对手的攻击或自己又一轮进攻的开始。争夺进攻篮板球和防守篮板球，也被称为争夺前场篮板球和后场篮板球。

身体条件、拼抢意识和争夺技巧等是影响篮板球争夺能力的主要因素。传统上，把抢篮板球分为“判断抢位、起跳、抢球和得球后衔接动作”等几个环节。抢位：依据投篮者出手的位置、角度、用力大小等具体情况，迅速抢占篮板球可能出现的最佳位置。起跳：单、双脚跳，原地、行进间跳、冲跳等。得球后动作：在保护好球的前提下尽可能快地发出一传或快速二次进攻。

三、篮球基本战术

篮球战术可分为战术基础配合、全队进攻战术、全队防守战术。

（一）战术基础配合

1. 进攻战术基础配合

进攻战术基础配合是指在篮球比赛中，进攻队员两三人之间所组成的简单配合方法。它是组成全队进攻战术配合的基础。进攻战术基础配合包括传切、突分、掩护和策应等配合。

（1）传切配合。传切配合是队员之间利用传球和切入技术所组成的简单配合。

传切配合要点：合理选择进攻位置，队形要拉开；切入队员要掌握切入时机，利用假动作迷惑对手，切入要果断迅速，并注意接同伴的传球；持球队员运用投篮和突破等假动作，吸引对手，以便及时把球传给切入的同伴。

（2）突分配合。突分配合是持球队员运用突破打乱防守部署或吸引防守，并及时将球传给同伴，使同伴获得进攻机会的配合方法。

突分配合要点：在突破过程中，要随时观察场上队员的行动和位置变化，既要做好投篮的准备，又要准备及时准确地传球给同伴。

（3）掩护配合。掩护配合是掩护队员采用合理的行动，用自己的身体挡住同伴防守队员的移动路线，使同伴借以摆脱防守，或利用同伴的身体和位置使自己摆脱防守的配合方法。主要有前掩护、侧掩护、后掩护、反掩护等。

掩护配合要点：掩护队员要站在同伴防守队员的移动路线上；掩护配合行动要突然、快速，运用假动作给防守队员造成错觉，同时掌握好配合动作的时间来完成掩护配合；当防守队员交换防守时，掩护队员运用掩护后的第二动作，突然转身切入篮下或寻找其他的进攻机会。

（4）策应配合。策应配合是指在内线的队员背对或侧对篮板接球后，以其为枢纽，通过多种传球方式与其他队员的空切、绕切相结合，借以摆脱防守，创造各种进攻机会的一种配合方法。

策应配合要点：策应队员要突然起动，摆脱对手，占据有利位置，接球时两脚开立，两膝弯曲，两肘外展，用身体保护球。同时观察场上攻、防的变化，及时把球传给进攻机会最好的同伴进攻；外围传球队员要根据策应者的位置和机会，及时、准确地传给策应队员，做到人到球到，传球后迅速摆脱，切入篮下，创造进攻机会。

2. 防守战术基础配合

防守战术基础配合是指在篮球比赛中，防守队员两三人之间为了破坏对方的进攻所采用的协同防守配合的方法，是组成全队整体防守战术配合的基础（包括挤过、穿过、交换、关门等）。

（1）挤过配合。对方进行掩护时，防守队员在掩护队员接近自己的一刹那，迅速抢前横跨一步贴近自己的对手，并从两个进攻队员之间侧身挤过去，继续防守自己对手的配合方法。

（2）穿过配合。当对方进行掩护时，防守掩护者的队员及时提醒同伴，并主动后撤一步，让同伴及时从自己和掩护队员之间穿过去，继续防守自己对手的配合方法。

（3）交换配合。进攻队员进行掩护时，防守掩护者的队员与防守被掩护者的队员及时主动地交换自己所防守对手的配合方法。

（4）关门配合。当进攻持球突破时，防守突破的队员向侧后滑步。同时，临近突破一侧的防守队员迅速向进攻队员的突破路线滑动，与防守突破的队员靠拢，像两扇门一样地关起来，堵住持球突破队员的一种配合。

（二）全队进攻战术

全队进攻战术是根据对方的防守战术而采用的有针对性的进攻战术，可分为以下六种。

（1）快攻战术。以最快的速度发动进攻，创造以多攻少的投篮机会。发动快攻有 4 个时机，即抢得篮板球时、抢得或断得球时、掷界外球时和跳球得球时。快攻的组织形式有长传快攻和短传快攻。

（2）人盯人防守时的进攻战术。分为单中锋进攻、双中锋进攻、机动中锋策应进攻。

（3）区域联防时的进攻战术。应首先采用快攻突击，对方联防布阵之后，则要针对防守阵型的薄弱地区决定进攻落位阵型，采用快速而有节奏的传球、破坏防守阵型，利用对方出现漏洞的机会进行投篮。

（4）全场紧逼人盯人防守时的进攻战术。应采用无球掩护配合，斜插中路策应配合和拉空后场运球突破。

（5）全场区域紧逼防守时的进攻战术。应多采用随球跟进向回传球、空切反跑、中路策应和侧对防守者慢速运球，将球安全推进到前场。

（6）混合防守时的进攻战术。应主动利用同伴作定位掩护，或给同伴作掩护配合，以摆脱防守队员，创造有利的投篮机会。

（三）全队防守战术

全队防守战术是指为有利于破坏对方进攻战术而确定的针对性防守战术，具体可分为以下六种。

（1）防守快攻。提高进攻成功率，拼抢进攻篮板球，减少对方可能发动快攻的次数；堵截发动快攻的第一传和接应第一传；防堵进攻队快下的队员；提高以少防多的能力。

（2）半场人盯人防守。包括半场紧逼和半场松动人盯人防守。原则是固定防守对象，以 1 防 1 为主。

（3）全场紧逼人盯人防守。防守原则也是固定对象，以 1 防 1 为主。

（4）全场区域紧逼人盯人防守。按一定防守阵型分区落位，防守时以球为主，造成有球地区以多防少，进行夹击、断球。布阵时分为全场或半场或 3/4 场和 2/3 场的防区落位。

（5）区域联防。在半场按一定阵型落位，每人明确分工防守一个区域，同时又进行联合防守。

（6）混合防守。分为两种：一种是半场防守时盯人和联防混合运用；另一种是在 1 个回合防守中变化 2 种或 3 种防守形式，以此破坏对方的进攻节奏和战术配合。

四、篮球比赛规则简介

规则与篮球技术、战术就像生产力与生产关系一样，是相辅相成、相互依赖、相互促进的关系。规则通过肯定、否定、允许或不允许，来保证篮球比赛的正常进行，促进篮球运动的健康发展。球场上符合规则的动作，就是正确的动作，反之是错误动作。

在一般情况下，国际篮联每隔几年都要对规则进行一次修改与补充，其目的是促进篮球技术、战术进一步地发展，并抑止粗暴动作，使比赛向既文明又紧张激烈的方向发展。

（一）比赛方法

一队上场队员 5 人，其中 1 人为场上队长，候补球员最多 7 人，但可依主办单位而增加人数。主队坐左攻左，客队坐右攻右，如果两队同意可以互换（2020 年东京奥运会已经开始执行此条规则）。比赛分 4 节，每节各 10 分钟，NBA 为 12 分钟（全明星新秀赛为每节 20 分钟，共 2 节）。每节之间休息 2 分钟，NBA 每节之间休息 130 秒。中场休息 15 分钟，NBA 也休息 15 分钟，另在 NBA 中，在第 4 节和任何加时赛之间休息 100 秒。

中国目前执行的是 FIBA 国际篮联比赛规则，比赛结束后，两队积分相同时，则举行延长赛 5 分钟，若 5 分钟后比分仍相同，则再次进行 5 分钟延长赛，如果在每一节或加时赛结束时犯规，裁判应决定剩余的比赛时间。比赛计时钟上至少应显示 0.1 秒。第 4 节或加时赛最后 2 分钟内，侵人犯规（Personal Foul）里引入了 1 个掷球入界犯规（Throw-in Foul），罚规为被犯规队员获得 1 次罚球，原控制球队重新掷球入界，犯规性质为普通犯规，不再是违体犯规。直至比出胜负为止。

（二）得分种类

球投进篮圈经裁判认可后，便算得分。3 分线内侧投入可得 2 分；3 分线外侧投入可得 3 分，罚球投进得 1 分。

（三）开始方式

比赛开始由两队各推出 1 名跳球球员至中央跳球区，由主裁判员抛球双方跳球。在跳球中，当球离开主裁判员的手时，第 1 节比赛开始。

（四）替换

替补队员请求中断比赛并上场是 1 次替换。替换选手的时间一般选在有人犯规、争球、叫暂停等时候。裁判可暂时中止球赛的计时。

（五）罚球

1 次罚球是给予 1 名队员在罚球线后的半圆内，在无争抢情况下得 1 分的机会。是作为对犯规队伍的处罚，给予另一队的机会。罚球要站在罚球线后，从裁判手中接过球后要在 5 秒内投篮。在投篮后，球触到篮圈前均不能踩越罚球线。

（六）违例

违例是违反规则。大致可分为两类：（1）普通违例，如带球走、两次运球（双带）、脚踢球（脚球）或以拳击球。（2）跳球违例，除跳球球员以外的人不可在跳球者触到球之前进入中央跳球区。

24 秒钟规则：进攻球队在场上控球时必须在 24 秒钟内投篮出手并触及球篮（NBA、CBA、CUBA、WNBA 等比赛均为 24 秒，全美大学体育联合会比赛中为 35 秒）。

8 秒钟规则：1 名球员从后场控制活球开始，在掷球入界中，球触及后场的任何球员或者被后场的任何队员合法触及，掷球入界队员所在队仍拥有在后场的球权。该队必须在 8 秒钟内使球进入前场（对方的后场）。

5 秒钟规则：持球后，球员必须在 5 秒钟之内掷界外球出手，FIBA 规则规定罚球也必须在 5 秒钟内出手。

3 秒钟规则：当某队在前场控制活球并且比赛计时钟正在运行时，该队的队员不得停留在对方队的限制区内超过持续 3 秒钟。

侵人犯规：无论在活球或是在死球的情况下，攻守双方队员发生身体接触而产生的犯规行为。

技术犯规：技术犯规是没有身体接触的犯规。例如，队员或教练员因表现恶劣而被判犯规，或与裁判发生争执等情况。

取消比赛资格的犯规：队员、替补队员、出局的队员、教练员、助理教练员或随队人员的任何恶劣的违反体育道德的行为。

队员 5 次犯规：无论是侵人犯规，还是技术犯规，一名球员犯规共 5 次（NBA 规定为 6 次）必须立即离开球场，不得再进行比赛，并且必须在 30 秒内被替换。

队员出界：当队员身体的任何部分接触界线上、界线上方或界线外的除队员以外的地面或任何物体时，即队员出界。

干扰球：投篮的球向篮下落时，双方队员都不得触球。当球在球篮里的时候，防守队员不得触球。球碰板后对方不得碰球，直到球下落。

被严密防守的队员：被防守队员紧密盯防的球员必须在 5 秒钟之内传球、运球或投篮，否则其队将失去控球权（NBA 规则中无此规定）。

球回后场：当球触及后场时；球触及或者被有部分身体接触后场的进攻队员合法触及时；球触及有部分身体接触后场的裁判员时，球进入某队的后场。

第二节 排球运动

一、排球运动简介

排球是两队各 6 人，各分两排站位，以中间球网为界，用手作“发球、垫球、传球、扣球、拦网”等动作组成进攻与防守的球类运动之一。

现行的排球运动始于 19 世纪末。1895 年，美国麻省霍利约克城青年会干事威廉·摩根认为篮球运动过于激烈，打算创造一种比较温和、适度、男女老少皆宜的室内球类游戏，于是在室内挂起 2 米高的球网，用一个篮球胆进行比赛，比赛双方人数相等，各居一方，将球胆在网上托过来，顶过去，这便是排球运动的雏形。当时，比赛人数的多少、球的大小、比分的多少都是随意定的。1896 年，斯普林菲尔德市立学院的艾·特哈尔斯戴特博士，把它定名为 Volleyball，即“空中飞球”，后来把球胆改成现在的排球，使其成为一项正式的球类比赛。其后数十年，几经变化，形成了现代国际通用的排球规则。

排球在 1900 年首先传入美国的邻居加拿大，1905 年传入古巴，1912 年传入乌拉圭，1914 年传入墨西哥。虽然美国是排球的发源地，但美洲的排球运动长期以来都没有被作为一种竞赛项目来开展，而主要被作为休闲时的娱乐活动，且有很长一段时间其运动技术水平进步缓慢。

排球传入亚洲的时间也比较早，在 1900 年前后传入印度、中国、日本、菲律宾。但排球传入亚洲时，最初是 16 人制，随后经历了 16 人制、12 人制、9 人制、6 人制的演变过程。

第一次世界大战时，美国军队将排球运动带到了欧洲。1917 年排球最早出现在法国，随后传到苏联、捷克斯洛伐克、波兰等东欧国家。排球虽然传入欧洲的时间较晚，但传入的是 6 人制排球，且其竞技性日渐成熟，所以发展速度也较快。

排球运动能够在世界范围内得到广泛传播和发展，得益于三个方面：一是国际排球组织的成立和大力推广。1947 年成立了国际排球联合会，1949 年举行了第一届世界男子排球锦标赛，1952 年举行了第一届世界女子排球锦标赛，在 1964 年的东京奥运会上，排球正式成为比赛项目，1965 年、1973 年又分别举行了男、女世界杯的比赛。这一系列的赛事运作，极大地推动了排球运动在世界范围的发展。二是世界范围内精彩赛事的举行，促进了排球技战术的变化。三是世界排球运动的职业化和商业化的成功运作。

排球运动的世界大赛有世界锦标赛、奥运会排球赛等。

二、排球基本技术

通常把垫球、发球、传球、扣球、拦网称作排球五大基本技术，并把准备姿势和移动也看作排球的两项基本技术，它们属于无球技术。对反复训练这些基本技术的主要环节，一般称为基本功训练。但在实际中，各项技术不是孤立的，而是相互衔接、相互影响的。因此又必须进行大量结合实战的技术串联训练。这就是技术训练的基本体系。

（一）准备姿势和移动

准备姿势与移动是排球运动中运用最多的基本技术，是完成发球、垫球、传球、扣球和拦网等各项击球技术的前提和基础，并对各项击球技术动作的运用起串联作用。而且合理的准备姿势主要是为了更快速地移动，达到某个有利的进攻或防守位置。

1. 准备姿势

准备姿势是为了完成各种技术动作而采取的合理的身体姿势。按身体重心的高低可分为稍蹲准备姿势、半蹲准备姿势和低蹲准备姿势三种。

（1）稍蹲准备姿势。两脚左右开立与肩同宽，一脚稍前，两脚尖内收，脚跟稍提起。两膝弯曲成半蹲，身体重心稍前倾，两臂放松自然弯曲置于腹前，目视来球，两腿保持微动。

（2）半蹲准备姿势。半蹲准备姿势比稍蹲准备姿势重心稍低，动作方法相同。

（3）低蹲准备姿势。低蹲准备姿势比半蹲准备姿势重心更低、更靠前，两脚之间的距离更宽。技术要点是屈膝提踵，含胸收腹，微动。

2. 移动

从启动到制动的过程称为移动。在排球场上使用较多的移动步法有下列几种。

（1）并步和滑步。如向右侧移动，左脚用力先向右脚靠拢，在落地的同时右脚向右侧运出。连续并步就是滑步。

（2）跨步。向移动方向跨出一大步，屈膝，上体前倾，身体重心移至跨出腿上。

（3）交叉步。以右交叉步为例，上体稍右转，左脚从右脚前面向右交叉迈出一步，然后右脚再向右跨出大步，同时身体转向来球方向保持击球姿势。

（4）跑步。注意边跑步边把身体转向来球的方向。

无论采用哪种步法都要迅速启动，且几种步法可以根据场上情况综合运用。

（二）垫球

垫球是排球基本技术之一。通过手臂或身体其他部位的迎击动作，使来球从垫球面上反弹出去的击球动作，称为垫球。垫球技术按动作方法可划分为正面双手垫球、跨步垫球、体侧垫球、低姿垫球、背垫球、单手垫球、前扑垫球、侧卧垫球、滚翻垫球、鱼跃垫球以及挡球等。

按运用方式可分为接发球、接扣球、接拦回球和接其他球等。

1. 正面双手垫球

（1）准备姿势。移动对正来球后，根据来球的力量的大小及弧度，采用不同准备姿势。

（2）手型、击球点和触球部位。正面双手垫球的基本手型有抱拳式、叠掌式和互靠式。当球接近腹前时，采用任一手型，手臂伸直，手腕下压，用前臂旋外形成的平面靠近手腕的部位击球的后下方，击球点应在腹前。

（3）击球。两臂靠拢前伸，插到球下，含胸收腹，同时配合蹬腿送臂动作，使身体重心向前上方移动。击球过程中，两臂要夹紧，肩关节要适当放松，避免动作僵硬而影响迎击球的准确性和控制球的能力。

2. 侧面双手垫球

比赛中对来球来不及移动身体进行正面垫击时，往往采用侧面垫击。当球向接球队员的左侧飞来，右脚前掌内侧蹬地，左脚向左跨出一步，重心随即移到左脚上，左膝弯曲，同时两臂夹紧向左伸出，右肩微向下倾斜，用向右转腰的收腹动作，配合两臂自左后方向前截住球飞行的路线，用两臂垫击球的后下部。切忌随球向左侧摆臂击球，这样容易把球蹭飞。当来球在体侧较高位时，两前臂靠拢，向侧方向截击来球。击球一侧肩向上回旋，异侧肩向下回旋。同时腰部转动配合两臂形成理想的击球反弹面，将球垫起。

3. 背垫

背对击球方向，从体前向背后垫球叫作背垫。先要迅速移动到球的落点上，背对击球方向，两臂靠拢伸直，击球点高于肩。击球时要抬头挺胸，展腹后仰，直臂向后上方抬送。

（三）发球

发球是由队员在发球区内自己抛球，用一只手将球从球网上空的两标志杆内击入对方场区的技术动作。发球是比赛的开始，也是进攻的开始。

1. 侧面下手发球

发球前，侧对发球方向站好，左脚在前（以右手发球为例），两脚前后分约一步，重心稍偏右腿。发球时，左手将球平稳抛送至胸前，距身体约一臂之远，离手高约 30 厘米。在抛球的同时，右臂摆至右侧后下方，接着利用右脚蹬地向左转体的力量带动右臂向前上方摆动，在腹前用掌根或虎口击球的后下方。

2. 正面上手发球

发球前，面对球网前后开立，左脚在前，身体重心在右脚上，左手托球于腹前。发球时，左手或双手将球平稳垂直地向上抛至右肩前上方约 1 米高度，同时右臂抬起，屈肘后引，使肘与肩平，手高于头。击球时，五指自然张开，抬头挺胸，展腹送髋，上体稍向右侧转。利用蹬地、收腹、收胸和大臂带小臂的力量加速向前上方挥动，用全手掌击球的后中部，击球点保持在右臂前上方，并伴有手腕向前推压动作，使球上旋飞行。

3. 正面上手飘球

这种发球由于发球队员面对球网站立，便于观察瞄准，准确性较高，容易寻找对方的弱点。同时，由于发出的球在飞行过程中不产生旋转而发生不规则的向前飘晃的飞行，从而使对方不易接发球。

（1）准备姿势。面对球网，两脚自然开立，左脚在前，左手托球于体前。

（2）抛球。左手用手掌平稳而准确地将球抛在体前右肩前上方，高度为 40~50 厘米。同时右臂抬起，屈肘后引，肘略高于肩，上体稍后仰。五指并拢，指尖朝上，手腕稍后仰且保持一定的紧张，眼睛注视球体。

（3）击球。右脚蹬地重心前移，以收腹、屈体迅速带动手臂的挥动。挥臂呈直线，在右臂前上方，用手掌的掌根部位击球的后中下部。击球的力量要集中、迅猛，击球的作用力通过球重心，使球不旋转地向前飞行。击球瞬间，手指和手腕保持紧张，手型固定，不加推压动作。击球结束，手臂最好有突停动作。击球后，即可迅速入场。

（4）要领。击球点靠前，挥臂呈直线，掌根击重心，突停球不旋。

（四）传球

传球是排球基本技术之一，是利用手指手腕的弹击将球传至一定目标的击球动作。按照传球的方向传球可分为正面传球、背传和侧传三类，并且都可以在原地传或跳传。单手传球较少采用。

1. 正面传球

面对出球方向的传球动作称为正面传球。正面传球是最基本的传球方法，是其他一切传球技术的基础。

（1）准备姿势。采用稍蹲准备姿势，抬头看球，双手自然抬起，放松地置于脸前。

（2）击球点与手型。击球点在额前上方约 15 厘米处。当手触球时，两手自然张开呈半球形，手腕稍后仰，两拇指相对成“一”字或“八”字形，两手间有一定距离，用拇指内侧，食指全部，中指的二、三指节触球的后下部，无名指和小指在球两侧辅助控制传球方向。两肘适当分开，两前臂之间约呈 90 度角。

（3）击球。当来球接近前额时，开始蹬地、伸膝、伸臂，两手微张向脸部前上方迎球。传球主要靠蹬地、伸臂和手指、手腕力量以及球的反弹力将球传出。

2. 背传

背对传球目标的传球动作叫作背传，是具有一定隐蔽性和战术意义的传击球技术。

（1）准备姿势。上体比正面传球时稍后仰，双手自然抬起置于脸前。

（2）迎球动作。抬上臂，挺胸，上体后屈。

（3）击球点。在头上方，比正面传球略偏后。

（4）手型。与正面传球相同，但触球时手腕要稍后仰，掌心向上，拇指托在球下，击球的下部。

（5）用力方法。利用蹬腿、展体、抬臂、伸肘和指腕的弹力，把球向后上方传出。

3. 侧传

身体侧对传球目标，在不转动身体的情况下靠双臂向侧方传球的动作称为侧传。

侧传的准备姿势、手型及迎球动作与正面传球相同，但击球点应偏向传出方向一侧。迎球时，通过下肢蹬地使身体重心向上伸展，上体和双臂向传球方向一侧伸展。异侧手臂动作的幅度要大一些，伸展的速度也应快一些，以双臂和上体侧屈的协调动作将球传出。

（五）扣球

扣球是队员跳起在空中，将高于球网上沿的球有力地击入对区的一种击球方法。扣球技术按照动作方法，一般分为正面扣球、小抡臂扣球、单脚起跳扣球和勾手扣球几种；按节奏可分为强攻和快攻；按照扣球起跳的区域可分为前排扣球和后排扣球。下面主要讲述正面扣球、扣半快球和扣快球的技术动作。

1. 正面扣球

（1）准备姿势。扣球助跑前采用稍蹲准备姿势，两臂自然下垂，站在距离球网 3 米左右处，做好向各个方向的助跑准备。

（2）助跑。以右手扣球两步助跑为例。助跑时，左脚向前迈出一小步，接着右脚迅速跨出一大步，左脚及时并上，踏在右脚之前，两脚尖稍向内转，准备起跳。

（3）起跳。在助跑跨出最后一步的同时，两臂绕体侧向后引，左脚在并上踏地制动的过程中，两臂自后积极向前摆动。随着双腿蹬地向上起跳，两臂快速上摆配合起跳。两腿从弯曲制动的最低点，猛力蹬地向上起跳。

（4）空中击球。起跳后，挺胸展腹，上体稍向右转，右臂向上方抬起，身体呈反弓形。挥臂时，以迅速转体、收腹动作发力，依次带动肩、肘、腕各部位做鞭打动作并向前上方挥动。击球时，五指微张呈勺形，并保持紧张以全手掌包满球，掌心为击球中心，击球的后中部。同时主动用力屈腕向前推压，使扣出的球加速上旋。

（5）落地。落地时，以前脚掌先着地，同时顺势屈膝、收腹，缓冲下落力量。

2. 扣半快球

在扣球技术运用中，除扣 4 号位的正面高球外，3 号位的半高球也较常用。在二传队员附近起跳，扣超出网口两个半球高度的球，称为半快球。扣半快球在二传出手后起跳，半快球击球点较高，有利于看清拦网队员的手和对方的防守布局，以运用各种避开拦网的扣球手法。

3. 扣快球

快球的特点是进攻速度快、突然性大、牵制性强，在比赛中能争取时间和空间上的优势，达到突然袭击、攻其不备的目的。快球可分为近体快球、背快球、短平快球、平快球、平拉开快球、前飞、背飞、快抹以及个人战术快球等。

（六）拦网

拦网是排球的基本技术之一，是防守的第一道防线。拦网的作用不只是消极阻拦和被动防守，而是具有一定的攻击性。拦网也是得分的重要手段之一。如果说接发球是组织进攻的开始，那么拦网就是组织反攻的开始。有效的拦网可以对扣球者造成心理上的威胁，从而削弱对方的进攻锐气和信心。

拦网分为单人拦网和集体拦网两种。两种拦网对个人的技术要求是相同的，只是集体拦网需要注意队员相互间的协调与配合。

1. 单人拦网

单人拦网是集体拦网的基础。其动作结构包括准备姿势、移动起跳、空中动作和落地等几个相互衔接的部分。

（1）准备姿势。准备姿势的目的是便于起跳和迅速向两侧移动。队员面对球网，两脚平行开立，约与肩同宽，距网 30~40 厘米，两膝稍屈，两臂在胸前自然屈肘。

（2）移动是为了及时对正扣球，可根据各种情况采用并步、交叉步、滑步等移动步法，迅速选取好起跳点，准备起跳。

（3）起跳。原地起跳时，重心降低，两膝弯曲，用力蹬地使身体垂直起跳。

（4）空中击球。起跳时，两手从额前贴近并与球网平行，向网上沿的前上方伸出，两臂伸直，两肩尽力过网伸向对方上空，两手接近球，并自然张开，当手触球时，两手要突然紧张，手腕用力下压，盖住球的上方。手腕主动用力盖帽捂球，使球反弹角度小，对方不易防守。为了防止打手出界，2 号、4 号位队员的外侧手掌心要向内转。

（5）选择拦网的部位。这是影响拦网效果的重要因素。选择拦网的部位不能只根据球的位置，更重要的是根据扣球队员的动作，除需事先了解扣球队员的特点之外，还要根据扣球队员的身体位置和挥臂方向进行选择。因此，在根据球的位置起跳时，就要把注意力转移到扣球队员的动作上，最后根据其挥臂方向，判断球的过网位置，双手最后伸向这个部位拦网。如果已伸手拦网，又发现扣球队员转变扣球方向，也可采用空中移动拦网，伸向对方扣球方向那一侧的手，手腕可以加侧倒动作，扩大拦区。

（6）落地。如已将球拦回，则可面对对方，屈膝缓冲，双脚落地；如未拦到球，则在下落时就要随球转头，并使与转头方向相反的一脚先落地，随即转身面对后场，准备接应来球或做下一个动作。

2. 集体拦网

集体拦网除上述拦网技术的要求外，应着重注意互相配合。集体拦网可分为双人拦网和三人拦网两种。

（1）双人拦网。双人拦网是集体拦网的主要形式。双人拦网主要由 2 号、3 号位或 3 号、4 号位队员组成。根据对方不同的进攻位置其具体分工也不同。当对方 4 号位进攻时本方 2 号位拦网为主，3 号位队员移动并拢协同配合拦网，组成双人拦网；如果球较集中，则以 3 号位为主，2 号位队员进行配合拦网。当对方 3 号位进攻时，一般本方以 3 号位拦网为主，4 号位队员配合拦网，若对方 2 号位进攻，本方应以 4 号位拦网为主，3 号位配合拦网。

（2）三人拦网。三人拦网多在对方进行高点强攻的情况下运用，在组成三人拦网时，不论对方从哪个位置进攻，都应以本方 3 号位队员拦网为主，两边队员主动配合拦网。

三、排球基本战术

排球战术是运动员在比赛中根据排球规则、排球运动规律、两队彼此的具体情况以及临场的变化，合理地运用技术，采取有目的、有组织和有预见的配合行动。

排球战术有各种分类方法，战术分类的原则是基于无论进攻或防守，排球战术都包含着集体战术和个人战术两大部分这一客观存在（所以我们首先将战术划分为这两大类）。个人战术即有目的地运用技术的过程，分为发球、一传、二传、扣球、拦网、后排防守 6 项个人战术；在集体战术中，则会按比赛中出现的各种不同情况的来球，组织相应的进攻战术系统。

（一）集体战术

集体战术是指两个或两个以上队员之间有组织、有目的的集体协同配合，任何集体进攻战术的变化都是建立在进攻阵型和进攻打法的基础之上。

1. 进攻战术

（1）进攻阵型。进攻阵型就是进攻时所采用的基本阵型。合理地选择进攻阵型是各种进攻变化的基础。

①“中一二”进攻阵型及其变化。“中一二”是指由前排 3 号位队员做二传，将球传给 4 号位和 2 号位进攻的阵型。“中一二”是最基本的进攻阵型，其特点是二传队员在中间，一传容易到位。其站位及其变化如下：

- 五边形站位。
- 大三角站位。

这是最基本的站位方法，其变化主要以 2 号、4 号位进攻为主，辅以后排进攻等。

- 换位成“中二一”进攻阵型。

②“边一二”进攻阵型及其变化。“边一二”是指由前排 2 号位或 4 号位队员做二传，其他队员参与进攻的阵型。“边一二”也是基本的进攻阵型，其特点是二传队员在边上，对一传的要求较高。这种阵型的战术变化比“中一二”进攻阵型较多，战术可简可

繁，适合不同水平的队伍。

●“边一二”阵型：2号位队员站在网前担任二传，3号、4号位前排进攻，其他队员参与后排进攻。

●“反边一二”阵型：4号位队员站在网前作二传，其他队员参与进攻，如果3号位队员是左手扣球，采用这种阵型比较有利。

●换位成“边一二”阵型：通常由“反边一二”换位成“边一二”。

（2）进攻打法。进攻打法是指二传队员与扣球队员之间所组成的各种配合。

①强攻。在无掩护或掩护较少的情况下，主要依靠个人力量、高度和技巧等强行突破对方的拦防。

●集中进攻：在2号、4号位组织比较集中的高球进攻，或在3号位扣一般高球。这种打法易掌握，也易被拦截，适用于初学者或水平较低的队伍。

●围绕进攻：围绕跑动换位是为了发挥自己的扣球特长，避开对方拦网的有效区域。进攻队员从二传队员前面绕到后面或从后面绕到前面去扣球，这被称为围绕进攻。

●调整进攻：当一传或防起的球不到位，球的落点离限制线较远时，由二传队员或其他队员，把球调整到网前有利于扣球的位置进行强攻的打法被称为调整进攻。调整进攻在反击中运用较多，并占有比较重要的地位。

②快攻。快攻是各种快球、平球以及这种打法作为掩护，由本人或同伴所完成的进攻，包括快球、背快球、短平快、时间差、位置差、前交叉、背交叉等。

2. 防守战术

（1）接发球阵型。一般采用“一三二”阵型，主二传突出靠网前，以左右两点（人）进攻为主，后排两点（人）进攻为辅。该阵式进攻位置清楚，二传给球有规律、易掌握，为大多数人所采用。

（2）后排防守阵型。与对方扣球队员相对应位置队员拦网的防守阵型或固定3号位队员拦网的防守阵型。

（3）双人拦网时防守阵型及其变化。

①“心跟进”防守阵型。在对方扣球路线变化多，而且打吊结合的情况下采用的防守阵型。

②“边跟进”防守阵型。这是双人拦网时常采用的，后排1号、5号位跟进的防守阵型。

（二）个人战术

个人战术是队员根据临场比赛的情况，有目的、有针对性地运用个人技术的战术。

1. 发球个人战术

（1）攻击性发球。尽量地发出速度快、力量大、旋转强、弧度平的攻击性发球以及发出轻、重、平冲、下沉等飘度大的飘球。

（2）控制落点的发球。找薄弱区域发球，将球发到对方前区、后区、两个队员之间的连接区、三角地区、一传差的队员。

（3）变化性的发球。突然加快发球的节奏，使对方措手不及或突然放慢发球节奏，如发高吊球，利用球体下落的速度变化，使对方不适应，还可以时而发长线球，时而发短线球，调动对方。

2. 二传个人战术

（1）隐蔽传球。二传队员尽可能地以相似动作传出不同方向的球，使对方难以判断传球的方向。

（2）高点二传。二传队员在跳起的最高点直臂传球，以提高击球点，加快进攻速度。

（3）选择突破点。根据对方拦网的部署，避开拦网强的区域，选择薄弱环节作为突破口，在局部地区造成以多打少、以强攻弱的优势。

3. 扣球个人战术

（1）路线变化。扣球时，运用转体、转腕动作扣直线、斜线或小斜线的球，避开对方的拦网。

（2）轻重变化。扣球时，重扣强行突破与轻扣打点有机结合。

（3）超手和打手。充分利用弹跳力，采取超手扣球，从拦网队员手的上空突破；还可以利用平扣、侧旋扣球、推打等手法，造成拦网队员的打手出界。

（4）打吊结合。在对方严密的拦网下，先佯装大力扣杀，突然由扣变吊，将球吊入对方空当。

4. 一传个人战术

（1）组织快攻战术。一传的弧度要平、速度稍快，以加快进攻的节奏。

（2）组织两次球进攻战术。一传弧度要高，接近垂直下落，以利于两次进攻或转移。

（3）组织交叉进攻战术。3 号、4 号位交叉，一传落点要靠近球网中间；2 号、3 号位交叉，一传点要落在 2 号、3 号位之间。

（4）组织突袭战术。比赛中，如发现对方场区有较大空当或对方队员无准备时，一传可直接用垫、挡等动作将球击向目标区域，突袭对方。

5. 拦网个人战术

（1）假动作。拦网队员可灵活地运用站直拦斜、站斜拦直、正拦侧堵等方法，迷惑对方。

（2）变换手型。拦网队员起跳后，根据进攻队员的动作随机应变地改变拦网手型。

（3）撤手。发现对方要打手出界或平扣球时，可在空中及时将手撤回，造成对方扣球出界。

（三）阵容配备

阵容配备就是合理地安排场上队员技术力量的组织形式。

1. 阵容配备的主要形式

（1）“四二”配备。“四二”配备是指场上队员有 4 个进攻队员和 2 个二传队员。4 个进攻队员又分为两个主攻，两个副攻，他们都站在对角的位置上。其优点是无论怎样轮转，前排都能保证 3 点进攻，便于组织和发挥攻击力量，给对方的拦网及防守造成困难。但对两个二传队员的进攻能力要求较高，否则就会影响“四二”配备的进攻效果。

（2）“五一”配备。“五一”配备是指场上队员有 5 个进攻和 1 个二传队员。这种阵容配备的优点是全队只用适应 1 个二传队员的打法，相互之间容易建立默契，有利于二传队员统一贯彻战术意图。但二传队员在前排时，只有两点攻。要充分利用两次球、吊球及后排扣球等战术变化突袭对方，以弥补“五一”配备的不足。

2. 主攻、副攻、二传队员的职责和特点

（1）主攻队员。主攻队员在比赛中主要承担攻坚任务，需要在困难的情况下突破对方的集体拦网。主攻队员主要进行中、远网，后排及调整扣球进攻。因此，对主攻队员击球的高度、力量、技巧、路线变化及准备性等方面都有较高的要求。

（2）副攻队员。副攻队员主要以快、变、活等进攻手段去突破对方的拦网，并积极跑动掩护，给其他队员创造有利条件，同时还要担负中间和两侧的拦网任务。这对副攻队员在体能和技术上都提出了很高的要求。

（3）二传队员。二传队员是战术进攻的核心，要根据临场情况随机应变，合理地组织各种进攻战术，积极贯彻教练的意图。一个优秀的二传对团结全队、鼓舞士气、取得良好成绩起着重要的作用。

从排球运动发展趋势来看，主、副攻队员和前后排的界限逐渐被打破，队员都应兼备强攻、快攻的技术和战术能力。这样才能适应进攻战术进一步发展的需要。但主、副攻队员的职责和特点应有所侧重。

四、排球竞赛规则简介

排球自 20 世纪 80 年代中期开始进入鼎盛期，技术发展到发球高点化、垫球多样化、传球速度化、扣球力量化、拦网滞空化的局面，战术发展到“点—线—面—立体”面面俱到的地步。排球竞赛规则的不断修改和完善，促使现代排球运动在错综复杂的技战术变化中，发展速度，增加变化，提高力量；促使队员向提高技术、战术、身体、心理、文化层次全面发展，让排球运动孕育着一场新的突破。

（一）排球比赛的场地

1. 比赛场地

排球比赛场地分比赛场区和无障碍区。比赛场区为长 18 米、宽 9 米的长方形，其四周至少有 3 米宽的无障碍区，从地面量起至少有 7 米的无障碍空间。国际排联正式比赛，比赛场区边线外的无障碍区宽应为 5 米，端线外的无障碍区宽应为 6.5 米，上空的无障碍空间至少高 12.5 米。

2. 比赛场地的场区

（1）比赛场区。由中线的中心线分为长 9 米、宽 9 米的两个相等的场区。

（2）前场区。每个场区各画一条距离中心线 3 米的进攻线（其宽度包括在内）。中线与进攻线之间为前场区。

（3）换人区。两条进攻线的延长线之间，记录台一侧边线外的范围为换人区。

（4）发球区。在两边的端线外，两条边线的延长线上，各画两条长 15 厘米，垂直并距离端线 20 厘米的短线，两条端线之间为发球区。发球区的深度延至无障碍区的终端。

（5）准备活动区。国际排联、世界和正式比赛在无障碍区外的球队席远端，各画 3 米的区域为准备活动区。自由防守人的替换区是无障碍区的一部分，在替补席一侧进攻延长线与底线延长线之间。

3. 比赛场地的要求

（1）地面。必须平坦、水平、划一。世界比赛场地地面只能为木质或合成物。

（2）界线。宽均为 5 厘米，其宽度包括在各个场区内。

（3）颜色。室内必须为浅色。界线颜色要与地面颜色不同。国际排联、世界与正式的比赛场地界线为白色，比赛场区和无障碍区分别为不同的颜色。

（二）技术性规定

1. 队员的场上位置

在发球队员击球时，双方队员（发球队员除外）必须在本场区内按轮转次序站位，靠近球网的 3 名队员为前排队员，其位置为 4 号位（左）、3 号位（中）、2 号位（右）；另外 3 名队员为后排队员，其位置为 5 号位（左）、6 号位（中）、1 号位（右）。队员的位置根据其脚的着地部位来判定。在发球队员击球的一刹那，场上队员脚的着地部位必须符合其位置要求。在发球击球后，队员可以在自己场区和无障碍区的任何位置上。

2. 发球

发球队员必须在第一裁判员鸣哨 8 秒钟内，将球抛起或持球手撤离，在球落地前，用一只手或手臂的任何部分将球击出。球只能被抛起或撤离 1 次，但拍球或在手中摆弄球是被允许的。发球队员在击球时或发球起跳时，不得踏及场区（包括端线）和发球区以外的地面。击球后，可以踏及或落在场区内或发球区以外。裁判员鸣哨允许发球前的发球无效。

3. 网下穿越

在不妨碍对方比赛的情况下，允许队员在网下穿越进入对方空间。允许队员的一只脚或双脚越过中线触及对方场区的同时，其余部分接触中线或置于中线上空。允许队员脚以外身体的任何其他部分接触对方的场区，但是不能干扰对方比赛。在比赛成死球后，队员可以进入对方场地。在不干扰对方比赛的情况下，队员可以穿越进入对方无障碍区。

4. 触网

击球行为触及标志杆以内球网部分为犯规。

5. 进攻性击球

发球和拦网外的其他所有向对方的击球。前排队员可以对任何高度的球完成进攻性击球，但触球时必须在本场地空间。后排队员则允许在后场区对任何高度的球完成进攻性击球，但起跳时脚不得踏及或越过进攻线，击球后可以落在前场区。

6. 拦网

只有前排队员允许完成拦网。拦网时队员可以将手或手臂伸过球网，但不得干扰对方击球。允许拦网队员越过球网触球，但必须在对方进攻性击球之后。

7. 比赛中的击球

队员的身体任何部位都允许触球，但球必须被击出，不得接住或抛出，球可以向任何方向弹出。队员若违反上述规定，则为持球犯规。一名队员连续击球 2 次，或球连续触及其身体的不同部位，则为连击。拦网时，一名队员或多名队员可以在一个动作中连续触球，第一次击球时，身体不同部位可以在一个动作中连续击球。

（三）自由防守队员

自由防守队员的比赛行为：自由防守队员可以替换在后排的任何一名队员。作为特殊的后排队员，自由防守队员不可以在任何位置上（包括场区和无障碍区）对整个球体高于球网上沿的球完成进攻性击球。自由防守队员不可以发球、拦网和试图拦网。如果自由防守队员在本队的前场区运用了上手传球，则不允许其他队员在球整体高于球网上沿的情况下完成进攻性击球。

第三节　足球运动

一、足球运动简介

足球是以脚为主来支配球的一项球类运动。现代足球运动是世界上开展得最广泛、影响最大的运动项目，有人称它为“世界第一运动”“运动之王”，它深受人们的喜爱。中国古代把用脚踢球叫作“蹴鞠”。早在 2000 多年前的春秋战国时期，就有了蹴鞠游戏。西汉时修建有“鞠域”，专供竞赛之用。唐代是蹴鞠活动的昌盛时期，出现了用灌气的球代替过去以毛发之物充填的球，称为“气毬”，并用球门代替了鞠室。而在西方，公元 10 世纪以后，法国、意大利、英国等一些国家有了足球游戏。到 15 世纪末有了“足球”之称，后逐渐发展成现代的足球运动。1863 年 10 月 26 日，英国人在伦敦成立了世界上第一个足球运动组织——英国足球协会，并统一了足球规则。人们称这一天是现代足球的诞生日。这次制定的足球规则共有 14 条，它是现今足球规则的基础。从 1900 年的第 2 届奥运会开始，足球就被列为奥运会的正式比赛项目，但它不允许职业运动员参加。1904 年 5 月 21 日，国际足联在巴黎成立。从 1930 年起，每 4 年举办一次世界足球锦标赛（又称为世界杯足球赛）。比赛取消了对职业运动员的限制。从此，现代足球运动日益发展。世界性主要赛事有世界杯足球赛、奥运会足球赛、欧洲杯足球赛、美洲杯足球赛、非洲国家杯和亚洲杯足球赛。

二、足球基本技术

（一）无球技术

足球运动员在比赛中的无球跑动占全场比赛的绝大多数时间，无球跑动中所涉及的动作运用，可大致归为跑、停、起动、转身。

无球技术对比赛极为重要，尤其是无球技术的质量，对运动员的技巧水平具有相当大的作用。对足球技巧缺乏深刻认识的教练员，往往只关注队员的球技或速度等，因为这些比较容易观察，但无球技术的作用却不易显露，于是忽略了发展队员的无球动作质量的训练。

1. 跑

足球比赛中的跑动，要求运动员必须能随时急停或减速，并通过扭动或转身来及时改变运动方向。从这点来讲，田径式的冲刺跑在足球比赛中很少运用。足球比赛中偶尔也有长距离的全速冲刺，这时，正确的跑姿是一笔财富，教练员应设法帮助运动员提高这一能力。

2. 停

足球跑与正常冲刺跑的最大不同点是便于随时因情急停。无论哪种跑，为了能急停稳定和平衡，必须迅速降低身体重心。稳定与平衡也是所有技术成功运用的坚实基础。

训练任何年龄的队员，都应强调低重心、稳定和平衡等要素，急停也可结合球技练习。例如，跑—急停—踢球，或是跑—急停—控球。

3. 起动

最费力和低效的起动姿势是静态直立，足球场上必须避免这一姿势。在静态起动不可回避的比赛局面下，运动员应使脚的站位便于向任何方向蹬出。要屈膝且上体适当前倾，头部保持稳定，身体重量应置于一脚的前部，两脚分开以保持平衡，两臂降低且在肘部呈90 度屈曲。

4. 转身

变向或转身能力与队员的动作速度密切相关，同时取决于队员做动作时的脚部位置。聪明的进攻队员总是懂得如何依据对手的站位来摆脱紧逼盯防。低重心的要领在急停与起动中有所提及，对转身动作也同样适用。在比赛的许多场合下，转身常与急停和起动具有相随关系。

（二）有球技术

1. 踢球

踢球是指运动员有目的地用脚把球击向预定目标的技术。踢球是足球运动中最重要的技术，主要用于传球和射门。

踢球的方法很多，主要有脚内侧踢球、脚背正面踢球、脚背内侧踢球、脚背外侧踢球，以及脚尖踢球和脚跟踢球。它们的动作结构完全一致，均由助跑、支撑脚站位、踢球脚摆动、脚触球、踢球的随前动作五个环节组成。

（1）脚内侧踢球（又称脚弓踢球）。脚内侧踢球是用脚内侧部位（跖趾关节、舟骨、跟骨等所形成的平面）踢球的一种方法，其特点是脚与球接触面积大，出球准确平衡，且易于掌握。但由于踢球时要求大腿前摆到一定程度时外展且屈膝，故大腿与小腿的摆动都受到限制，因此出球力量相对较小。

脚内侧踢定位球：直线助跑，支撑前的最后一步稍大一些，支撑脚站在球的侧面约15 厘 米处，脚尖正对出球方向，支撑腿膝关节微屈。在支撑脚着地时，踢球腿大腿带动小腿由后向前摆动，在前摆的过程中大腿外展，当膝关节的摆动接近球的正上方时小腿做爆发式摆动，在触球前将脚跟送出使得脚内侧部位所形成的平面与出球方向垂直，踢球时脚底与地面平行，脚尖微微翘起，踝关节功能性地紧张使脚型固定，触（击）球后身体跟随移动，髋关节向前送。

（2）脚背正面踢球（又称正脚背踢球）。脚背正面踢球由于其解剖特点，摆幅相对较大，加之用脚背踢球接触面（与球）相对较大，因而踢球力量也大，准确性也较强。但受以上因素影响，出球的方向及性质相对变化也较小。在比赛中经常使用脚背正面踢定位球、地滚球、空中球、反弹球及倒勾球。球的性质多为不旋转的直线球，但也可用来踢抽击性前旋球。

脚背正面踢定位球：直线助跑，最后一步稍大些，支撑脚积极着地支撑，在球的侧面10~12 厘米处，脚尖正对出球方向，膝关节微屈，踢球腿随跑动向后摆动，小腿屈曲，支撑的同时踢球腿以髋关节为轴，大腿带动小腿由后向前摆动。当膝关节摆至接近球的正上方时，小腿做爆发式的摆动，脚趾微屈，以脚背正面部位击球的后中部。击球后身体及踢球腿随球前移。

（3）脚背内侧踢球（又称内脚背踢球）。脚背内侧踢球是一种用第一跖骨和跖趾关节部位触击球的踢球方法。其技术结构与前两类踢球方法相同，但技术细节则有所区别。

脚背内侧踢定位球：斜线助跑，助跑方向与出球方向约呈 45 度，最后一步稍大，以支撑脚底积极着地，脚尖指向出球方向，距球内侧后方 20~22 厘米，膝关节微屈。在支撑的同时，踢球腿已完成后摆，并开始以髋关节为轴，大腿带动小腿由后向前摆动，当大腿摆至与支撑腿接近同一平面时，小腿做爆发式摆动，此时脚外转，脚背绷直，以脚背内侧部位触击球。击球后踢球腿及身体继续随球向前。

（4）脚背外侧踢球（又称外脚背踢球）。脚背外侧踢球是用第三、第四、第五跖骨部位接触球的一种方法。由于踢这种球的脚踝灵活性较大，摆腿方向变化较多，并且助跑时又是正常的跑动姿势，故其出球隐蔽性较强，足球比赛中各种距离的弧线球及非弧线球均可使用。

脚背外侧踢定位球：助跑、支撑脚站位及踢球腿摆动均与脚背正面踢球技术的三个环节相同，脚触球是用脚背外侧部位触球。此时要求膝关节和脚尖内转，脚背绷紧，脚趾紧屈并提膝，触（击）球后身体随踢球腿的摆动前移。

2. 接球

接球是指运动员有目的地用身体合适的部位把运行中的球接下来，控制在所需要的范围内，以便更好地衔接下一个技术动作。接球是为下一个动作服务的，接球质量的好坏直接影响下一个动作的顺利完成。比赛中来球性质、状态不同，接球应根据不同情况，采用不同的动作方法。

接球的方法有多种，常用的有脚内侧、脚背正面、脚背外侧、脚底、大腿、腹部、胸部、头部等部位的接球。

（1）脚内侧接球。脚内侧接球指的是用脚内侧部位接球的一种技术。由于脚触球面积大，动作简单，较易掌握，比赛中经常使用这种技术接各种地滚球、平球、反弹球、空中球。

脚内侧接地滚球：支撑脚的脚尖正对来球，膝关节微屈，同侧肩正对来球。接球腿提膝，大腿外展，脚尖微翘，脚底基本与地面平行，脚内侧正对来球并前迎，当脚内侧与球接触的一刹那迅速后撤，把球接在脚下。若需将球接在侧面时，支撑脚的脚尖应向同侧斜指，脚内侧与来球方向呈一定角度触球，同时支撑脚提踵，以前脚掌为轴做适当转动，身体移动。当来球力量不大时，只需将脚提到一定的高度，并使脚内侧与地面形成锐角轻触球。也可在触球时用下切动作使球前进之力部分转变为旋转力，而将球接在脚下。

（2）大腿接球。大腿接球一般可以用来接抛物线较大的高空球和略高于膝的低平球。

大腿接抛物线较大的下落球：面对来球方向，根据球的落点迅速移动到位，接球腿的大腿抬起，当球与大腿接触的瞬间大腿下撤将球接到需要的位置上。

（3）胸部接球。由于胸部接球部位较高，加之胸部面积大、肌肉较丰满等特点，易于掌握，故是接高球的一种好方法。胸部接球包括挺胸式和收胸式两种方法。

①挺胸式接球。面对来球站立（两脚左右或前后开立），两膝微屈，重心置于支撑面内，上体后仰，下颌微收，两臂自然张开，维持身体平衡。接触球瞬间，两脚蹬地，膝关节伸直用胸部轻托球的下部使球微微弹起于胸前上方。对于较高的平直球也可采用这种方法将球接于胸前，但触球瞬间膝关节由直变屈，脚由提踵状态变全脚掌落地，整个身体保持接球时的姿势，下撤将球接在胸前。

②收胸式接球。多用于接齐胸高的平直球。面对来球，两脚左右或前后开立，两臂自然张开，挺胸迎球，触球瞬间收胸、收腹、臀部后移将球接在体前。若需将球接在体侧时，则触球瞬间转体将球接在转体后相应的一侧。

3. 运球

运球技术从狭义上讲，仅是指运球的方法，即指用身体的某一部分触球，使球能随运球者一起运动；从广义上看，则不仅让球随人运动，还必须越过对方的防守，也就是说如何使用这些运球方法达到越过对方防守的目的。这里就包含了运球方法的运用问题。常用的运球技术有脚内侧、脚背正面、脚背外侧、脚背内侧运球。

（1）脚内侧运球。要求在运球前进时支撑脚始终领先于球，位于球的侧前方，肩部指向运球方向，支撑腿的膝关节微屈，重心放在支撑腿上，另一条腿提起屈膝，用脚内侧推球前进，然后运球脚着地。

由于肩部指向运球方向，身体侧转，虽然移动速度较慢，但身体前倾有利于将对方与球隔开，因而这种技术多用在运球寻找配合传球时，或有对方阻拦需用身体作掩护时。

（2）脚背正面运球。运球时身体保持正常跑动姿势，上体稍前倾，步幅不宜过大，运球腿提起，膝关节稍屈，髋关节前送，提踵，脚尖下指，在着地前用脚背正面部位触球的后中部将球推送前进。

由于脚背正面运球时身体保持正常跑动姿势，故可以发挥出较快的速度，因而这种技术多用在运球前方一定距离内无对手阻拦时。

（3）脚背外侧运球。运球时身体保持正常跑动姿势，上体稍前倾，步幅不宜过大，运球腿提起，膝关节稍屈，髋关节前送，提踵，脚尖绕矢状轴向内旋转，使脚背外侧正对运球方向，在运球脚落地前用脚背外侧推拨球的后中部。

脚背外侧运球时，身体姿势与正常跑动时相同，因而可以发挥出较快的速度，也与脚背正面运球有相同的用途。另外，利用脚腕的动作可以很快改变脚背外侧面所正对的方向，故在运球脚一侧改变方向时也多采用这种运球方法。脚背外侧运球能用身体将对手与球隔开，故掩护时也常使用。

(4) 脚背内侧运球。身体稍侧转并自然协调放松，步幅小，上体前倾，运球腿提起外展，膝微屈外转，提踵，脚尖外转，使脚背内侧正对运球方向，在运球脚落地前用脚背内侧推拨球，使球随身体前进。

脚背内侧运球由于身体稍侧转，不能采用正常跑动姿势，因而不适用于高速运球。但由于接触部位和支撑位置的特点，易于完成向支撑脚一侧的转动，故多用于向支撑脚一侧的转动变向运球。

4. 头顶球

进攻头顶球与防守头顶球尽管在技术上很相似，但目的截然不同。进攻时，头顶球技术用于传球或攻门，要求具有准确性；但在防守时，顶球要有力量、有远度，这样才能把球从危险区域解围出去。现代足球要求每一名队员都具有攻守双重能力，既可以在进攻时插向对方门前争顶得分，也能在本方失去控球权时回撤至本方门前参与防守。能攻善守的队员对任何一支球队来说都是一笔宝贵的财富。头顶球技术分为地面顶球和跳起顶球两种。

(1) 地面顶球。地面顶球有跑动中和原地两种方式，无论哪一种，保持身体平衡都很重要。两脚应前后开立，这可以确保在上体后仰时身体不失去平衡，击球力量来自腿的蹬地、髋部和颈部的摆动。两臂在体侧自然张开，眼睛注视球，不要张开嘴巴。

击球时应用前额部位，头要加速前摆，有些初学者，由于缺乏信心和胆怯心理，让球来击头是不对的。击球后，头和身体应向出球方向继续前移，以保证准确性。

(2) 跳起顶球。助跑是跳起顶球技术较难掌握的环节，因为其涉及起跳时机。每名队员都应尽可能抢最高点击球。一般来说，单脚起跳跳得越高，在跑动中起跳也更迅捷，但需要有一定的空间，而双脚起跳在静位即可。对于某些习惯于双脚起跳的队员，我们不必勉强他们改变，也许采用这种起跳方式他们能更易于控制身体平衡，防守时若无对手急抢，常用这种方式向前方大力顶球。在练习跑起顶球时，对起跳时机的训练应特别关注。击球时，同样以前额部位顶球，眼睛要注视球，击球后上体前倾，头伸向出球方向。队员跳起后的最高点，处于向上和下落的交界时一个瞬间的静态，这是头顶球的最佳时机。

三、足球基本战术

足球战术就是比赛中为了战胜对手，根据主客观的实际所采取的个人和集体配合的手段的综合表现。比赛实践证明，熟练而巧妙地运用战术是全队夺取胜利的重要因素。

足球比赛是由攻和守这对矛盾组成的，攻和守的不断变换组成了比赛的全过程。因此，足球战术可分为进攻和防守战术两大系统，其中又分别包含着个人和集体战术两类。比赛的实践已证明：成功地组织战术和巧妙地运用战术是夺取比赛胜利的重要因素。做到扬长避短才能克敌制胜。

（一）攻守战术原则

足球比赛是在规定的范围和时间内进行对抗争胜的球类比赛项目，为达到比赛取胜的目的，运动员比赛时应当在变化万千的攻守战术行动中遵循一定的准则，从而达到提高行动效率，减少行动失误，扩大取胜概率的良好效果。这些在比赛中应当始终遵循的“信条”就是比赛的攻守原则。

1. 进攻原则

当一个队在比赛中从对方脚下获得对球控制的刹那，进攻战术便开始展开。为了求得战术的运用效果，一个队必须掌握并善于运用进攻的四大原则。

（1）宽度原则。进攻者尽可能地利用场地宽度，使防守者被迫扩大横向防守面积，从而创造便于利用的进攻空间。该原则主要应用于降低进攻推进速度，稳步组织进攻的战术形势下。当处于这一阵势，任何场区都可以应用这一原则。在运用该原则时，必须准确地掌握好横传和横向长传基本技术，以便为继而实施的渗透性进攻提供可靠的技术保证。

（2）渗透原则。进攻方采用横传拉开防守后，通过正脚背或其他脚法以尽可能快的方式传球渗透并向前推进。其目的是直接创造射门机会，或为射门创造有利的条件。该原则不仅要求队员具备准确快速地运用各种脚法回传球渗透的能力，而且要求其具有良好的移动速度。当慢速进攻时，突然性的速度将是渗透对方防守的重要条件。渗透对方越早、越快，成功的概率越高。因此，在中场稳妥地组织进攻时，每位队员应努力准备伺机迅速采用渗透性传球，以创造射门机会。

（3）灵活原则。在进攻中被对方盯防时所采取的机智协调有球和无球的行动。该原则表现在有球活动时主要是向一侧运球为同伴创造另一侧跑位切入的空当和向前方运球将会在身后创造空当。无球活动则主要体现在有意识地穿插跑位，为无法和持球同伴拉开空当以及利用有球队员战术移动所扯开的空当切入，创造传球点。在执行灵活原则时，身体素质方面的特殊要求是较快的起动速度。因为摆脱盯人以及切入空当，需要快速起动。后卫插上和中场策应，仍需要爆发性速度。进攻队员必须具备上述技术、战术及身体素质并能正确合理地执行灵活原则，方能瓦解对方密集防守布局，打乱防守阵脚，求得前场进攻战术运用的成功。

（4）即兴发挥原则。在进攻中合理随意地创造射门机会和抢时机射门，其最终目的在于射门得分。就该原则的战术思想而言，每一名队员都应尽可能多地创造射门机会并伺机射门，否则，必然是华而不实，劳而无功。总之，最终能够射门就是合理的。在逼抢激烈的争夺中，战术的有效性更依赖队员对环境的深刻理解和即兴创造力。因此，直觉、应变思维、临场经验、本能反应等战术素养和个人天赋，就成为参战队员的必备条件。

2. 防守原则

在足球比赛中，防守战术是从丢球后即刻开始的。防守战术在比赛中的具体运用，往往表现出一定的被动性，即受进攻战术的牵制。但就其目的而言，防守战术是遏制对方进攻并设法夺回球的控制权。因而，其主动性仍然是极其明显的，防守战术的主动性通常体现在战术原则主动运用方面的积极抢断。为了掌握好防守战术，防守队员必须掌握好下面几个原则。

（1）延缓原则。延缓和阻碍对方的进攻，为本队组织严密的防守布局争取时间。延缓原则常用于进攻失球后的即刻，完成这一任务的队员通常是离球最近的锋线队员。一般来说，锋线队员失球后的唯一战术职责就是担任防守的第一道障碍线，阻止对方有组织地快速反击。当然，在条件许可的前提下，这一队员也可以见机行事，主动积极地抢断球。作为初学者必须清楚地了解延缓的目的。

原则与灵活常常是战术奏效的不可分割的因素，而两者恰到好处的随机掌握，则来自队员对具体赛况的分析以及整体战术意识和应变能力。

（2）平衡原则。防守队员在人数上至少与进攻队员保持等量。在同伴延缓对方进攻速度时，每一位防守队员应根据自己的位置职能要求，迅速回撤到自己的防守位置上，并在整体布局上形成相互保护的合理站位。一般来说，初学者在练习实施这一原则时，总是要求防守队在防守人数上尽可能多于进攻队。在执行平衡原则中，延缓进攻速度的防守队员可以灵活地断截球。对防守的队员来说，这一有助于迅速恢复控制球权的机会切不可放过。当同伴在运用延缓原则时，其他防守队员决不可把延缓作为减慢回撤速度的理由，相反，每个队员都应尽可能快地回位。

（3）集中原则。防守队员在回位后，把注意力专注于每一位进攻者，面对进攻者要因时制宜地采取积极性的反抢行动。在执行该原则时，要以近球者紧逼、远球者适当保持一定距离为基本思想。集中防守的成败，从个人角度讲，每一队员的抢截、铲球、破坏球技术、良好的起动断球速度、防守意识以及临场经验等都起着十分重要的作用。就整体配合而言，成败更取决于队员间的保护、补位、夹击以及围抢的配合能力。

（4）控制原则。针对后场区的防守而言。其基本内容是：基于球门前面是防守区域的咽喉地带，为了确保球门安全，防守队员必须采用盯人方法，以控制对手在此区域的一切行动。盯人既可采用人盯人与保护的方式，也可运用区域盯人的方式，这主要取决于本队和对方队员的具体攻守特点，但无论采取何种形式，牢牢控制对手的根本目的是不能掉以轻心的。在完成这一战术任务过程中，防守队员所运用的技术手段可包括限制进攻者靠近球、封堵控球者脚下球、抢截和追逼进攻者等。总之，防守者必须竭尽全力阻拦和遏制进攻队员任何可能的射门机会。在执行该原则中，每一位防守队员的主要任务都在于控制进攻者的一切行动，但每一位防守队员也应始终在头脑中留有随时准备反攻的意识。因为一旦抢下球就意味着进攻的开始，如果防守者能在防守中孕育着进攻的动机，那么，抢下球后必然会寻求快攻，而快攻则必然有助于提高进攻的威胁性。

（二）进攻战术

1. 活动球进攻战术

活动球进攻战术按参与战术配合的人数划分，可分为个人、局部和整体进攻战术。

（1）个人进攻战术。

①有球进攻战术。

• 运球突破：多用于中前场，并伴随假动作以更好地突破对手防线，达到使本人射门或与同伴配合射门的目的。但当同伴位置较本人更利于进攻时，则应早传球，不要盲目运球，以免贻误战机。

• 传球：运动员在场上可以传出各种不同的球，如长短、高低、直线与弧线等。但不论哪种传球，都必须做到传球目标明确、时机恰当、力量和落点合适。

• 射门：射门时有角度大小、距离远近和有无对手干扰之分。因此，射门时必须观察守门员的位置，保障射门时机恰当、行动果断、沉着冷静、力量适中等。

②无球进攻战术。

• 摆脱：当对手紧逼无球队员时，其应当积极摆脱掉对手。常用突然启动、变速变向和假动作等方法摆脱对手。

• 跑位：有意识有目的的跑动，能为自己和同伴创造良好的进攻或射门机会。跑位时必须做到观察敏锐，时机恰当，目的明确。

（2）局部进攻战术。在场地某一局部地区，二三人之间的进攻配合，多采用两人的传切配合和二过一配合等形式。

①传切配合：常见的传切配合有三种形式，即斜传直切、直线斜切、斜传斜切。

不论哪种传切配合，两人都要快速突入，根据不同情况，有时先切入后传球，有时先传球后切入，一般前者运用多一些，因为球速快于人速。

②二过一配合：在局部地区，两个队员通过连续两次传球配合，越过一名防守队员，被称为二过一配合，通常也被称为“墙式”配合。二过一配合形式多种多样，主要有：横传直插斜传二过一，横传斜插直传二过一，斜传直插斜传二过一，斜传斜插直传二过一，直传斜插斜传二过一，斜传斜插斜传二过一，斜回传直插斜传二过一，回身直传返身直插直传二过一。

一个成功的二过一配合，必须具备下面三个条件：

· 持球队员的第一传，必须快速、准确，而且带有隐蔽性；

· 第一传球者传完球后，必须毫不迟疑地突然插入前面的空当；

· 第二传球者传出的球，必须使第一传球者得球没有任何困难。

（3）整体进攻战术。整体进攻战术是指将若干个局部进攻战术串为一体，为完成整体进攻战术任务所采取的全队配合方法。因此，整体进攻战术是建立在个人和局部进攻战术的基础上的。整体进攻战术配合在进攻的方向和进攻的速度上的两种形式：

①进攻方向。

• 边路进攻：在场地两个侧面发展的进攻。因边路空隙大，防守力量相对薄弱，所以易成功。

实际比赛中，每次边路进攻并非都由后场发动，可在中场发动也可在前场发动。

• 中路进攻：中路进攻是利用球场中间区域组织的进攻，这种进攻虽能直接射门，但难度最大，因中路防守最为严密，门前的攻击手必须是反应极其敏锐、意识强、技术高、敢于冒险、速度快和善于跑位策应的队员。

• 转移进攻：当一个队伍从一侧展开攻势时，防守重心会迅速移向这一侧。这样就给进攻者增加了进攻难度，此时则可改变进攻方向，将球转向另一侧。这也是一种声东击西、避实就虚的有效进攻手段。

转移的形式可由一侧边路长传转移至另一侧边路，也可由中路转向左路或右路，还可由左或右侧边路转向中路。

②进攻速度。

• 快速反击进攻：这是一种当甲队全线进攻时后卫线往往压至中场附近，防守人数也由于插上进攻和助攻而相对减少，乙队抢断球后，趁甲队后场空虚之时，通过简练快速的几次传球配合攻击对方的一种有效的进攻方式。

快速反击进攻战术多是由守门员和中、后场队员抢断球后发动的，也有利用定位球发动的。

• 逐步推进进攻：逐步推进进攻是指快速反击进攻条件不成熟时，采用有组织、有步骤层层推进的一种进攻方式。在推进中寻找防守空隙，予以攻击。

• 阵地进攻：当对方在门前形成密集防守时，给攻方进攻设置了层层障碍。此时，攻方则形成了阵地进攻。采用的进攻手段主要有：拉开防区，从边路进攻；中路的个人运球突破；中路的二过一配合进攻；利用高大中锋，长传高吊；诱“虎”出洞，趁机快攻等。

2. 定位球进攻战术

定位球进攻战术是指在比赛开始或比赛成死球至恢复比赛时所用的进攻战术配合方法。它包括中圈开球、任意球、角球、球门球、点球、掷界外球等。

（1）任意球进攻战术：它分为直接任意球和间接任意球两种进攻战术。如今，队员十分重视和珍惜前场任意球进攻战术，它已成了破门得分的重要手段。

①前场直接任意球进攻战术。

• 直接射门：由于防守者常常组成“人墙”防守，攻方常利用射门技术最好的队员，以射弧线球绕过“人墙”直接破门得分；或趁对方未排“人墙”之前直接射门得分。

• 配合射门：如果在侧路发球或在中路但空隙很小，个人直接射门机会不成熟时，则可采用传球配合方式射门得分。

②前场间接任意球进攻战术：根据本队特点，采用不同的进攻配合方式。

由于各队特点不一，任意球配合的方式多种多样。无论采用什么配合方式射门，都必须注意下列几点：快速、突然；配合越简练越好；要有固定的进攻配合套路；善于利用人数上的优势；要有射弧线球的能手。

（2）角球进攻战术。

①直接长传的配合战术：根据本队队员特点，采用不同的配合方式。一般来说，该战术是指将球传至远端门柱附近，距端线 5~10 米的门前区域。因此区守门员不宜出击，便于争顶射门。

②短传的配合战术：当本方争顶射门能力差，而对手明显强于自己时，常常采用短传配合战术，以利于本队进攻。

配合的方式很多，主要有同侧后面队员突然插上接应配合和场上中路队员突然横向跑向发角球队员，进行接应配合。

（三）防守战术

1. 活动球防守战术

活动球防守战术按参与战术配合的人数划分，可分为个人、局部和整体防守战术。

（1）个人防守战术：主要有盯人、选位等。

①盯人：防守队员有意地盯防一个进攻队员，使其不能自由地进行有球和无球活动。

盯人时，一般距对手 2 米左右，这样便于进或退，所处的位置应始终在对手与球门之间。同时还应人球兼顾，既要盯人又要看球。

②选位：防守队员在防守时不失时机地选择并占据合理的防守位置。

选位同样要选择使自己始终处在对手与本方球门之间的位置。在本方发球区选位时，也要人球兼顾，把对手置于自己的视野之内。

（2）局部防守战术：主要有保护、补位和围抢以及制造越位等。

①保护：当同伴紧逼控球的对手时，自己选择适当位置保护同伴，以防止对手突破的默契行动。

②补位：防守队员之间互相协助的防守配合行动。

③围抢：在局部地区几个防守队员同时围堵、抢夺对方控球队员的默契行动。

④制造越位：几名防守队员通过默契配合行动，迫使进攻队员越位犯规。局部防守战术是否成功，关键在于队员之间的默契行动。为此，常常采用手势、呼唤等方式，以保证队员间的行动默契。

（3）整体防守战术：将若干个局部防守战术串为一体，为完成整体防守战术任务所采取的全队配合方法。因此，整体防守战术是建立在个人和局部防守战术基础上的。

整体防守战术分为区域防守、人盯人防守和综合防守三种防守方法。

①区域防守：在防守时，每个防守队员防守住一个区域，当对方任一队员跑入本区时，则进行积极防守，以限制其进攻活动的配合方法。

②人盯人防守：在防守时，每一个防守队员盯住一个对手，限制其有球和无球活动的配合方法。

③综合防守：人盯人防守与区域防守相结合的防守方法。

综合防守是目前广泛采用的一种整体防守战术。因它克服了人盯人和区域防守的缺点，集中了它们的优点而备受重视。采用这种防守方法时，对有球队员和有球的局部地区要紧逼盯抢，而距球远的防守队员可采用区域防守，如两个中卫，一个突前，以盯人为主；另一个拖后进行区域防守。

2. 定位球防守战术

定位球防守战术是与定位球进攻战术相对应进行的。这里的重点是任意球防守战术和角球防守战术。

（1）任意球防守战术。重点是防守前场直接任意球战术。防守时，主要是排成“人墙”进行防守。排墙人数主要依据球距球门的远近和射门角度大小而定。距离球门越近，射门角度越大，“人墙”的人数则越多。一般来说，对方在罚球弧附近罚球时，可用 5~6 人排墙；在罚球区与边线平行处之间罚球时，可用 1~2 人排墙。排墙位置，一般是封死球门的近角，远角留给守门员防守。

（2）角球防守战术。在防守角球时，一是在距角球区 9.15 米处设一位防守队员，干扰和破坏对手利用短传球配合进攻的角球；二是门前的配合防守，原则上以盯人为主，但近门柱处设一位防守队员，以防球从近门柱处入门。

防守角球时必须做到：分工明确，各负其责；积极争拼第一点球；有专人指挥，不要忙乱；严密封堵对手抢射的第二点球等。

（四）足球比赛阵型

比赛阵型是指在比赛场上队员基本位置的排列，是本队攻守力量的搭配。阵型规定了队员的主要职责。一支球队所采用的阵型主要应根据本队队员的特长和特点来选择。

阵型的主要内容是划分各个位置运动员攻守的一般区域；规定每个运动员攻守的具体职责；确定每名运动员与各条线之间的关系；明确个人、局部与整体间有目的的联系。

足球比赛阵型的人数排列是从后卫数向前锋，根据队员排列的层次分为后卫线、前卫线和前锋线，通常也称为后场队员、中场队员和前场队员。根据运动员上场比赛的人数，通常分为十一人制、九人制、七人制和五人制。它们各有不同的阵型排列。

1. 十一人制比赛阵型

当今国际足坛在采用十一人制比赛阵型时，主要有1+4+3+3（“四三三”）阵型、1+4+4+2（“四四二”）阵型和1+3+5+2（“三五二”）阵型。

（1）“四三三”阵型：是由“四二四”阵型演变而来。

①特点。

• 加强了中场力量。中场由3人组成，有利于攻守力量的组织。

• 增强了机动性。防守时，两个边锋和三个前卫可不受位置束缚参与防守；进攻时，两个边后卫、中卫也可随时插上进攻。

• 为发挥中后场队员的潜力创造了条件。这一阵型的三个前锋抵不住四个后卫，但二三线队员的突然插上进攻，会使对手措手不及，防不胜防。

②各位置职责。

“四三三”阵型各位置的主要职责是：

守门员：守住对方射向球门的球；担任后场的指挥员；组织防守体系；有效地发动进攻。

右、左边后卫：盯防对方的边锋；防守对方从边路发动的进攻；及时补位；组织和插上进攻。

突前中卫：紧盯对方中锋；解除罚球区附近高球的威胁；发动和组织进攻。

拖后中卫：保护同伴和补位；伺机抢劫球；指挥和组织防守；组织进攻或插上射门。

前卫：组织进攻；远射和插上攻击球门；组织或盯人防守；保护和补位。

由于三个前卫特点和要求不同，其职责也有所侧重。

右、左边锋：边路突破传中；射门得分；多承担定位球进攻；协助防守。

中锋：射门得分；为同伴创造射门机会；协助防守。

（2）“四四二”阵型：是由“四三三”阵型演变过来的。其特点是加强了中后场的防守，有利于快速反击和二三线队员插上进攻。

（3）“三五二”阵型：为了对付“四四二”阵型中的双中锋和加强后卫的插上进攻以及稳固中场，于是出现了“三五二”阵型。这样，使全队攻守更加灵活、更加机动。

2. 七人制比赛阵型

根据本队和对手的特点，七人制比赛阵型大致有 1+3+3 阵型和 1+2+1+3 阵型等。

3. 五人制比赛阵型

根据本队特点和比赛需要，五人制比赛阵型主要有 1+2+2 阵型和 1+3+1 阵型等。

七人制和五人制足球比赛，攻守战术和队员职责与十一人制大体相同。但由于规则等不同特点，攻守战术也有些区别，主要有：以短传配合的中路进攻战术和局部地区的二三人配合；而边路的传中和外围冲吊打法较少；防守时罚球区附近的紧逼盯人与相互保护以及邻近位置的补位也颇为多见；阵型和位置分工不甚明显；守门员活动范围也略为扩大并多用手掷球等。

4. 选用比赛阵型的原则

（1）必须依据本队和对方队员特点择用阵型。

（2）必须允许队员摆脱阵型的束缚。

（3）阵型不是战术打法的本质反映。

（4）根据前后三条线（或两条线）攻守力量的需要来配备人数。

第四节 乒乓球运动

一、乒乓球运动简介

乒乓球运动创始于英国。19 世纪末，欧洲盛行网球运动，但由于受到场地和天气条件的限制，英国有些大学生便把网球移到室内，以餐桌为球台，书为球网，把羊皮纸当球拍，在餐桌上打来打去。1890 年，英国运动员吉布从美国带回一些作为玩具的赛璐珞球，将其用于乒乓球运动。随后改为空心的塑料球，并用木板代替了网拍，在桌子上进行这种新颖的“网球赛”，于是乒乓球就这样诞生了。

乒乓球从游戏到竞技体育项目，经历了几个重大的发展阶段：

第一阶段（1926—1951 年）：欧洲乒乓球运动的全盛时期。

第二阶段（1952—1959 年）：日本队称雄世界乒坛。

第三阶段（1959—1969 年）：中国乒乓球运动的兴起与发展。

第四阶段（1970—1979 年）：欧洲乒乓球运动的复兴与欧、亚的争夺。

第五阶段（1981 年至今）：中国乒乓球队攀上世界高峰；如今世界乒乓球比赛形成中国球队与世界强队竞相夺冠的格局。

二、乒乓球基本技术

（一）握拍方法

世界上流行的握拍方法主要分为直拍（Penhold Grip）和横拍（Shakehand Grip）两种。直拍的握法手指运用较灵活，在发球变化、处理近网球和追身球方面较横握拍容易。

直拍的关键动作是拇指与食指钳住拍柄。拇指的第一指节压住球拍的左肩；食指的第二指节紧贴着拍柄右肩，第一指节按住拍面，因而钳形较大。球拍背面中指、无名指和小指伸开，分指托拍。

横握拍时手指、手掌接触拍柄、拍面的面积比直拍大，横握拍的稳定性比直拍好，转换也比直握板快。

横拍的关键动作是用手掌握住球拍手柄，虎口贴住手柄根部，中指、无名指和小指三指弯曲握住手柄，食指自然伸直贴在球拍背面，握拍的力度要以方便转动手腕为宜。

（二）基本步法

1. 单步

移动方法：以一只脚为轴，另一只脚向前、后、左、右不同方向移动，身体重心随之落在移动脚上。实际运用于：①接近网小球；②削追身球；③单步侧身攻击在来球落点位于中线稍偏左或对推中侧身突袭直线或对搓中提拉球时常用。

2. 跨步

移动方法：一只脚蹬地，另一只脚向移动方向跨一大步，蹬地脚随后跟上半步或小步，身体重心即移到跨步脚上。

实际运用于：①近台快攻打法，用来对付离身体稍远的来球；②削球打法，左、右移动击球；③跨步侧身攻，当来球速度较慢，但离身体稍远时，左脚向左前上方跨一大步，右脚随即跟上一小步，同时配合腰部右转动作，完成侧身移动。

3. 并步

移动方法：一只脚先向另一只脚并半步或一小步，另一只脚在并步脚落地后随即向来球方向移动一步。

实际运用于：①快攻选手在左右移动中攻或拉球；②削球选手正反手削球；③并步侧身攻，多用于拉削球，右脚先向左脚后并一步，以便转体，随之左脚向侧跨一步。

4. 跳步

移动方法：以来球异侧脚用力蹬地，两脚同时离地向来球方向跳动。

实际运用于：①快攻选手左右移动击球，常与跨步结合起来使用；②弧圈类打法由中台向左、右移动时常用；③跳步侧身攻或拉，但在空中需完成转腰动作；④削球选手在接突击时常采用，但以小跳步来调整站位用得较多。

5. 交叉步

移动方法：以靠近来球方向的脚作为支撑脚，该脚的脚尖调整指向移动方向，远离来球方向的脚在体前交叉，向来球方向跨出一大步，身体随之向来球方向转动，支撑脚向来球方向再迈一步，这是前交叉步。后交叉步是在体后完成交叉动作。

实际运用于：①快攻或弧圈打法在侧身攻、拉后扑打右角空当，或从右大角变反手击球；②在走动中拉削球；③削球打法接短球或削突出击。

6. 侧身步

移动方法：以右脚为支撑用力，左脚向左后方迈出，转腰引拍的同时右脚向右后侧移动，将身体重心放在右腿，根据来球的落点让身体与球台底线形成一定的角度。

实际运用于：①直拍发球后的侧身抢攻；②反手相持中的侧身抢攻。

7. 碎步

较高频率的小垫步，在找到合适的击球点前要通过小碎步来调整，争取更好的击球点。碎步多与其他脚步配合使用。

（三）正手攻球

正手攻球在乒乓球的技术里是基础环节，在乒乓球的训练启蒙中有着重要的地位，如果掌握得好，比赛中不仅可以扣杀出机会，也能为后面的弧旋球打下基础。

两脚与肩同宽，左脚向前移出半脚的距离，左手握拳放在胸前，重心前倾，前脚掌着地，收腹含胸。当来球将落至台面时，前臂外展将球拍后引至身体右侧，板型稍有倾斜，重心压在右腿上，完成步法、手法两个引板的任务。上臂带动前臂由后向前用力挥击，拍头引领手指、手腕向前上方挥拍，完成收小臂的动作（挥拍挥到与自己的鼻子同高），同时腿底下重心从右腿到左腿完成转换。击球点是球中部，击球后，球拍与重心随势放到胸前，还原到起始位置。

（四）反手攻球

两脚分开与肩同宽。右手执拍，肘部自然下垂。击球前，引拍时前臂与台面平行，将球拍引至腹部中间的位置。击球过程中，在来球落在台面向上弹起时，前臂以肘为轴向右前上方挥动，拍型略向前倾，在上升期击球的中部。击球后顺势将球拍挥至右肩前，拍头朝上。

（五）直板推挡

双脚与肩同宽，身体离球台约 40 厘米。击球前球拍要引至身体前，拍面稍前倾，保持半斜状，放松肩膀，不要来球先耸肩。当对方击球时，含胸收腹，以肘关节为轴，手往回拉至胸口左右的位置。在来球的上升前期时，击球的中上部，前臂和手腕借来球的反弹力迅速向前上方推出，在推球的过程中，食指和中指紧紧夹住球拍，拇指保持放松以利于发力。最后击球完手臂随势前送。

（六）搓球

技术方法（以右手为例）：搓球是近台还击下旋球的一种基本技术，比赛中经常用搓转、不转球以及快慢的变化，为攻球、拉弧圈球创造进攻的机会。搓球分为反手搓球和正手搓球。

反手搓球时，两脚平行站立，距离台面 50 厘米左右。当来球将要落到台面时，应上右脚，大臂开始向胸前右侧贴近，略下垂。拍柄与小臂成直线，球拍置于左侧胸前，后仰与球台约呈 100 度角。击球时，小臂引拍由后向前下方发力，做铲击动作（半圆弧动作）。球拍触球的一瞬间，手腕配合小臂向前下方抖动球拍，擦击球的中下部，将球击出后迅速还原。

正手搓球时，站位与反手搓球相同。球拍后仰与球台呈 100 度角，等来球从台面反弹至最高点时，上右脚，大臂引向身体右侧，小臂持拍外伸，迎向来球方向，小臂向前、向内收缩发力，同时手腕配合由外向内扭动，球拍由右上方向左前下方削击来球。触球时，手腕协助加快球拍的擦击速度，摩擦球后下部，将球击出后迅速还原。

（七）拉弧圈球

弧圈球是一种非常强的进攻技术，自 20 世纪 60 年代出现以来有了较大的发展，现今已为各国运动员广泛采用。弧圈球可分为加转弧圈球、前冲弧圈球和高吊弧圈球等，并且正、反手均可拉。

下面以右手为例对正手拉加转弧圈球、正手拉前冲弧圈球的技术方法作简单介绍。

正手拉加转弧圈球时，两脚左右开立，左脚在前，右脚稍后，两膝微屈，身体右转，带动手臂向右后下方引拍，手腕稍向后拉，球拍低于来球。击球时，右脚掌内侧蹬地，靠转腰带动手臂向左前上方挥动，身体重心从右脚向左脚交换。击球瞬间，快速收缩前臂，击球的中部或中上部，撞击后迅速转为向前上方摩擦球。球出手后，因惯性作用球拍摆至头前才逐渐停止，身体重心随之移到左脚。此时，应用一小跳步使身体重心还原，准备下次击球。

正手拉前冲弧圈球时，两脚左右开立，左脚在前，右脚稍后，两膝微屈，身体略右转，向右后方引拍，身体重心比拉加转弧圈球时稍高，球拍与来球同高或稍低于来球。挥拍击球时，身体、前臂及手腕应向左前方发力，击球的中上部；击球瞬间应将向前的撞击与摩擦球动作融为一体，前臂用力收缩，手腕要有适当的摩擦。击球时间一般为上升后期或高点期。

三、乒乓球基本战术

（一）发球抢攻战术

发球抢攻是力争主动、先发制人的主要战术。各种类型打法的运动员普遍采用发球抢攻来抢占每个回合的上风。其主要有以下几种战术：

（1）正手发转与不转球。

（2）正手（高抛或低抛）发左侧上（下）旋球。

（3）反手发右侧上（下）旋球。

（4）反手发急球或急下旋球。

（二）接发球战术

接发球战术与发球抢攻战术同样重要，从某种意义上讲，接发球水平的高低可以反映运动员的实战能力以及各项基本技术的应用程度。常用的接发球战术如下：

（1）接发球控制。

（2）接发球抢攻。

（3）盯住对方的弱点处，寻找突破口。

(4) 控制接发球的落点。

(5) 正手侧身接发球。

(三) 搓攻战术

搓攻战术是进攻型打法的辅助战术之一，主要利用搓球旋转的变化和落点的变化为抢攻创造机会。这一战术在基层比赛中被普遍采用。搓攻战术也是削球型打法争取主动的主要战术之一。常用的搓球战术如下：

(1) 慢搓与快搓结合。

(2) 转与不转结合。

(3) 搓球变线。

(4) 搓球控制落点。

(5) 搓中抢攻。

(四) 弧圈球战术

由于弧圈球战术把速度和旋转有效地结合起来，稳健性好，适应性强，许多著名选手已用它去替代攻球或扣杀。常用的弧圈球战术如下：

(1) 发球抢攻。

(2) 接发球果断上手。

(3) 中、远台对冲。

(4) 相持中的战术运用。

四、乒乓球比赛规则

(一) 比赛赛制

比赛以 11 分为一局（曾经长期实行 21 分制）采用五局三胜（团体），或七局四胜制（单项）。专业比赛分团体、单项（男单、女单，男双、女双、混双）。

(二) 比赛场地

(1) 赛区空间不少于 14 米长、7 米宽、5 米高。

(2) 赛区应由 75 厘米高的统一较深颜色的挡板围起，与相邻的赛区及观众隔开。

(3) 赛区的地板不应呈浅色，或明显反光，其表面不得为砖面、石面或水泥面。

(4) 灯光的亮度要达到 1 000 勒克斯，并且灯光高出地面 5 米。

(三) 比赛器材

1. 球台

比赛台面为与水平面平行的长方形，长 2.74 米、宽 1.53 米，离地面高 0.76 米，由一个与台面端线平行的垂直球网划分出两个相等的台区。双打比赛中各台区应由一条 3 毫米宽的白色中线划分出两个相等“半区”，中线应被视为右半区的一部分。

2. 球网装置

球网装置包括球网、悬网绳、网柱及将它们固定在球台上的夹钳部分。球网长 183 厘米，球网距离台面 15.25 厘米。

3. 乒乓球拍的胶皮

乒乓球拍胶皮的种类分为正胶、反胶、生胶、长胶、防弧胶。胶皮一般有正贴及反贴两种方式，颗粒向外称为正贴胶皮，长胶、生胶和正胶都属于正贴胶皮；颗粒向内称为反贴胶皮，主要是常用的反胶和防弧胶皮。

4. 球直径为 40+毫米，球重 2.7 克，球应用塑料制成，呈白色

（四）乒乓球比赛主要规则

1. 定义

（1）回合。球处于比赛状态的一段时间。

（2）阻挡。对方击球后，向比赛台面方向运动的球，在没有触及本方台区也未越过端线之前，即触及本方运动员或其穿戴的任何物品。

（3）发球员。在一个回合中，首先击球的运动员。

（4）接发球员。在一个回合中，第二个击球的运动员。

（5）越过或绕过球网装置。除从球网和比赛台面之间通过以及从球网和网架之间通过的情况外，球均应被视作已“越过或绕过”球网装置。

2. 合法发球

发球开始时，球自然地置于不执拍手的手掌上，手掌张开，保持静止。

发球员须用手将球几乎垂直地向上抛起，不得使球旋转，并使球在离开不执拍手的手掌之后上升不少于 16 厘米，球下降到被击出前不能碰到任何物体。

当球从抛起的最高点下降时，发球员方可击球，使球首先触及本方台区，然后越过或绕过球网装置，再触及接发球员的台区。在双打中，球应先后触及发球员和接发球员的右半区。

从发球开始，到球被击中，球要始终在比赛球台的水平面之上和发球员的端线以外；而且不能被发球员或其双打同伴的身体或衣服的任何部分挡住。

3. 重发球判罚得分

除被判重发球的回合，下列情况运动员得 1 分：

（1）对方运动员未能合法发球。

（2）对方运动员未能合法还击。

运动员在合法发球或合法还击后，对方运动员在击球前，球触及了除球网装置以外的任何东西。

（3）对方击球后，该球没有触及本方台区而越过本方端线。

（4）对方阻挡。

（5）对方连击。

（6）对方用不符合规则规定的拍面击球。

（7）对方运动员或其穿戴的任何东西使球台移动。

（8）对方运动员或其穿戴的任何东西触及球网装置。

（9）对方运动员不执拍，手触及比赛台面。

（10）双打时，对方运动员击球次序错误。

（11）执行轮换发球法时，接发球方进行了 13 次合法还击，则判发球方失 1 分。

4. 一局比赛

在一局比赛中，先得 11 分的一方为胜方。10 平后，先多得 2 分的一方为胜方。

5. 发球、接发球和方位的选择

选择发球、接发球和方位的权利应通过抽签决定。中签者可以选择先发球或先接发球，或选择先在某一方位。当一方运动员选择了先发球或先接发球，或选择了先在某一方位后，另一方运动员必须选择在对应区域接球。每获得 2 分之后，接发球方即成为发球方，依此类推，直至该局比赛结束；或者直至双方比分都达到 10 分或实行轮换发球法，这时，发球和接发球次序仍然不变，但每人只轮发 1 分球。在双打的第一局比赛中，先发球方确定第一发球员，再由先接发球方确定第一接发球员。在以后的各局比赛中，第一发球员确定后，第一接发球员应是前一局发球给他的运动员。

在双打中，每次换发球时，前面的接发球员应成为发球员，前面的发球员的同伴应成为接发球员。一局中首先发球的一方，在该场下一局应首先接发球。在双打决胜局中，当一方先得 5 分时应交换场地，同时若场上比分加起来为奇数，接发球方应该换另外一人作为接发球员，若场上比分加起来为偶数，则先前的接发球员变为发球员，发球员变为接发球员。

6. 轮换发球法

如果一局比赛进行到 10 分钟仍未结束，双方都已获得至少 9 分时除外，或者在此之前任何时间应双方运动员要求，应实行轮换发球法。

（1）当时限到时，球仍处于比赛状态，裁判员应立即暂停比赛。由被暂停回合的发球员发球，继续比赛。

（2）当时限到时，球未处于比赛状态，应由前一回合的接发球员发球，继续比赛。

此后，每位运动员都轮发 1 分球，直至该局结束。如果接发球方进行了 13 次合法还击，则判发球方失 1 分。轮换发球法一经实行，将一直使用到该场比赛结束。

第五节　羽毛球运动

一、羽毛球运动简介

羽毛球运动大概于 1920 年传入我国，新中国成立后，得到迅速发展。如今我国羽毛球运动已达到世界先进水平。

在 1988 年汉城奥运会上，羽毛球被列为表演项目，在 1992 年巴塞罗那奥运会上，被列为正式比赛项目，在 1996 年亚特兰大奥运会上，混双被列为比赛项目。从此羽毛球运动进入新的发展时期。2006 年，试行了 3 个月的羽毛球新规则正式实施，在该年汤姆斯杯、尤伯杯比赛中被首先采用。20 世纪 70 年代，国际羽毛球坛上，印度尼西亚与我国平分秋色；80 年代，优势已转向我国，说明我国羽毛球运动已达到世界先进水平。羽毛球在 1992 年巴塞罗那奥运会上被列为正式比赛项目，共设男女单打和男女双打及混合双打 5 项 比赛。

目前，由国际羽联主办的世界重大羽毛球赛有：汤姆斯杯；尤伯杯；世界羽毛球锦标赛；苏迪曼杯；世界杯羽毛球赛；全英羽毛球锦标赛；奥运会羽毛球比赛；国际系列大奖赛。

二、羽毛球基本技术

（一）握拍法

握拍方法总体分为正手握拍和反手握拍两种，下面将分别加以介绍。

1. 正手握拍

正确的握拍方法是先用左手拿住球拍杆，使拍面与地面垂直，然后张开右手，使手掌下部（小鱼际）靠在球拍握柄底托，虎口对着球拍柄窄的一面，小指、无名指、中指自然地并拢，食指与中指稍稍分开，自然地弯曲并贴在球拍柄上。在击球之前，握拍一定要放松、自然，在击球的一刹那才紧握球拍。

2. 反手握拍

一般来说，反手握拍有两种：一种是在正手握拍的基础上，把球拍框往外转，拇指伸直贴在拍柄的宽面上，食指、中指、无名指、小指并拢。另一种是正手握拍，把球拍框外转，拇指贴在球拍柄的棱上，食指、中指、无名指、小指并拢。

（二）发球

发球是羽毛球基本的技术之一，可以通过不同的发球手法，发出不同弧度、不同落点的球来控制对方。发球可分为正手发球和反手发球。

1. 正手发球

发球站位：单打发球在中线附近，站在离前发球线约 1 米处。双打发球站位可靠近前发球线。

准备姿势：身体左肩侧对球网，左脚在前，右脚在后，重心在右脚上，右手持拍向右后侧举起，肘部放松微屈，左手拇指、食指和中指夹住球，举在胸腹间。发球时，身体重心由右脚移至左脚。下面将分别介绍用正手发球动作发出四种不同弧线的球的技术动作。

（1）高远球。球的运行轨迹又高又远、下落时与地面垂直、落点在对方场区底线附近的球叫作高远球。

发球动作要领：发球前准备姿势。发球时，左手把球举在身体的右前方并自然放下，使球下落，右手同时持拍由大臂带动小臂，从右后方沿着身体向前并向左上方挥动。当球落到右手臂向前下方伸直能触到球的一刹那，握紧球拍，并利用手腕的力量向前上方发力击球。击球之后，球拍顺势向左上方挥动缓冲。

（2）平高球。发平高球动作要领：发球前准备姿势同发高远球。发球的动作过程大致同发高远球，只是在击球的一刹那，小臂加速带动手腕向前上方挥动，拍面要向前上方倾斜，以向前用力为主。发平高球时要注意发出球的弧线以对方接球时伸拍打不着球的高度为宜，并应发到对方场区底线。

（3）平快球。发平快球动作要领：准备姿势亦同发高远球。站位比发平高球稍后些（以防对方很快回到本方后场）充分利用前臂带动手腕爆发力向前方用力，球直接从对方的肩稍上高度越过，直攻对方后场。

（4）网前球。发网前球动作要领：准备姿势同发高远球。击球时，握拍要放松，大臂动作幅度要小，主要靠小臂带动手腕向前切送，用力要轻。

2. 反手发球

反手发球的特点是动作小、出球快、对方不易判断。

发球站位：站在前发球线后10~50厘米及发球区中线的附近，也可以站在前发球线及场地边线附近的地方（双打比赛中，从右场区发球时可以看到）。

准备姿势：面向球网，两脚前后站立（左脚或右脚在前均可），上体稍前倾，身体重心在前脚上。右手反手握拍，左手拇指、食指和中指捏住球的两三根羽毛，球托明显朝下（避免犯规），球体与拍面平行或球托对准拍面放在拍面前方。

反手发球动作要领：击球时，小臂带动手腕朝前横切推送。发网前球时，用力要轻，主要靠"切"送；发平快球时，发力要突然，击球时拍面要有"反压"动作。

（三）接发球

接发球的站位：不论是单打还是双打，都应选择一个合理的接发球站位。一般情况下，单打的接发球站位离前发球线约1.5米处；在右发球区应站在靠中线的位置，在左发球区则站在中间稍偏边线的位置，主要防备对方发球攻击反手部位。双打接发球时站位可靠近前发球线，因双打的后发球线距前发球线比单打短0.76米，发高远球易被扣杀。所以，双打接发球主要精力应放在对付发网前球上。

接发球的准备姿势：单打接发球应左脚在前（以右手持拍为例），右脚在后，侧身对网，重心在前脚，后脚脚跟稍提起，收腹含胸，持拍于右身前，两眼注视对方。

（四）击球技术

概括起来可有以下几个方面：后场高空击球技术；前场网前击球技术；下手击球技术；中场平击球技术。

1. 后场高空击球技术

（1）高远球。以较高的弧线将来球击到对方场区底线附近叫作击高远球。击高远球是一切上手击球动作的基础。

高远球的特点是球的弧线高、滞空时间长，它的作用是逼迫对方远离中心位置退到底线去接球。这样一方面可减弱对方进攻的威力，为己方进攻寻找机会；另一方面在己方被动情况下，有较多的时间来调整站位，摆脱被动局面。

上手击高远球分为正手击高远球、反手击高远球和头顶击高远球。

①正手击高远球。击球前的准备动作要领：首先判断来球的方向和落点，侧身后退使球在自己右肩稍前上方的位置，左肩对网，左脚在前，右脚在后，重心在右脚上左臂屈肘，左手自然高举，右手持拍，大小臂自然弯曲，将球拍举在右肩上方，两眼注视来球。

击球时：由准备动作开始，大臂后引，随之关节上提至明显高于肩部，将球拍后引至头后，自然伸腕（拳心朝上），然后在后脚蹬地、转体和腰腹的协调用力下，以肩为轴，大臂带动小臂快速向前上方甩动手腕，在手臂伸直的最高点击球。

击球后：持拍手臂顺惯性往前下方挥动并收拍至体前。与此同时，左脚后撤，右脚向前迈出，身体重心由后脚移到前脚。

②反手击高远球。当对方将球击到本方左后场内，以反手将球击回对方底线去的高远球击球法被称为反手击高远球。反手击高远球的特点是节省体力，对步法要求也不高，在被动情况下，可采用反手击高远球过渡，帮助自己重新调整站位。

动作要领：首先判断准对方来球的方向和落点，迅速将身体转向左后方，步法到位后，右脚前交叉跨到左侧底线，背对网，身体重心在右脚上，使球在身体的右肩上方。击球前，由正手握拍迅速转换为反手握拍，并持拍于胸前，拍面朝上。击球时，以大臂带动小臂，通过手腕的闪动、自上而下的甩臂将球击出。在最后用力时，要注意拇指的侧压力与甩腕的配合，同时还要利用两腿的蹬地、转体等协调全身用力。

③头顶击高远球。在自己的左后场区，用正手在头顶中间部位或在左肩上方将来球击到对方底线去的高远球击球法被称为头顶击高远球。这种击球动作是我国运动员对羽毛球技术发展的一项贡献。头顶击高远球较反手击球主动性强，具有更大的攻击性。

动作要领：击球前的准备姿势以及击球动作同正手击高远球基本一致。不同的是头顶击高远球的击球点在左肩上方（因为球是飞向左后角的）。准备击球时，侧身（左肩对网）稍左后仰。击球时，大臂带动小臂使球绕过头顶，从左上方向前加速挥动，在用力击球时，注意发挥手腕的爆发力和充分利用蹬地以及收腹的力量。击球后，左脚在身后着地并立即回蹬，同时右脚前移，重心移至右脚。

（2）吊球。把对方击来的后场高球还击到对方的网前区的击球法称为吊球。

①正手吊球。劈吊（快吊）击球前期动作同正手击高远球一样。击球时，拍面正面向内倾斜，手腕做快速切削下压动作。若劈吊斜线球，则球拍切削球托的右侧，并向左下方发力；若劈吊直线，则拍面正对前方，向前下方切削。

轻吊（拦截吊）击球前期动作同正手击高远球一样。击球时，一种轻吊的拍面变化同劈吊基本一致，但用力要更轻些；另一种是击球时，拍面正击球托或借助来球的反弹力用球拍轻挡，使球过网后贴网而下。后者多用于拦截对方击来的平高球和半场高球。

②反手吊球。反手吊球击球前的动作同反手击高远球一样，不同处也在于触球时拍面的掌握和力量运用。吊直线球时，用球拍反面切削球托的后中部，向对方右网前发力；吊斜线球时，用球拍反面切削球托的左侧，朝对方左网前发力。

③头顶吊球。头顶吊球也可作劈吊和轻吊。其击球前的动作同头顶击高远球一样。不同的是球拍触球时拍面变化和力量的运用。吊直线球的动作同正手吊直线球基本一致，只是击球点不同；吊斜线球时，球拍正面向外转，切削球托的左侧，朝右前下方发力。

（3）杀球。把对方击来的高球全力向下扣压称为杀球。杀球的特点是力量大、速度快。杀球是主动进攻的重要技术。杀球分正手杀球、反手杀球和头顶杀球三种。

①正手杀球。其击球前的准备姿势和击球动作与正手击高远球基本一样。不同的是正手杀球最后用力的方向朝下，而且要充分利用蹬地、转体、收腹以及手臂和手腕的爆发力

全力地将球向下击出，击球的一刹那要紧握球拍。

②反手杀球。其准备姿势和击球动作与反手击高球一样。但反手杀球最后用力的方向朝下，而且要加快手臂和手腕朝下的闪动。击球点应尽可能高一些、前一些，这样便于力量的发挥。

③头顶杀球。准备姿势和击球动作与头顶击高球一样。不同的是头顶杀球击球时要充分利用腰腹力量，以大小臂带动手腕快速下扣。头顶杀球是一种重要的进攻性技术，也是我国运动员在左后场区进攻的主要手段。它弥补了反手击球力量不足的弱点。初学者如能掌握好头顶杀球技术，便会使对方难以对付。

2. 前场网前击球技术

网前击球是调动对方、寻找战机的重要手段，并可直接得分。因它的技术动作轻松而细巧，运用力量要控制适度，所以在学习网前击球时，除要注意动作规范之外，还应细心体会击球时手腕、手指的细小感觉。

准备姿势：侧身对网，右脚跨步成弓箭步，左脚在后自然拉开，上体略有前倾，右手持拍前伸约与肩平，肘关节微屈（注意握拍要放松）。

网前击球有搓球、放网前球、勾对角球、推球、扑球几种。

（1）搓球。击球前准备姿势同上。击球时，拍面稍前倾，利用手腕和手指的力量向前“切削”球托底部或向后“提拉”，使球击出后旋转或滚动过网。搓球一般在对方来球较靠近网上时运用。正反手搓球除握拍不同外，其他要领相同。

（2）放网前球。准备姿势同上。击球时，拍面稍朝前下方倾斜，前臂带动手腕和手指向前切送球托底部。正反手放网前除握拍不同外，其他要领相同。

（3）勾对角球。在网前把来球回击到对角线网前叫作勾对角球，准备姿势同上。击球时，拍面斜向对方右（左）网前。正手勾对角线时击球托的右侧，手腕和手指带动球拍向左内勾动；反手勾对角时，击球托的左侧，同时向右内勾动。

（4）推球。在网上将来球用较平的弧线快速推到对方场区底线叫作推球。准备姿势同上。击球时拍面前倾几乎与网平行。利用前臂带动手腕和手指的快速“闪动”将球击出。正手推球多用食指的力量，反手推球多用拇指的力量。

（5）扑球。在网上把高于网的来球迅速扑压下去叫作扑球。击球时，拍面前倾，前臂带动手腕和手指的快速闪动发力，击球后立即收拍，以免触网犯规。扑球时要求判断准、上步快、抢点高、动作小（正反手均可）。

3. 下手击球技术

下手击球一般是在防守时所采用的击球技术。下手击球有底线抽球、挑球和接杀球。

（1）底线抽球。底线抽球主要是为了对付长杀球、平推球或对方突然回击的平高球使自己较被动地退到底线去接球时采用的一种击球技术（可以分为正手和反手两种抽球）。

①正手底线抽球。移动时，右脚先向右后场区迈一小步，身体也随之转向右后方，左脚用并步或交叉步向右后场移动一步，右脚再向右后场跨一大步形成弓箭步，重心在右脚上。在移动的同时，持拍臂往右后方拉，拍面稍后仰，击球时，以躯干为竖轴，作半圆式挥拍击球。

②反手底线抽球。移动时，右脚先向左脚靠一小步，然后左脚向左后场跨一步，右脚向左后场跨一大步，身体重心在右脚上。击球前背朝网，大臂往左后方拉，击球时利用大臂带动小臂及手腕左后方、前上方发力并利用蹬地、转腰的力量将球击出。底线反手抽球多在单打被动时或双打比赛中运用。

（2）挑球。把对方发来的吊球或网前球还击到对方后场去的过程叫作挑球。

动作要领：无论是正手挑球还是反手挑球，最后一步都应是右脚在前。正手挑球时，以肘关节为轴，伸拍向前并以前臂带动手腕由下向上挥动。反手挑球时，以反手握拍法握拍，击球时，肘关节稍抬高，并以肘关节为轴，前臂带动手腕由下向上挥动。

（3）接杀球。把对方杀过来的球还击到对方场区的过程称为接杀球。

①接杀近身球。所谓接杀近身球，即对方杀球的落点离身体不远，不需移动脚步而在原地即可进行还击。

②接杀远身球。接杀远身球即对方杀球的落点离身体较远，需移动脚步进行还击。

以上两种接杀球技术均可用正手和反手去完成。

4. 中场平击球技术

（1）正、反手中场平抽球。正、反手中场平抽球主要是对付对方来球中离身体较远的平球。人站位于中心附近，两脚左右开立，面对球网，两膝微屈，右手持拍于体前。击球时，判断准来球并向右（左）侧横跨一步，同时挥拍依靠前臂和手腕的闪动发力击球。正手平抽球时，多用食指的力量向前发力；反手平抽球时，多用拇指的反压力朝前发力。无论是正手还是反手中场平抽球，其击球点都应争取在身体侧前方，这更便于手臂的发力。

（2）半蹲式中场平击球。半蹲式中场平击球主要运用在双打比赛中，这是进行对攻的一种击球技术。这种技术是将对方击来的位于肩部或面部附近的球，在半蹲姿势下还击回去。击球时，看准来球，迅速取半蹲姿势，同时举拍在正面或头顶等位置以前臂带动手腕快速闪动挥拍击球。

（五）步法

1. 站位

无论是单打还是双打，在步子移动前都应该选择一个有利的站位，这既有利于向各个方向运动去迎击来球，又可使对方不易找到攻击的空当。在移步情况下，上网步法或后退步法，其移动前的站位应有所变化。

2. 站法

站法与双方的打法特点、来球的落点有密切的关系。一般的站法有两种：一是前后站，即右脚稍前和左脚稍前；二是平行站，上网或后退时，多采用前后站法。防守或接两侧来球，多采用平行站法。这两种站法各有利弊，但可以根据不同情况不断地变换站法。

3. 起动

起动是各种步子移动的前提，只有起动快，才能迅速到位。这不但能取得较高的击球点，争取时间的主动，还能更好地完成各种击球技术。

4. 回动

所谓回动，就是在接球后，立即回到适当的位置（原则上同中心位置），准备接下一个来球。回动要注意以下几个方面：第一，增强回动意识，每击完一球后，不停留在原地，也不盲目前后跑动，而是积极调整步子，原则上回到中心位置；第二，上网时要保持身体平衡，充分利用前面脚的回蹬回动；第三，后退时，最后一步重心要在右腿上，击完球后，身体重心应随右脚前移，上体前压，协助回动；第四，不论是上网、后退，还是两侧移动，如出现脚步混乱，则应立即以小步尽快调整正常步伐。

三、羽毛球基本战术

（一）羽毛球的打法

羽毛球的打法是指根据每人具体的技术情况、身体素质、思想意志等条件而培养形成的各自不同的打法类型；战术则是指根据对手的技术、打法、体力和思想意志等因素所采取的争取比赛胜利的一种对策。打法与战术虽不能等同，但相互间有着密切的联系。打法和战术的基础是技术，而技术的不断发展，又能促进打法和战术的更新和提高。

1. 单打打法

单打打法包括压后场底线、打四方球、快拉快吊、后场下压、守中反攻等。

（1）压后场底线。这是一种以高球压对方后场底线，迫使对方后退，然后寻找机会以大力扣杀或吊网前空当争取得分的打法。

（2）打四方球。以高球或吊球准确地将球击到对方场区的四个场角，调动对方前后左右跑动，打乱其阵脚，在对方来不及回中心位置时或遇到回球质量较差的对手时较为有效。

（3）快拉快吊。以平高球快压对方后场两底角，配合快吊网前两角，吸引对方上网。以网前搓球、勾对角球结合推后场底线，迫使对方疲于奔命、被动回球，从而为己方创造中后场大力扣杀或网上扑杀的机会。

（4）后场下压。己方在后场扣杀对方击来的高远球，结合吊球，迫使对方被动挡网前球，这时可趁机主动快速上网搓、推球，创造机会，再以重杀或劈杀解决战斗。

（5）守中反攻。这种打法利用拉、吊四方球及防守中的球路变化，调动对方，伺机反攻（扣杀、吊或平抽空当）。

2. 双打打法

双打打法包括快攻压网、前场打点、后攻前封、抽压底线等。

（1）快攻压网。从发球抢攻开始，以左、右分边站位，平抽平打快速杀球为主，压在前场进攻。

（2）前场打点。通过网前搓、勾对角及推半场球或找空隙进攻，打乱对方站位，创造后场进攻机会。

（3）后攻前封。两位运动员基本保持前后站位，后场逢高球就往下压，当对方还球到前半场或网前时，即予以致命的扑杀。

（4）抽压底线。以快速的平高球或长抽球压住对方底线两角，即使在对方扣杀时也能以平抽反击或挑高球达到对方两底角来调动对手，伺机进攻。

（二）具体战术

1. 单打战术

单打战术包括发球抢攻战术，攻后场战术，逼反手战术，打四点球突击战术，吊、杀上网战术。

（1）发球抢攻战术。发球不受对方干扰，发球者可以根据规则，随心所欲地以任何方式将球发到对方接球区的任意一点。善于利用多变的发球战术，能先发制人，取得主动。以发平快球和网前球配合，争取创造第三拍的主动进攻机会，组成了发球抢攻战术。

（2）攻后场战术。采用重复打高远球或平高球的技术，压对方后场两角，迫使对方处于被动状态，一旦其回球质量不高，便伺机杀、吊对方的空当。

（3）逼反手战术。一般来说，后场反手击球的进攻性不强，球路也比较简单。对于后场反手较差的对手要毫不放松地加以攻击。先拉开对方位置，使对方反手区露出空当，然后把球打到反手区，迫使对方使用反拍击球。

（4）打四点球突击战术。以快速的平高球、吊球准确地打到对方场区的四个角落，迫使对方前后左右奔跑，当对方来不及回中心位置或失去重心时，抓住其空当和弱点进行突击。

（5）吊、杀上网战术。先在后场以轻杀配合吊球把球下压，落点要选择在场地两边，使对方被动回球。若对方还击网前球，便迅速上网搓球或勾对角快速平推球；若对方在网前挑高球，可在其后退途中把速度减慢时再发动进攻。这是以逸待劳、后发制人的战术。

2. 双打战术

双打战术包括攻人战术、攻中路战术、攻后场战术、后攻前封战术和防守反攻战术等。

（1）攻人战术。集中攻击对方中有明显弱点的人，并伺机攻击另一人因疏忽而露出的空当，或对此人偷袭。双打比赛中的配对选手的技术，一般总有一人好，另一人稍差些。即使两人水平相差不多，但若能集中力量攻击其中一人，也能给其造成很大的心理压力，从而使其出现失误。

（2）攻中路战术。当对方分边站位防守时，用球攻击对方两人的中间；当对方前后站位时，可将球下压或平推两边半场。这样可使对方防守时互相争抢或互让而出现失误。

（3）攻后场战术。对方扣杀能力差，己方可采用平高球、推平球、接杀挑底线，把对方一人紧逼在底线两角移动。当对方被动还击时，则抓住机会大力扣杀。如另一对手后退支援时，即可攻网前空当。

（4）后攻前封战术。当己方处于主动进攻前后站位时，站在后场的队员见高球就杀或吊网前球，迫使对方接球挡网前，这为己方前场队员创造了封网扑杀机会。

（5）防守反攻战术。在防守中寻找反攻的机会，以便摆脱困境，转被动为主动。运用此战术时，要注意挑高球一定要挑到底线，否则会出现对方连续攻杀而己方无力反击的局面。

四、羽毛球基本规则

（一）羽毛球项目比赛场地设施

（1）场地。羽毛球场地呈长方形，长 13.40 米，单打场地宽 5.18 米，双打场地宽 6.10 米。

（2）球网。球网的材料为拉伸性较小的尼龙绳。网孔为边长 15～20 毫米的方形且均匀分布。球网的上沿由 75 毫米宽的白布条对折覆盖。球网的两端与网柱之间没有空隙。

（二）羽毛球项目比赛器材

（1）球及球拍。球由 16 根长 62～70 毫米的羽毛及半球形球托构成。球重为 4.74～5.50 克。

（2）秒表。主裁判员控制比赛时间间隙。

（三）羽毛球项目竞赛规则要点

1. 挑边

赛前，采用挑边的方法（抛硬币）来决定发球方和场区。挑边赢者将优先选择是发球或接发球，以及在一个半场区或另一个半场区比赛。输者在余下的一项中选择。

2. 计分方法

实行二十一分的赛制，世界羽联 21 分制实行每球得分制，所有单项的每局获胜分皆为 21 分，最高不超过 30 分。每场比赛采取三局两胜制，先得到 21 分的一方赢得当局比赛。如果双方比分为 20∶20 时，获胜一方须超过对手 2 分才算取胜；直至双方比分打成 29∶29 时，那么先得到第 30 分的一方获胜。首局获胜一方在接下来的一局比赛中先发球。

3. 站位与击球

羽毛球场地横向被中线平分为左右两个半区；纵向被分为前场、中场、后场。前场就是从前发球线到球网之间的一片场地；后场是指从端线到双打后发球线之间的一片场地；中场是前发球线与双打后发球线之间的一片场地。

运动员站在羽毛球场上的位置称为站位。站位有两种情况：一种是受限制的站位；另一种是不受限制的站位，具体分为左半区站位、右半区站位、前场站位、中场站位、后场站位，可根据自己或同伴（双打）的需要选择站位。

击球是指运动员挥拍击球时，拍与球接触的一刹那。运动员站在左半区迎击对方来球叫作左半区击球，在右半区的击球叫作右半区击球，站在前场、中场、后场的击球，则分别叫作前场击球、中场击球、后场击球。除此之外，根据来球高度的不同，又可分为上手击球（高于肩的来球，击球点在肩上）和下手击球（击球点低于肩）。

第九章　休闲体育

第一节　体育舞蹈

体育舞蹈，又称为“国际标准舞”，是体育与艺术的高度结合与统一，是一种以男女双人搭伴的形式进行的唯美型竞技项目。

体育舞蹈最早服务于高尚的社交文化，它具有高雅的艺术性、交往的娱乐性以及体育的竞技性和健身性，它能让参与者在得到艺术享受的同时又能进行身体锻炼，是一项具有高度观赏性、竞技性、表演性的运动项目。以人体自身为表现方式，在音乐的伴奏下，随着乐曲的节奏与旋律，身体以骨骼为杠杆通过各关节、各部位肌群的协调活动和有规律地配合，创造出千变万化的舞步和舞姿，同时通过身体的形态动作与音乐结合表达出人的内心世界的情感、向往，使人陶醉在高尚的精神境界之中，从而获得美好的艺术享受，以达到人在舞蹈当中强身健体、愉悦身心、提高修养、磨炼意志、培养气质、增强自信、提高社交能力的目的。

体育舞蹈主要起源于世界各地的民间舞蹈，主要分为拉丁舞和标准舞两个大项，其中拉丁舞包括恰恰舞、伦巴舞、桑巴舞、牛仔舞和斗牛舞 5 个小项；标准舞又称为摩登舞，包括华尔兹、狐步舞、探戈、快步舞和维也纳华尔兹 5 个小项。

一、体育舞蹈各舞种风格

（一）标准舞

标准舞的英文名是“Standard Ballroom Dance”，标准舞包括华尔兹、探戈、狐步舞、快步舞和维也纳华尔兹 5 个舞种，标准舞要求舞者着装正式、严谨，男士须梳油头并身着黑色燕尾礼服，女士则必须身着过膝晚礼服并配上精致的妆容，在舞蹈过程中，男士女士都要保持标准舞的基本框架翩翩起舞。

1. 华尔兹（Waltz）

华尔兹历史悠久，生命力强盛，“华尔兹”一词最早来自古德文 Walzel，意思是“滚动”“旋转”和“滑动”，舞蹈风格庄重典雅、曼妙大方、舞态雍容，华尔兹音乐为 3/4 拍，节奏中等，每分钟 27~30 小节。

2. 探戈（Tango）

探戈舞起源于非洲中西部的民间舞蹈探戈诺舞，探戈舞铿锵有力、潇洒豪放；比较特别的是舞步没有升降，男士女士都有较多的头部闪动动作展现，探戈舞音乐为 2/4 拍，每分钟 33 小节，抑扬顿挫，舞态刚劲。

3. 狐步舞（Slow Foxtrot）

狐步舞起源于美国黑人舞蹈，舞蹈风格典雅大方、舒展流畅、悠闲自在，其舞步轻柔、圆滑、流畅，舞蹈过程中呈现出了分明的升降，需要舞者有极强的控制力，做到收放自如。狐步舞音乐 4/4 拍，速度中等，每分钟 30 小节。

4. 快步舞（Quick Step）

快步舞起源于美国民间，舞蹈风格轻松畅快、富于激情，舞步自由洒脱，极具表现力，快步舞音乐为 4/4 拍，每分钟 50 小节，基本节奏是慢慢快快（SSQQ）、慢快快慢（SQQS）

5. 维也纳华尔兹（Viennese Waltz）

维也纳华尔兹起源于奥地利北部山区农民舞，历史悠久。风格特点是动作舒展大方，连绵起伏，舞步较为单一但并不简单，反而旋转性强；维也纳华尔兹音乐为 3/4 拍，每分钟 60 小节。

（二）拉丁舞

拉丁舞包括了桑巴、恰恰、伦巴、斗牛和牛仔 5 个风格迥异的舞种，与标准舞最显著的区别是其着装性感且优雅，充满力量美，男士与女士配合形式多样且变幻莫测，身体与髋部动作较多，舞蹈动律强。

1. 桑巴（Samba）

桑巴舞是从巴西农村的摇摆桑巴舞传入城市演变而来，并逐渐发展成巴西的民族舞。桑巴舞风格热情奔放，起伏跌宕，富有强烈的感染力；桑巴舞在拉丁舞中属于行进性舞蹈，因此在舞蹈过程中男女舞者须沿舞程线绕场进行舞蹈。桑巴舞音乐为 2/4 拍，每分钟 50~52 小节。

2. 恰恰（Cha-Cha-Cha）

恰恰舞最早起源于非洲，后传入拉美，在古巴受到了人们的追捧，舞蹈欢快且动感极强。恰恰舞音乐为 4/4 拍，每分钟 30~31 小节，音乐中有鲜明的鼓点旋律，舞步多以跨步和身体的拧转为主，是拉丁舞中最流行的舞蹈。

3. 伦巴（Rumba）

伦巴舞起源于古巴，音乐缠绵、抒情，舞蹈风格浪漫、优雅，是表现美好爱情的舞蹈，舞蹈诉说能力极强，具有较多舒展典雅、婀娜多姿的舞步，体现女士的柔美与男士的刚强。伦巴舞音乐为 4/4 拍，每分钟 27 小节。

4. 斗牛舞（Paso Doble）

斗牛舞起源于法国，舞步灵感来源于西班牙斗牛士的动作。在舞蹈过程中男士象征着斗牛士，女士象征着斗牛士手中的斗篷，因此舞蹈应表现出男士的豪迈昂扬与刚劲有力；斗牛舞音乐为 2/4 拍，每分钟 60 小节，音乐结构固定不变，共分为 3 段，每段音乐都有明显的结束造型，同时斗牛舞是行进性舞蹈，男女舞者须沿着舞程线进行舞蹈。

5. 牛仔舞（Jive）

牛仔舞起源于美国西部，舞步中常伴有踢踏与摇摆的动作；舞蹈风格活泼欢快，亢奋热烈，舞者须保持身体放松，切忌僵硬，跟随音乐旋律摇摆律动，动作粗狂，舞蹈幅度较大。牛仔舞音乐为4/4拍，每分钟44小节。

二、体育舞蹈基本形态

体育舞蹈，除特殊的动作外，一般舞步与动作只要掌握基本技巧，四肢灵活，具有音乐感，都可顺利地完成。但若舞步与姿势没有正确技巧，往往容易形成不良姿势，导致在跳舞时产生不协调现象，增加意外的困难和形成姿势的扭曲。姿势不协调是大多数初学者的共症，由于初期动作简单，这种问题一开始不会有太大的影响，所以常常不被注意，但当你进入高级环节的时候，这些问题会显现出来。

对舞蹈来说，身体垂直被视为最重要的一部分，因为只有身体垂直，重心才能到达地面。很多人站立时，还可以做到身体垂直，一旦身体移动，就变得或多或少的扭曲，以致影响正常的活动。这种现象，正如很多跳水运动员，站在跳台上，外表都是很直的，但由于身体内部存在问题，或者动作技巧不到家，在空中的表现，就会产生动作变形，落水时，身体不垂直，水花四溅。跳舞时，若身体内在没有调节好，当两足交替，重心过渡的时候，身体就不能保持垂直，重心便不到位。为此，我们不但要学会外表身体保持垂直，还要调节好身体各部位的机能，做到舞蹈中的直腰和身体的整体垂直。

如果以平常的眼光去看，在黑池第一、二轮比赛就被淘汰下来的选手，他们的站姿与握持姿势跟进入准决赛的选手相比，外表并无特别的区分，但只要细心观察，则内外有明显的差异。例如，身体与手之间是否过分松软或僵紧；或者身体某一部分显得僵硬，而另一部分则过于松软。由于这类问题，准确度就会受到影响，姿势容易出现或多或少的变形，影响整体视觉效果。

在实际应用中，每个人都懂得把身体拉直伸展，但是否会因为动作过分拉直，形成不良的效果，这就要好好地检查。例如，腰部是否过分用力来挺起，这样，从外表看起来，虽然身体直了，腰部却变得僵硬（死腰），使得动作转动不灵。所以，这些不显眼的微小差异，将会形成不同的缺陷，或多或少会影响正常发挥。当跳到越高级的时候，这些缺点就会显露得越来越明显。

跳舞时，非常讲究基本姿势正确，除了脊柱保持垂直（舞蹈的直腰），同时，腰胯要放松，做到丹田控制呼吸（横膈膜逆式呼吸），因此，要取得良好的姿势和内在力量，最好的方法是记住一些最基本的要点。

（1）站立时，悬顶拔背，气沉丹田。这样，可使背肌往上伸展，脊柱保持中正不偏；同时，可以增加颈部到腰腹的长度，更重要的是使身体保持舞蹈的直腰。

（2）耳根竖起，能起到精神提起的作用，同时，要感受颈的长度、耳朵和肩膀的距离。

（3）两肩松垂，两肘微微向下松沉，使身体重心不提升。跳摩登舞时，握持不要夹得太紧，也不能太松软；要稳固，十分坚定，有弹性，不能僵硬。

（4）收小腹，利用丹田内气控制呼吸（横隔膜逆式呼吸），胸部要非常舒松自然。

（5）人在水中跟地面一样，可以通过呼吸使身体变轻。跳舞时，通过使身体变轻，减少身体对腿部的压力。

（6）头部的转动，要带动整个脊柱转动，而不是单独转动头颈。

（7）腰胯要放松，膝部要保持微曲和松弛，感觉腰腿至脚大拇指的长度。

（8）上半身要往上伸拔，下半身则要往下松沉，使得脊柱像吊着的铁链一样，既松垂笔直而又灵活。这样，从中腰起，上下就有一种对拉的抗衡力，犹如禾苗的生长，根往下生，茎往上长；使身体放长，增加身体上下的抗衡力，抗衡力越大，就越能增加弹性和爆发力，这样就会有更好的表现。

三、体育舞蹈基本技术

体育舞蹈，不管是哪一个舞种，不管跳得怎么复杂，它都是一步一步“走”出来的。而在这每一步中，都包含着速度、距离和方向。我们把它归纳成“体育舞蹈步速、体育舞蹈步距、体育舞蹈出步方向”。这就是我们所说的体育舞蹈步法三要素。

（一）步速

这是指运步的速度，体育舞蹈舞步中一个时间概念上的元素。体育舞蹈的步速有常步、快步、慢步、超快步、加长步、“静止”步。常步是根据不同舞曲的具体情况而首先确定的基本步速。也就是说，在不同的体育舞蹈类型中，跳舞的人首先要根据舞曲不同的节拍，确定一个和舞曲节拍相匹配的常步。有了常步作为一个“标准单位”，体育舞蹈舞步速度上的变化才有对照的依据。我们平常所说的“有没有踩准拍子?”就是指国际标准交谊舞舞者的常步确定得是否准确。

快步就是比常步快的步速，一般情况下，一个常步占一个时间段，我们把它称为一个“常步时”，一个快步就是1/2个常步时。慢步就是比常步慢的步速，一般情况下，一个常步时为1，慢步时就是1+1。超快步还是以常步为衡量标准，比快步更快的步速。一个超快步只占1/4常步时，甚至更小。加长步是一种特殊处理的步速，它既不是常步，也不是慢步，通常情况下，它是比常步要长一点的舞步，约是1.50个常步时。特别要说明的是：加长的这0.50的步时，或是从前一个常步时中“刮”来的，或是从后一个常步时中“刮”来的。也就是说，只要有加长步，那么它前面或者后面就会是一个不完全的常步。我们所以不用1+0.50来说明加长步，是因为加长步不是1.50常步时，加长步的步时有多长，完全根据具体情况而定。它的公式是：加长步+不完全常步=2个标准常步（一般情况下，用慢步再加长，舞步就会显得太滞重，所以，加长步一般就是常步加长）。“静止”步也是一种特殊处理的步速，体育舞蹈中没有绝对的静止，只有相对的静止，看似不动而又感觉在动的舞步。这种国际标准交谊舞舞步通常占2~3个常步时。需要说明一点：“静止”步和造型还不是一回事。

体育舞蹈不同的舞种，其基本步法组合在步速的组合上是不同的。一般分为两大类：一类是平均步速类，如慢三步、快三步、华尔兹、维也纳华尔兹、南京小拉舞、北京平四舞等。这一类舞种步速的特点就是一步占舞曲音乐的一个节拍，当然，这个一步指的是在体育舞蹈舞曲音乐中的常步。整体运步规律上，体育舞蹈舞步的步速是平均的。另一类是快慢步速类，这一类舞种的基本步法组合是由快步和常步或者是由常步和慢步组合而成的；有的舞种甚至用快步、常步、慢步3种步速组成。例如，中四步、慢四步、拉丁舞伦巴、东方伦巴舞等，都是由两种步速组成的基本步法组合；大禹步舞、探戈、狐步舞，则是用 3 种及以上的步速作为基本步法的形态。总之，这一类体育舞蹈舞种，在整体运步规律上，舞步的步速是有快慢的，而不是平均的。

（二）步距

这是舞步中一个空间概念上直线度量的元素，它指的是体育舞蹈运步中每一步定位的瞬间，两脚间的距离（两脚支撑点间的距离）。体育舞蹈的步距一般分为一步、半步、超大步、碎步、立步。

体育舞蹈的一步——以中国人的形体平均常数为依据，通常的一步，两脚间的间距是 75 厘米。因此，国际标准交谊舞舞步一步的步距就是 75 厘米。

体育舞蹈的半步——两脚间间距不足 40 厘米的，我们称为半步。

体育舞蹈的超大步——两脚间间距超过 75 厘米的，我们称为超大步。

体育舞蹈的碎步——两脚间间距小于 40 厘米，并且打破常规快速运步的舞步，我们称为碎步。

体育舞蹈的立步——两脚合并在一起的舞步，我们称为立步。

步距的大小，一是体现每一个舞步是否展示得到位、饱满、恰当；二是关系前后舞步的展示质量；三是关系舞伴间的配合效果。通常情况下，凡是旋转、大角度变方向时，步距就要相对缩小。这个常识要经常提及，成为一种下意识的技能。体育舞蹈是舞蹈艺术，不是机械加工，上述的数据都是参考标准，体育舞蹈实践中，大家一定要具体情况具体对待。

（三）出步方向

这是舞步中一个空间概念上弧线度量的元素，指的是体育舞蹈运步中，脚形的变化方向。通常以脚尖、脚跟、脚内侧、脚外侧为参考点变换脚形。出步时脚形方向的正确与否，直接影响交谊舞动作的质量。特别是在大角度旋转动作中，正确的脚形方向是旋转角度到位的关键因素。常用的出步脚形方向有直步、横步、切步、扣步。

体育舞蹈的直步——面向舞程线，双脚并拢，脚尖方向为正前方，脚跟方向为正后方。保持脚形方向前进或后退就是直步前进或直步后退。

体育舞蹈的横步以直步为参考点，向脚外侧方向平移的舞步就叫作横步。有左向横步、右向横步等横步。

体育舞蹈的切步——以直步为参考点，向前运步时，动作腿的脚形由直步形态悬空成脚内侧朝向前进方向的舞步叫作切步。一般切步脚形变化的角度为 90 度，也有左右两种切步。

第二节　花式跳绳

跳绳是一项在环摆的绳索中做各种跳跃动作的体育运动。花式跳绳是在传统跳绳的基础上变化出各种花式动作，形成各式各样的套路组合，并且在音乐伴奏下完成的一种新兴的体育运动形式，是一项极具观赏性和娱乐性的体育项目。近年来，花式跳绳运动在世界各国发展迅速，呈现出了组织化、规范化和普及化的特点。

一、花式跳绳简介

（一）跳绳运动的起源及发展

据记载，跳绳运动在我国已有数千年的历史。在唐朝称跳绳为“透索”，宋朝称为“跳索”，明朝称为“白索”，清朝称为“绳飞”，民国以后才称为“跳绳”，并且一直延续至今。跳绳运动由于其简便易行的特点，在我国普及率较广，特别是全民健身计划实施以来，一些企业、学校经常举办与跳绳相关的活动及赛事。

20世纪六七十年代，现代跳绳运动在西方国家开展起来，随后各大洲的一些国家和地区纷纷效仿，并先后成立了自己的跳绳运动官方组织和赛事。国际跳绳联盟（World Skipping Association）于1996年成立，总部在加拿大，理事会设在欧洲比利时首都布鲁塞尔。欧洲跳绳组织每年7月的最后一周都会举办全欧洲跳绳大赛——欧洲跳绳冠军赛，这也是除世界跳绳锦标赛外，最有影响的国际跳绳大赛。

花式跳绳运动在世界各国都非常普及，“跳绳强心”运动始于加拿大，他们宣传“为了您的心脏来跳绳吧!”的口号。加拿大健康娱乐舞蹈协会还把花式跳绳列为“优秀日常体育锻炼项目”，经过精心计划和组织后，花式跳绳成为在校学生贯穿全学年的体育教学项目。1984年，美国把加拿大的经验移植过来，称为“心跳运动”，后来风行于欧洲。

1999年，香港心脏专科学院在中国香港特别行政区政府教育署、卫生署的全力支持下，向全香港中小学生推行一套系统的具有长远战略意义的有效预防心脏病的计划，名为“跳绳强心”计划，希望通过教授有趣的花式跳绳，鼓励青少年做运动及建立健康的生活模式，从而预防和减少心脏疾病的发生。“跳绳强心”计划分为三部分：一是教授花式跳绳；二是心脏健康教育；三是举办跳绳同乐日。

（二）花式跳绳的益处

花式跳绳对器械要求简单，不受人员、场地等限制，简单易行。跳绳有益于身体健康，不仅可以增强肌肉的力量和耐力，减少脂肪的聚积，达到减肥和健美的功效，长期坚持练习还可以强健骨骼，预防骨质疏松症。花式跳绳作为一项纵向运动，练习时脚的弹起落下，跳绳者自身体重对下肢骨骼会产生一种良性的刺激，对儿童的肌肉、骨骼的生长发育有着特殊的意义，并且对发展其灵敏、速度、弹跳及耐力等身体素质也有良好作用，所以还常用作各专项运动训练的辅助练习。另外，花式跳绳形式多样，娱乐性强，有助于练习者缓解和放松情绪，释放压力。

（三）花式跳绳的器械

花式跳绳是一项简单方便的运动，对运动场地要求不高。跳绳运动的装备十分简单，只需一条绳、轻便衣服及一双舒适的运动鞋便可。练习者可以根据自身情况选择软硬、粗细适中的绳子。一般情况下，初学者通常宜用硬绳，熟练后可改为软绳。花式跳绳多选用“长柄花样绳”或“珠结绳”。

（四）注意事项

（1）选择合适的运动场地，避免灰尘多或有沙砾的场地及凹凸不平的水泥地，最好选择铺木板的室内体育馆。

（2）穿着适当的服装。跳绳时，最好穿轻便服装，穿软底鞋或减震效果较好的运动鞋，避免受伤。

（3）充分做好准备活动。跳绳是一项比较剧烈的运动，练习前一定要做好身体各部位的准备活动。

（4）跳绳时须放松肌肉和关节，特别是下肢用力协调，防止扭伤。

（5）用前脚掌起跳和落地，切记不可用全脚或脚跟落地，当跃起在空中时，不要过度弯曲身体，而应呈自然弯曲的姿势。跳时，呼吸要自然有节奏。

（6）两手分别握住绳柄末端，通常情况下初学者以一脚踩住绳子中间，两臂屈肘将小臂抬平，绳子被拉直即为适合的长度。

（7）向前摇时，大臂靠近身体两侧，肘稍外展，上臂贴近躯干，用手腕发力，使两手在体侧做画圆动作。

（8）体重较大或者下肢力量不足者在刚开始练习时，应双脚同时起落，上跃幅度也不要太高，以免关节因过于负重而受伤。

（9）要循序渐进地练习，跳绳的速度和时间长度应根据个人情况来定。跳绳的时间，一般不受任何限制，但要避免引起身体不适，饭前和饭后半小时内不要跳绳，并且跳绳前不可大量饮水。

（10）跳绳运动后不要立刻停止下来，应继续以比较慢的速度跳绳或步行一段时间，让血液循环恢复正常后，才可以停止下来。之后要记住做一些伸展、缓和的动作，才算真正结束运动。

二、花式跳绳的基本技术

（一）花式跳绳单人动作及练习方法

（1）并脚跳。两手持绳向前摇绳，双脚并拢跳跃过绳，绳子绕过身体一周，一摇一跳，连续完成并脚跳（并脚单摇跳）。

动作要领：基本准备动作开始，两脚掌同时蹬地发力，跳起一定高度。提膝、收腹、稍含胸，大臂下垂，尽量贴近身体，双手以手腕发力为主，迅速向前摇绳绕体一周。屈膝，前脚掌着地，即为完成一次。

（2）双脚交换跳。两手持绳向前摇绳，双脚分先后依次向前抬起跳跃过绳；一摇一跳，连续完成双脚交换跳。

动作要领：基本准备动作开始，单脚掌蹬地发力，跳起一定高度。提膝、收腹，稍含胸，大臂下垂，尽量贴近身体，双手以手腕发力为主，迅速向前摇绳绕体一周。屈膝，单脚前脚掌着地，即为完成一次。

（3）开合跳。两手持绳向前摇，当绳子过脚置于空中时，两脚跳跃成人字形，膝盖微弯曲状态，当绳子快打地时，两脚成合并跳绳过绳，一摇一跳，完成开合跳。

动作要领：手臂自然下垂，贴近身体躯干，跳绳时小臂不要抬起，用手腕有节奏地摇绳。不要跳起过高，落地时前脚掌着地，注意屈膝缓冲。躯干发力，上身保持直立状态。

(4) 弓步跳。两手持绳向前摇，当绳子过脚置于空中时，两脚分开做前后弓步动作，当绳子打地并快要过脚时，双脚并拢跳过绳。一摇一跳，完成弓步跳。

动作要领：手臂自然下垂，贴近身体躯干，跳绳时小臂不要抬起，用手腕有节奏地摇绳。落地时前脚掌着地，躯干发力，上身保持直立状态。

(5) 基本交叉跳。两手持绳摇，此动作分成两拍完成，第一拍两手为直摇绳，第二拍两手为交叉摇绳，一摇一跳，完成基本交叉跳。

动作要领：前脚掌着地，躯干发力，上身保持直立状态。手腕放松，贴近身体，柔和摇绳。注意起跳时机，不要跳起过高，保持跳绳节奏。

(6) 弹踢腿跳。两手持绳向前摇，踝关节绷直与小腿向前方弹踢，左右脚交替进行，一摇一跳，完成弹踢腿跳。

动作要领：手腕有节奏地摇绳。前脚掌着地，脚尖绷直，向后屈腿，向前弹踢，力到脚尖。

(7) 后屈腿跳。两手持绳向前摇，当绳子过脚置于空中时，一只脚向后折叠后踢，另外一只脚直立跳跃过绳，反之为另外一只脚折叠后踢，一脚直立跳跃过绳，一摇一跳。

动作要领：手腕有节奏地摇绳。前脚掌着地，注意落地屈膝缓冲。躯干发力，上身保持直立状态。

(8) 吸腿跳。两手持绳向前摇，当绳子过脚置于空中时，一只脚向上抬腿，另外一只脚直立跳跃过绳，反之为另外一脚动作，一摇一跳。

动作要领：手臂贴近身体躯干，跳绳时小臂不要抬起，用手腕有节奏地摇绳。前脚掌着地，躯干发力，上身保持直立状态。脚尖绷直，膝盖发力上抬，单脚垫跳两次。

(9) 钟摆跳。两手持绳向前摇，当绳子过脚置于空中时，一脚向同一侧摆动，另外一脚直立跳跃过绳；反之为另外一脚动作，一摇一跳。

动作要领：上身直立，躯干不要左右晃动。绳过脚下后单侧腿向侧摆动，脚尖绷直，注意不要出现勾脚动作。

(10) 左右侧摆直摇跳。两手持绳向前摇绳至左边体侧甩绳，再向右边甩绳，接着两手打开成直摇姿态，双脚并拢跳跃过绳，完成一个完整动作。

动作要领：前脚掌着地，躯干发力，上身保持直立状态，手腕放松，柔和摇绳。注意绳子打地和跳的时机配合，不要着急，找到动作节奏就能较快地掌握这个动作。

(11) 提膝侧点跳。此动作由四拍组成，两手持绳向前摇，当绳子过脚一拍时，其中一只脚扣脚提膝，当绳子过第二拍时，提膝脚侧点地，第三拍还原成提膝，第四拍为并脚跳跃过绳；反之异侧重复动作完成一遍，左右各一次，完成提膝侧点跳。

动作要领：手臂贴近身体躯干，跳绳时小臂不要抬起，用手腕有节奏地摇绳。前脚掌着地，躯干发力，上身保持直立状态。脚尖绷直，膝盖发力上抬，单脚垫跳四次：抬—侧—抬—收。

(12) 膝踢腿跳。两手持绳向前摇，当绳子过脚置于空中时，其中一只脚提膝再接着向前踢腿与地平行，另外一只脚直立跳跃过绳；反之为另外一只脚动作。

动作要领：脚尖绷直，膝盖发力上抬，单脚垫跳四次：抬—点—抬—踢。前脚掌着地，躯干发力，上身保持直立状态。

（13）双脚交叉侧勾点地跳。此动作由两拍组成，两手持绳向前摇，第一拍为两脚交叉跳跃过绳，第二拍为一脚侧勾，支撑脚弯曲跳跃过绳；反之为另外一方动作，左右侧勾点地各四次，完成双脚交叉侧勾点地跳动作。

动作要领：手臂贴近身体躯干，跳绳时小臂不要抬起，用手腕有节奏地摇绳。前脚掌着地，落地屈膝缓冲。躯干发力，上身保持直立状态。

（14）侧摆交叉跳。此动作由两拍组成，第一拍为两手持绳向前摇绳至一边体侧，第二拍为两手做基本交叉摇绳跳跃过绳；反之为另外一边动作。

动作要领：躯干发力，上身保持直立状态，手腕放松，柔和摇绳。注意绳子打地和跳的时机配合。

（15）手臂缠绕。两手持绳向体侧甩绳缠绕同侧手腕一圈，再稍转体摆至另一侧反向打开所缠绕的绳子；相同动作反向再做一遍，完成一个八拍。

动作要领：远端手臂在上，手腕发力，让绳子从后往前做单方向缠绕，手腕用力要均匀，然后双手放到身体另一侧，把绳子打开，换手，缠绕。注意换手的时机，不要着急，有节奏地甩绳。膝盖弹动与绳子打地有节奏地配合。注意手腕和身体尽量放松，膝盖、脚踝配合绳子有节奏地弹动。

（16）前后打。两手持绳身体直立，当身体侧向一方时，手腕发力，绳子随身体摆动侧向摇绳，绳子向前打地，当身体转向另外一侧时，手腕发力，绳子随身体摆动向后打地，完成此动作；反之为另外一侧动作。一拍一动，完成前后打动作。

动作要领：身体随着手腕动作左右转动，摇绳时由手腕发力，上臂保持放松，手腕不要翻腕，靠身体转动的惯性把绳子带起来。绳子左前右后打地，前打地—蹬转—靠身体惯性迅速后转，在身体右后方打地。眼睛跟着绳子的方向走。注意，练习前后打动作时将躯干、腿、手腕三方面的力度结合。两脚打开，比肩稍宽。

（二）花式跳绳集体动作及练习方法

1. 双人跳短绳

（1）一人带一人跳。被带人与摇绳人面对或同向站立。摇绳人两手各握绳的一端，将绳放于体后。摇绳人发出“预备——跳”后，向前摇绳，两人同时并脚跳起，绳从两人脚下依次摇过，连续跳数次。

（2）双人同摇一绳向前跳。两人并肩站立，各用外侧手握绳的一端，将绳放置于体后，其中一人喊“预备——跳”后，两人立即同时向前摇绳，同时并脚跳起，连续跳数次。

（3）双人同摇一绳向后跳。两人并肩站立，各用外侧手握绳的一端，将绳放置于体前，其中一人喊“预备——跳”后，两人立即同时向后摇绳，同时两脚跳起，连续并脚或两脚交换跳数次。

（4）二人摇绳一人并脚跳。跳绳人左（右）手握绳，将绳放于体后，摇绳人面向跳绳人左（右）站立，手握绳。其中一人喊“预备——跳”后，两人同时摇绳，当绳摇至跳绳人脚下时立即跳起，继续进行，连续跳数次。

（5）一正一反跳。两人并肩、方向相反站立，各用外侧手握绳端，将绳放在一侧，其中一人喊“预备——跳”后，两人立即同时摇绳，同时一人向前而另一人自然向后并脚或两脚交换跳，连续跳数次。

2. 跳长绳

握绳方法：两人可单手或双手握绳各握跳绳一端，如绳长可在拇指与其他四指间适当绕几圈。

摇绳方法：两位摇绳人面对面而立，向同一方向摇绳，动作要协调一致。

（1）原地并脚和单脚交换跳长绳。原地并脚站在跳绳的中间，由静止的侧立姿势开始。当绳摇过头顶接触地面的一瞬间，原地并脚向上起跳，绳从脚下穿过后轻巧落地。

单脚交换跳要求靠近绳一侧腿向侧跨跳，另一腿上提依次越过，轻巧落地。

（2）正面、斜面（侧面）跑入跳长绳。面对或侧对绳圈来的方向，把跳绳打地声音当作“跑”的启动信号，一打地就跑入。当摇转的绳子着地瞬间及时跳起。连续跳一次至三次（可并脚跳、单脚交换跳或并脚加垫跳），从反面跑出。

- 侧面进入，“8”字形跑过。站成一路纵队，站在一摇绳人的一侧。两摇绳人向同侧方向正摇绳，当摇转的绳子着地瞬间排头先跑入，跳起一次后从反面跑出，绕过一侧的摇绳人，站在绳的同侧另一端。全队依次轮流跳完，再从另一端开始。
- 两侧跑入，交叉“8”字跳绳。将学生分成甲、乙两组，各站成一路纵队，分别站在绳子同侧两端。两摇绳人向同侧方向正摇绳。甲队第一人跳绳人在摇转的绳子着地瞬间立即跑入，跳起一次后从反面跑出，绕过异侧摇绳人，站在乙队排尾；乙队第一人在甲队第一人跑出后，立即跑入，跳起一次后从反面跑出，绕过异侧摇绳人，站在甲队排尾，依次轮流跑完。注意上绳之前往前站，绳子打地往里钻，跑到中间往上蹿，路线跑直别拐弯。

3. 跳双绳

（1）短绳套长绳，单摇跳。长短绳交叉，短绳套长绳，两人摇长绳，跳绳人在长绳下摇短绳，短绳随长绳同时摇转，一摇一跳长短绳。

（2）短绳不套长绳，单摇跳。长短绳不交叉，两人摇长绳，跳绳人在长绳下摇短绳，一摇一跳长短绳。

（3）一人跳两条长绳。两人面对面站立，手持两条平行的长绳，分别握绳两端，跳绳同学站在先摇起绳的一侧。当先起的绳子摇过跳绳同学的头顶时，另一条绳子摇起，先起的绳子在打地的一瞬间用单脚交换跳或并脚跳的方式跳跃。跳过之后，立刻跳跃后起的绳子，连续数次。

第三节　定向越野

一、定向越野的基本知识

（一）定向越野的定义

定向越野（Foot Orienteering，徒步定向）是一项运动员借助地图和指北针，在尽可能短的时间内徒步到访若干个检查点的体育运动。

徒步定向在定向运动中普及率最高，适应性和适用性最强。某种意义上，目前“定向运动”已成为徒步定向运动（Foot Orienteering）的代名词。“定向越野”“徒步定向”“徒步定向运动”等，在概念上都是描述同一事物的特定称谓，故在此不作区分，以下简称定向越野。

定向运动有许多形式，按照运动模式的不同，国际定向运动联合会（以下简称国际定联）将定向运动划分为：定向越野（Foot Orienteering，Foot-O）；滑雪定向（Ski Orienteering，Ski-O）；山地车定向（Mountain Bike Orienteering，MTB-O）；沿径/选标定向（Trail Orienteering，Trail-O）。

（二）定向越野的特点

（1）体智结合。世界公园定向运动组织（PWT）副主席、定向运动世界冠军、世界定向先生岳根强曾指出，定向比赛，就好比一个人同时进行马拉松和国际象棋比赛。这说明定向越野是一项智力与体力相结合的运动，考验人们在环境压力下做出正确判断和果断决策的能力及应变能力。

（2）全年龄段。年龄限制小，从3岁的儿童到90岁的老人都可以参加。

（3）环境多样。场地要求不高，定向越野通常在森林、郊外和城市公园里进行，也可以在学校校园里进行。

（4）军事色彩。定向运动产生于和军事有关的行动。起源于北欧，军人利用它进行体育竞赛的雏形最早在瑞典和挪威出现。如今定向运动是和国防教育联系最密切的体育运动。

（三）我国的定向越野

1991年12月，原国家体育运动委员会批准中国无线电运动协会下设“中国定向运动委员会”，使定向越野作为一种体育项目开始在国内有组织地推广。1992年7月，中国成为国际定联成员国，1995年，经原国家体育运动委员会批准正式更名为中国定向越野协会（Orienteering Association of China，OAC）成立。2018年12月9日更名为中国无线电和定向运动协会（Chinese Radio Sports and Orienteering Association，CRSA&OAC）。这些都为定向越野在中国有组织地推广和发展奠定了良好基础。

以下四个事件标志着定向越野在国内即将得到快速发展，并对定向越野未来在国内的走向产生巨大的影响。2003年，定向越野被确定为2004年全国大学生运动会的正式比赛项目；2003年，定向越野被确定为2004年新学期开始实施的《全国普通高等学校体育教学本科专业课程方案》主干课程的教学内容；2003年，中国大学生体育协会定向运动分会（简称：中国学生定向协会；英文名称：Student Orienteering Association of China，SOCN）在浙江成立；2004年3月10日，经民政部正式批准成立中国定向运动协会，同年11月10日，协会在北京宣布正式成立。这标志着定向越野运动在中国的发展进入一个成熟阶段。

二、定向越野的基本技能

（一）地形图的基本知识

1. 地形图的概念与分类

地形是地貌和地物的总称。地形是指地面高低起伏的状态。如山地、平坦地、谷地等。地貌是指地面上的固定物体。如居民地、道路、江河、森林等。

任何一定范围的地形都是由地貌和土质、居民地、交通网、水系、植被及其他独立的地物所构成。如果将地貌和土质、居民地、交通网等称为地形要素，那么地形就是诸要素不等量的自然组合。地形图就是按照一定的数学法则，用规定图示符号、颜色和文字注记并采用制图综合原则，科学地将地球表面自然地理要素（如山地、河流等）和社会经济要素（如居民地、道路等）测绘于图纸上的一种图形。

地形图的种类很多，分类方法也不一样。通常按比例尺、内容、制图区域、范围、用途和使用形式等标志划分。

按内容分为普通地图和专题地图。普通地图是综合反映地表物体和自然、社会现象一般特征的地图。地形图是普通地图的一种。专题地图是根据专业方面的需要，实际反映一种或几种主要要素的地图。例如，军事交通图、军事部署图、野战医院分布网、公安局派出机构位置图等。

2. 地形图比例尺

地形图的比例尺是说明该图所表示的地面被缩小的程度，亦称为“缩尺”。比例尺不仅是测图、编图的依据，也是用图时进行点与点之间量读及把图距量算成实际距离的依据。

地形图上有两种比例尺：数字比例尺和直线比例尺。

数字比例尺是以数字显示比例关系的比例形式。

如 1∶5 000；1∶50 000；1/5 000；1/50 000。

直线比例尺是一种图解比例尺。它是将尺上的图上长度按比例尺关系直接注记成相应实地水平距离的比例尺形式。下面将介绍几种在图上量取实地距离的方法。

（1）用直尺量读。用直尺量读图上任意两点间的距离时，先用直尺量取所求两点间的图上长度（厘米数），然后通过换算求出相应实地水平距离。如在 1∶50 000 地图上，量得两点间隔为 5 厘米，则实地距离为 5×500＝2 500（米）。

（2）依直线比例尺量读。直线比例尺一般绘制在地图南图廓中央下方，可以用它直接量读距离。依直线比例尺量读时，选用两角规（或直尺等）量出两点间的长度并保持此长度，到直线比例尺上比量，即可直接读出两点间的实地水平距离。

（3）曲线距离量读。在图上量取较长的曲线距离时，可使用指北针上的里程表。里程表由表盘、指针及滚轮三部分组成。里程表上有不同比例尺分划图。量取距离时，先使里程表朝向大拇指一侧，并使指针归零，然后手持里程表，把滚轮在零点上沿着要量的线段平稳地滑至终点，此时看读指针在相应比例尺的分划图上所指的分划数，即为所求实地距离。

当没有里程表时，可用线绳沿弯曲线段比量，然后拉直，到直线比例尺上量读。

3. 地形图的符号、注记、颜色及识别

（1）地物符号。实地的地物，在地图上是用统一规定的符号结合注记表示的，这些规定的图形符号是地物符号。它是构成地图的重要要素，是地图的语言。

- 地物符号的图形，依其形状主要有三个特点：第一，图形与地物的平面形状相似；第二，图形与地物的侧面形状相似；第三，图形与地物的有关意义相对应。
- 地物符号与实地地物的比例关系分为四类。一是依比例尺符号，如居民地、森林、江河、湖泊等。该类符号可直接在图上量取面积、长度。二是半依比例尺符号，如道路、垣栅、土堤、通信线等。该类符号在图上不能量取面积，只能量取长度。三是不依比例尺符号，如突出树、亭、塔、油库等。此类符号标志的是一种象形图案，根据图案可直接判定其性质。四是说明和配置符号。在以上三种条件下都无法在图上表达其意义时，使用此种符号，如江河流向的箭头、街区性质的晕线、草地、果园、石块地等。

（2）地物符号的注记。地物符号，只能表示地物和地貌的形状、位置、大小和种类，但不能表示其质量、数量和名称，因此，还需要用文字和数字予以注记。

文字注记是用来说明地物和地貌名称或性质特征的，如居民地、江河和山的名称、森林和树种、公路的质量等。

数字注记是用来说明地物的数量特征的，如山高、河宽、水深，桥梁的长、宽及载重等。

地物符号的定位点一般在其图形的几何中心，如由两个或两个以上的几何图形组成的地物符号，其定位点一般在其下部图形的几何中心。

（3）地物符号的颜色。为了提高地图的表现力，丰富地图内容，使地图层次分明易读，地图符号可采用不同的颜色，一般采用四色图。运动图为六色图。

（4）识别与记忆符号的一般规律。虽然地物符号很多，但识别和记忆这些符号是有规律可循的。

①符号具有象形特点。符号图形的设计，通常是以抽象概括的方法，把复杂的地物用有规律的图形典型化，作为设计符号的基础，因此，每个地物符号都具有象形的特点。符号的图形主要来源于以下三个方面：

一是选择地物最有代表性的部位。例如，气象站符号，以风向标表示；矿井符号，以开矿的风镐表示；水（风）车符号，以水轮（或风叶）表示。

二是用容易产生联想的图形。例如，变电所符号，以房屋的上方示意有电表示；庙、亭和钟鼓楼等符号以我国古代传统的大屋顶建筑表示；竹林符号，以象征竹叶的图形表示；石块地，以象征有棱角的三角石块表示。

三是用象征会意的图形。例如，境界符号，因实地无明显开头，用虚线表示；河流流向和海洋潮流符号，用有指向的箭形符号表示等。

②符号构图具有逻辑性。在设计符号时，考虑到了符号的图形应与符号的意义具有内在的、有机的联系，即符号构图要合乎逻辑。现举例说明如下。

虚（点）线符号：虚（点）线符号在地图上是很多的，并有黑、棕、蓝三种颜色之分。这类符号所表示的均为同类地物中比较低级的、不稳定的、低下的或无形的实地地物。

"齿线"符号："齿线"符号的基本含义是"陡面"，实线表示坡线，齿线所指为斜坡(降落方向)。单面齿线符号为单面陡坡，双面齿线符号为双面陡坡，颜色仅仅说明是天然物体（棕色和蓝色）或是人工物体（黑色）。

"反括号"符号：凡是线状符号遇有"反括号"则说明于此处转入地下。例如，铁路符号有"反括号"，则说明铁路线进入隧道；河流里有"反括号"则说明河流流入地下，称为地下河段。

桥梁符号：桥梁，通常是道路跨越河流的设施。当两种线状地物于不同平面相交（立体交叉）时，也用桥梁符号表示。例如，公路在铁路上（下）方通过，沟渠从河流上方通过，沟渠在道路上方通过等。当沟渠位于上层平面时，桥梁符号用蓝色表示，不留间隔，一般称其为输水槽或过水桥。此外，水闸、拦水坝等，也是以桥梁符号为基础表示的。如在符号中间开口，则为水闸；在桥梁符号上加绘齿线，则为拦水坝；如果它们上面不能通行汽车，则桥梁符号两端没有短折线。

注记字体具有联想意义：地形图上的各种注记字体，都是经过人们选择之后才予以规定的，如城镇居民地用仿宋体、乡镇政府所在地用中等线体、水系名称用左斜仿宋体等。这些阅读习惯的规定，会使人容易联想到实地地物。

4. 识别与使用地物符号应注意的问题

（1）地物位置的准确程度。通常符号在图上都是有准确位置的，随着地图比例尺的缩小，其准确程度也有所降低。但是，重要的点位，如控制点、高程点、线状符号的交叉点和转折点以及比例尺表示的地物轮廓线等，即使在比例尺缩小的情况下，其位置依然准确。

（2）地物的综合取舍。地形图上的符号，一般都经过制图综合取舍，即数量上的取舍和形状上的概括。因此，其形状、数量、分布等与实地并非完全一致。例如，成片的房屋，在图上是用街区符号表示的；密集居住区的独立房屋有取舍，一般是外围的准确；梯田符号，最上和最下一个梯田坎位置准确；在水网区中，沟渠一般是保留主要的，舍去次要的。

（3）地物的位移。有些线状符号，如铁路、公路、街道等，都是宽度夸大了的符号，比例尺越小，夸大得就越厉害。这种符号由于宽度的夸大，必然引起两旁其他符号（房屋、独立地物等）的位移。因此，其位置可能不被确定，但相关位置是正确的。

（4）地物的实地变化。实地地物由于天然和人工的作用，在不断发生着变化，地图测制工作一完成，实地就可能出现新的变化。因此，使用地图时，除注重地图的内容外，必要时还应做现场调查，或利用最新资料（航空相片等）校正地图内容。

（二）定向越野专用指北针的使用方法

1. 使用方法

指北针在定向越野中的作用主要有：辨别方向、标定地图站立点和辅助按图行进。定向越野指北针是目前国际上较多使用的一种透明式指北针。由于它的磁针盒内充满一种起稳定磁针作用的特殊液体，因此很适合在探路时使用。

在定向越野指北针的分度盘上，刻有 360 度制角度数值，每一小格为 2 度。当 0 度

(N) 刻线与磁针北端（磁北方向）对正之后，相应地，90 度处为东，180 度处为南，270 度处为西……基于指北针的这一构造特点，我们就可以根据磁方位角的原理在图上或现地量测出站立点至任意一个目标的准确方位。

在现地测定磁方位角。利用指北针行进，在定向越野中是一种补充利用地图行进之不足的有效方法，它适合在山林地使用。

2. 标定地图

标定地图就是为了使定向越野图的方位与现地方向一致。这是使用定向越野图的重要前提。

（1）概略标定。定向越野图同其他地图一样，也是上北、下南、左西、右东。在现地判明方位后，使地图上方对向现地北方，地图即为概略标定。这种方法简单实用，在定向越野中经常使用。

（2）利用指北针标定。先使透明式指北针盒内的定向箭头转向地图上方，使箭头两列的平行线与定向越野图上的磁北线重合（或平行），然后转动地图，使磁针北端对正磁北方向，地图即为标定。

（3）利用直长地物标定。利用直长地物（指道路、河渠、土堤、电线等）标定地图，应先在图上找到这段直长地物符号，对照两侧地形，使地图和现地的关系位置概略相符，再转动地图，使图上的直长地物符号与现场直长地物方向一致，地图即为标定。

（三）确定站立点的方法

1. 估测法

估测法是在对照了站立点附近地形的基础上进行的。当站立点在明显的地形点上时，从图上找到该地形点，即站立点的图上位置。

如果站立点不在地形点上，但附近有明显地形特征时，可先标定地图，对照站立点周围的地形细部，分析站立点与周围地形特征的关系位置，即可判定站立点的图上位置。

2. 后方交会法

当站立点附近地形特征不明显，但周围有两个以上的图上和现地都有的地形点时，可采用后方交会法确定站立点。要领如下：

（1）标定地图。

（2）选择离站立点较远的图上和现地都有的 2~3 个明显地形点。

（3）将指北针直尺（或三棱尺）边分别切于图上两个地形点符号的定位点上（可插细针）；依次瞄准现地相应的地形点，然后分别沿直尺边向后画方向线；图上两方向线的交点，就是站立点的图上位置。

3. 截线法

当站立点在线状地物（如道路、河流、土堤等）上时，可利用截线法确定其图上位置。要领如下：

（1）标定地图。

（2）在线状地物的侧方选择一个图上和现地都有的明显地形点。

（3）进行侧方交会。交会时，先将指北针直尺（或三棱尺）边切于图上相应地形点符号的定位点上（可插细针）；再瞄准现地该地形点；然后沿直尺边向后画方向线，该方向线与线状地物符号的交点，就是站立点在图上的位置。

4. 磁方位角交会法

在丛林中不便于直接从图上瞄准目标的地区，确定站立点的图上位置时，可用磁方位角交会法。以丛林为例，要领如下：

（1）攀登到便于向远方通视的树上，选择图上和现地都有的两个明显地形点，并用指北针分别测出到这两处地形的磁方位角。

（2）在树下附近标定地图。

（3）将所测方位角图解标在地图上。图解磁方位角时，先将指北针的直尺依次切于图上被照准的两个地形点符号定位点上；再转动指北针，使磁针北端指向所测相应磁方位角分划；然后沿直尺边描画方向线，两方向线的交点，就是站立点的图上位置。也可将所测磁针方位角先换算成坐标方位角，再在地图上过两已知点按相应的坐标方位角图解方向线。两方向线的交点，即为站立点的图上位置。

（四）检查点相关知识

1. 检查点说明

（1）检查点说明的作用是具体描述检查点的地物、地貌特征。能准确地描述检查点位置，并用符号的形式表示。

（2）检查点说明应使用国际定联制定的《检查点说明符号》。

（3）如运动员漏过检查点或找错检查点，则运动员的成绩无效。如果不是由于运动员本人的过错造成检查卡片少打标记（如检查点没有打印器或已损坏）并能证明他确已查寻到该检查点，经裁判认可，那么他的成绩仍有效。

2. 检查点说明符号

一般情况下，运动员主要是根据地图所提供的信息寻找检查点。《检查点说明符号》以统一的无须语言翻译就能准确理解检查点有关信息的符号体系说明一条路线。

各栏信息表达的含义，从左向右分别为 A、B、C、D、E、F、G、H 栏。

A 栏——检查点序号。按顺序访问检查点，积分赛除外。

B 栏——检查点代号。检查点代号必须是大于 30 的数字。

C 栏——哪个相似特征物。

D 栏——检查点所在地形特征物。地图上圆圈中心的检查点位置的地物和地貌。例如，空旷地，石块。

E 栏——外观细节。对地物和地貌的进一步说明。

F 栏——尺寸/组合/拐弯。说明那些在地图上用符号表示而且不按比例，但是又必须给出尺寸的地形特征。也用来表示组合符号和拐弯符号。

G 栏——检查点位置。检查点与特征物的相对位置关系。

H 栏——其他说明。这一栏有对运动员很重要的信息。

三、不同规格定向越野

定向越野经过发展，慢慢由初期单一的一种比赛形式逐步演变为包括各种各样的比赛或娱乐项目在内的综合性群众体育活动。常见的定向越野形式有以下几种。

（一）短距离赛

短距离赛的特征是高速。它能检验运动员在复杂环境中认知地图的能力和在高速奔跑中选择线路、完成线路的能力。短距离线路设计应在整个比赛中体现速度要素。线路可以要求爬高，但要避免迫使运动员不得不走的陡坡。运动员面临的挑战应是选择并完成最佳路线到达检查点的能力，而不是找到检查点。例如，最明显的离开检查点路径不一定是最好的选择。线路应要求运动员在整个比赛中保持集中，在不能提供这种挑战的环境不适合短距离赛。

（二）中距离赛

中距离赛的特征是注重技术。中距离赛在城区外（大部分被森林覆盖）举行，强调由精确导航和找出检查点构成的挑战。它要求运动员持续集中于读图，离开检查点时会伴有许多方向变化。线路选择是基本要素，但不应以降低技术要求为代价，行进线路本身应包括导航要求。中距离赛的线路应有速度变换要求，如有穿越不同类型植被的赛段。

（三）长距离赛

长距离赛的特征是注重耐力。长距离赛在城区外（大部分被森林覆盖）举行，目的是检验运动员做出高效线路选择、认知地图和根据长时间运动中耐力和体能要求安排比赛的能力。长距离赛强调线路选择和概略导航，要求地形最好是丘陵。检查点是一个有线路选择要求的长赛段的终点，寻找检查点的难度本身并不重要。长距离赛的某些部分可以包括中距离赛的典型要素——突然改变线路的线路选择模式，加入一段带有更高技术要求的赛段的线路。

（四）百米定向赛

百米定向赛的特征是注重节奏，它在开阔、易跑性和通视度非常好，伴有音乐的天然或人工布置的微型场地中举行，观众可以观看整个比赛过程。百米定向赛检验运动员在复杂环境的高压下保持集中，在不断改变速度和方向中调控节奏、选择线路和完成线路的能力。检查点很简单，寻找检查点的挑战来自检查点周围许多相似的其他线路的检查点，甚至在同一检查点特征的不同位置都可能设置检查点。

（五）积分赛

积分赛的特征是在限定时间内运动员自行规划线路，以便充分利用限定时间寻找尽可能多的检查点以获得最大的积分值，运动员不必把全部检查点都找到，超过限定时间依据规定被扣除一定分值或取消成绩。积分赛中检查点依据难易程度和从起点到终点主要赛段距离的远近，被赋予不同的分值。赋值原则为难度越大分值越大，且离起终点主要赛段越远分值越大。积分赛属于个人赛，主要考察运动员依据自己的定向技术和体能，自我规划时间和最佳线路的能力。积分赛能在各种场地进行，能与短距离赛、中距离赛、长距离赛同场比赛。

（六）接力赛

接力赛的特征是团队竞争。接力赛在城区外（大部分被森林覆盖）举行。接力赛建立在技术要求的概念之上，相较于长距离赛，接力赛与中距离赛更加相似。一些长距离赛的典型要素，如有线路选择的长赛段应出现在接力赛中，让运动员在不互相联系的情况下通过。好的接力赛地形有这样的特点：使运动员失去相互间的视觉联系（如浓密的植被、众多的丘陵/洼地等）。通视度好的区域、连续不断的地形不适合接力赛。

（七）团队赛

团队赛的特征是团队协作。团队赛检查点分为两类，要求所有团队成员都应按规定顺序亲自到访的必经点和只要求团队中有一名成员按任意顺序到访的自由点。比赛中，团队各成员分工协作到访应到访的检查点，以最后一名到达终点成员的成绩为整个团队的成绩。对团队来说，它能检验团队成员分工协作的能力，既要求团队中有一名有战略意识，理解定向运动技战术要求，充分了解团队成员的能力，能让所有成员在比赛中扬长避短充分发挥的领导者，又要求团队成员间相互理解、相互信任、相互补充，形成一种高效的群体环境。对团队各成员来说，团队赛具有积分定向的典型要素，主要的挑战是如何为应到访的检查点找出一个最佳的到访顺序，寻找检查点的难度并不重要。团队赛的场地适应性非常广泛，适合短距离赛、中距离赛、长距离赛和接力赛的场地均可以作为团队赛的场地。随着场地类型的不同，团队赛可包括不同比赛类型的一些特有要素。

参考文献

[1]温正义.高校体育教学与大学生体育实践能力培养研究[M].北京:北京工业大学出版社,2020:4.
[2]刘红华.体育运营管理[M].沈阳:辽宁人民出版社,2023:1.
[3]董青,王洋.大学体育理论与实践教程[M].北京:对外经济贸易大学出版社,2023:6.
[4]朱晓菱,倪伟.体育健康与实践[M].上海:上海大学出版社,2021:7.
[5]艾安丽.体育教学论评:对话与反思[M].长春:东北师范大学出版社,2022:12.
[6]林德强.大学生体育与健康[M].厦门:4版.厦门大学出版社,2022:08.
[7]边昕童.体育舞蹈理论与训练实践研究[M].北京:中国言实出版社,2023:06.
[8]庞岚,李元.特色体育育人的探索与实践[M].武汉:中国地质大学出版社,2023:6.
[9]赵崇乐.体育审美教育论[M].沈阳:万卷出版公司,2019:7.
[10]邱建华,杜国如.体育与健康教学研究[M].南昌:江西科学技术出版社,2019:10.
[11]林丽芳.现代高校体育教育专业多维构建[M].北京:北京出版集团;北京出版社,2021:9.
[12]闫加勰,苏济海,范立.体育教学课程实施模式研究[M].西安:西北工业大学出版社,2021:4.
[14]武传钟,孙毅,曹玉超.新时代高校体育健康理论与实践教程[M].天津:天津大学出版社,2023:9.
[15]段文婷.BIM技术下体育建筑全生命周期发展与实践[M].北京:中国建材工业出版社,2023:3.
[15]汪全先.新时代体育教育专业学生综合素养培育研究[M].北京:中国书籍出版社,2023:1.
[16]李鑫,王园悦,秦丽.体育文化建设与高校体育教学模式研究[M].北京:中国纺织出版社,2019:10.
[17]胡海涛.体育舞蹈课程建设与综合技能培养研究[M].北京:中国书籍出版社,2022:1.
[18]向青松.高校体育文化理论与实践研究[M].北京:中国原子能出版社,2020:01.
[19]张志斌.新时代学校体育发展的理论变革与实践探索[M].北京:中国书籍出版社,2022:1.
[20]何明辉.能力导向视角下体育教育专业教学实践改革与创新[M].北京:北京工业大学出版社,2021:10.
[21]史振瑞.移动健康和智慧体育:互联网+下的高校体育革命[M].天津:天津社会科学院出版社,2018:8.
[22]陆宇榕,王印.体育文化与健康教育探究[M].北京:新华出版社,2018:2.